Maria Eckl

WILDBADEN IN BAYERN

Die 60 schönsten Badeplätze in der Natur

BRUCKMANN

Inhalt

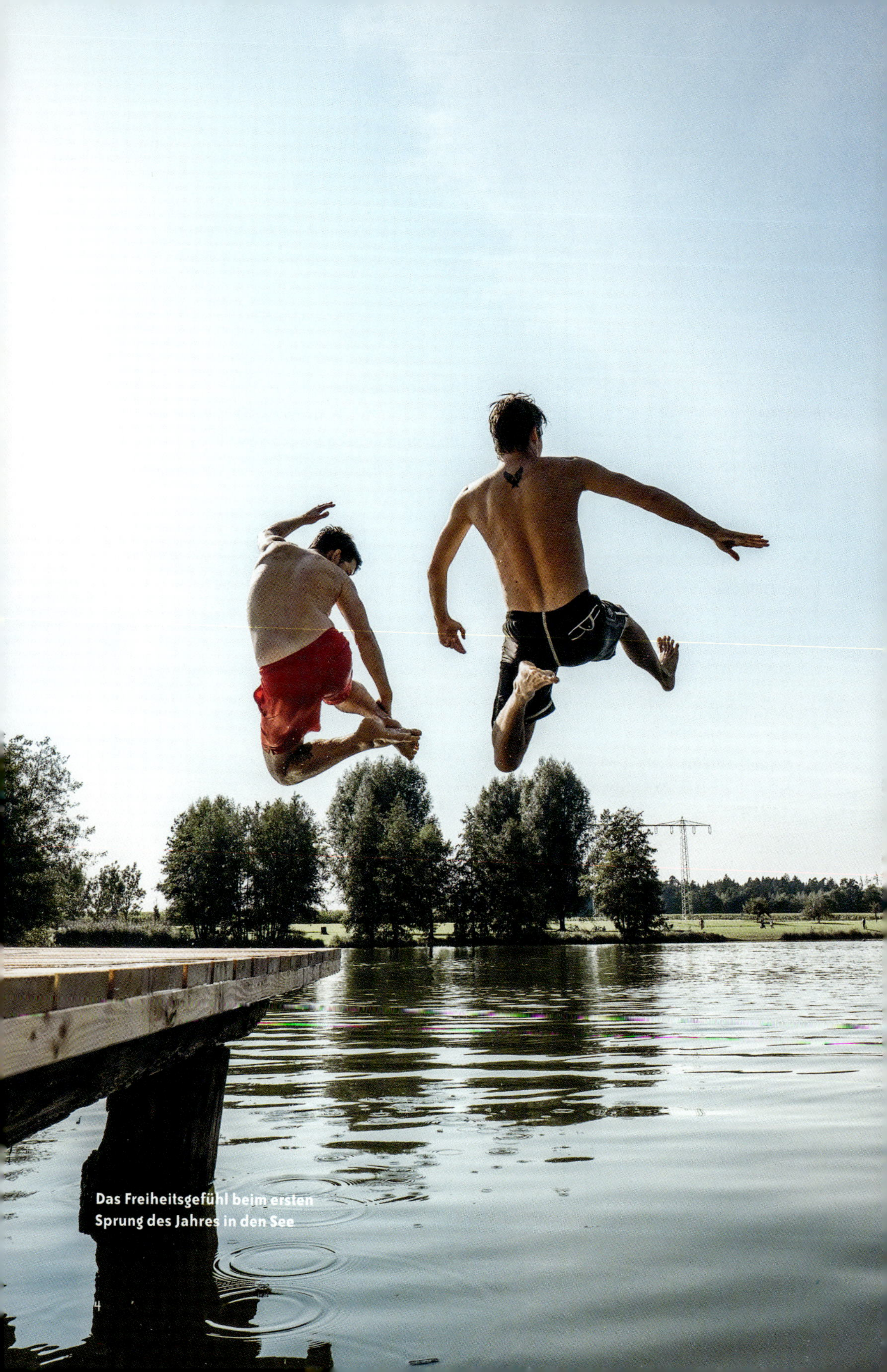

Das Freiheitsgefühl beim ersten Sprung des Jahres in den See

Vorwort

Liebe Leserin,
Lieber Leser,

stell dir einen Wasserfall vor, der 20 Meter in die Tiefe schießt. Das Wasser prasselt dir schon von Weitem ins Gesicht. Und dann der Moment, in dem du dich in das eiskalte Wasser unter den Wasserfall wagst. Erst fühlt es sich an wie tausend Nadelstiche am ganzen Körper. Aber dann macht sich dieses süße Gefühl breit, wenn die Endorphine deinen Körper überfluten. Dieses aufregende Gefühl, wenn du etwas Neues gewagt hast. Kennst du das?

Oder der Moment, wenn du zum ersten Mal im Sommer Anlauf auf dem Steg nimmst und ins Wasser springst? Es ist zwar noch etwas frisch im Mai, aber wieder macht sich dieses wohlige Gefühl im Körper breit. Ich liebe dieses Gefühl von Freiheit, das man dabei verspürt. Du auch?

Oder einfach mal dasitzen, aufs Wasser blicken, die Wellen beobachten und die Gedanken im Glitzern des Wassers verlieren – was für ein herrlicher Moment zum Abschalten.

An alle da draußen, die diese Momente kennen und lieben: Dieses Buch ist für euch. Für diejenigen, die die Natur nicht missen wollen, die den See, den Fluss oder den Bach jedem Schwimmbad vorziehen. Diejenigen, die in der Natur ihren Ausgleich finden. Für die Kleinen, die sich austoben wollen. Und die Großen, die sich auspowern wollen. Dieses Buch ist für euch.

In Bayern gibt es unzählige Orte zum Baden in der Natur. Bei meiner Recherche war ich sogar erstaunt, wie viele dieser Orte es gibt, und wundere mich, wieso dennoch die meisten Menschen in das überfüllte Strandbad fahren. Umso besser für uns Wildbader: Denn wer bereit ist, einen etwas längeren Weg auf sich zu nehmen, der wird belohnt!
Viele herrliche Naturbadestellen warten nur darauf, von dir entdeckt zu werden! Auf viele wunderbare Stunden beim Wildbaden!
Maria Eckl

PS: Noch ein persönliches Anliegen: Mir liegt sehr viel am Schutz und Erhalt der Natur und ich möchte dich bitten, ebenso dazu beizutragen. Verlasse die Orte, wie du sie vorgefunden hast und denke immer daran, dass diese Lebensraum von Pflanzen und Tieren sind. Du kannst auch die vorgeschlagenen Wander- oder Radwege nutzen, statt die Orte mit dem Auto aufzusuchen.

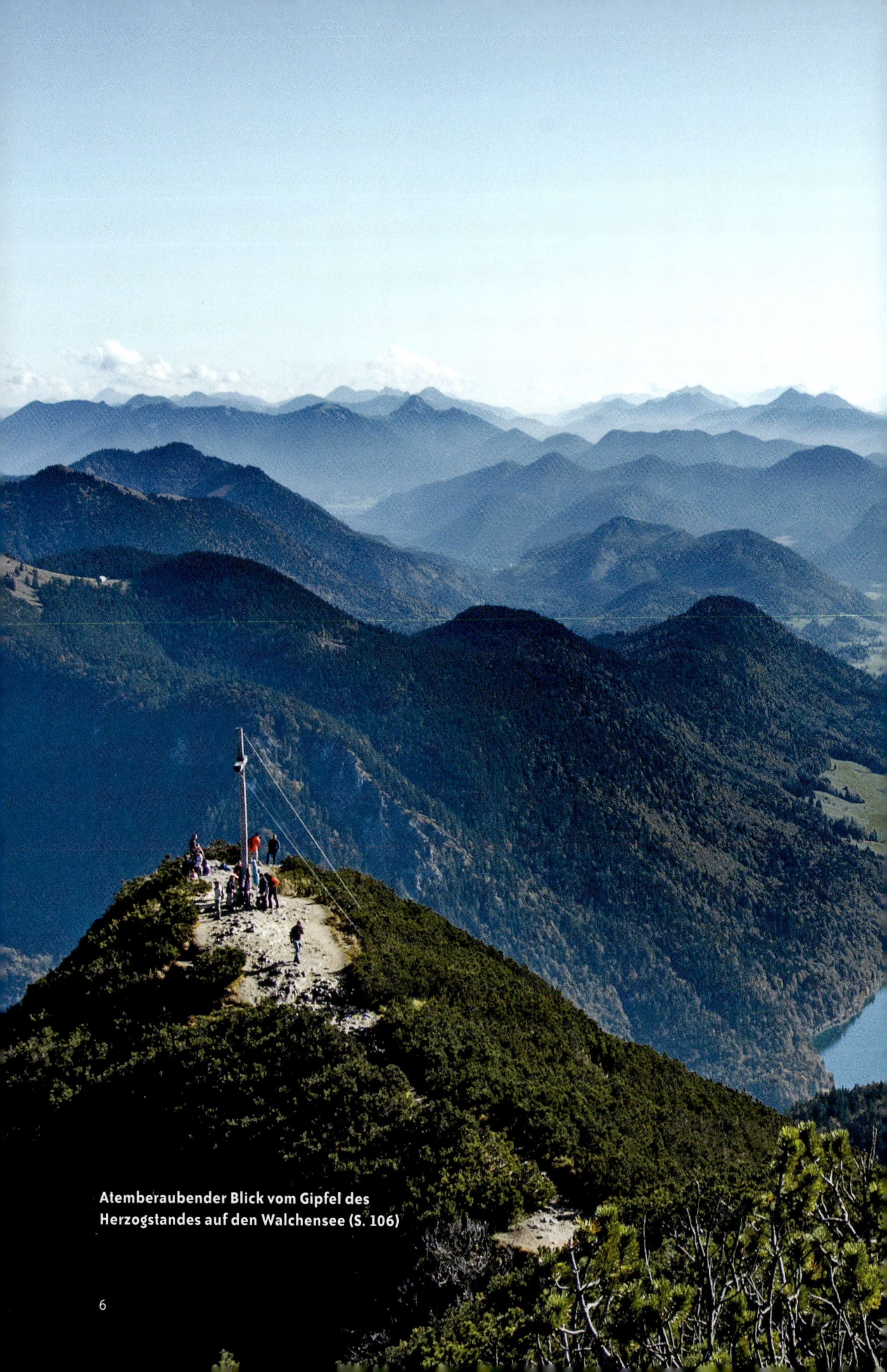

Atemberaubender Blick vom Gipfel des Herzogstandes auf den Walchensee (S. 106)

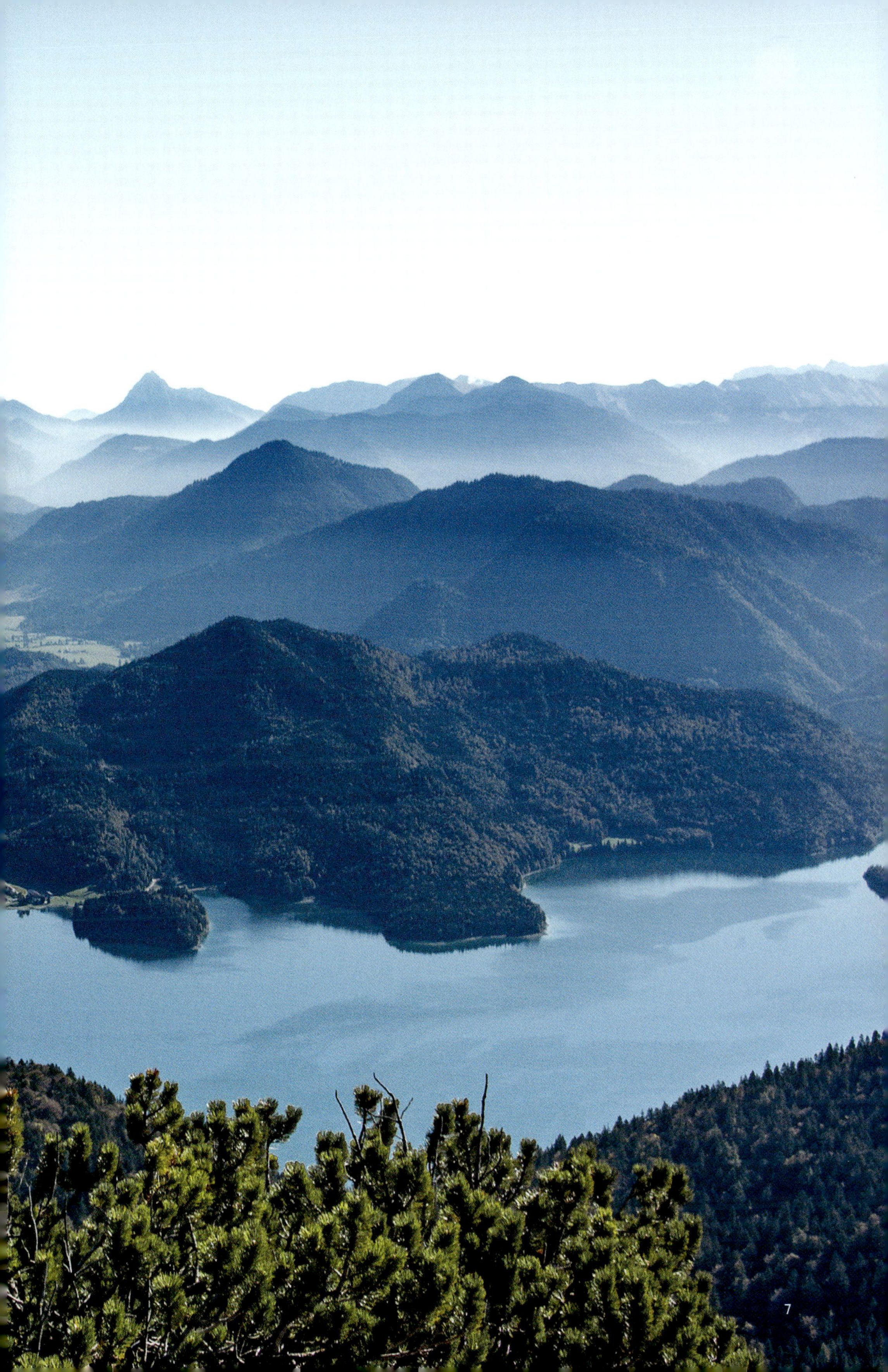

Gut zu wissen – übers Wildbaden

Was ist eigentlich mit »Wildbaden« gemeint?

Unter Wildbaden verstehen wir das Baden in der Natur – egal ob in einem naturbelassenen See, Fluss, Bach oder sogar in einem tosenden Wasserfall oder einem spektakulär gelegenen Bergsee.

Bewusst konzentrieren wir uns beim Wildbaden auf ruhigere Orte, abseits von klassischen Strandbädern an populären Seen oder dem beliebten Badesee mit Kiosk und Unterhaltungsangebot. Auch Übernachtungsmöglichkeiten oder Restaurants findet man an Wildbadeorten in der Regel nicht, außer ab und zu einen Campingplatz.

Die Orte können leicht mit dem Auto erreichbar sein, wie Seen, die (fast) keine Infrastruktur aufweisen und deswegen weniger bekannt und besucht sind. In anderen Fällen ist aber auch ein kleiner Fußmarsch, eine Wanderung oder eine Radtour erforderlich, um eine ruhige oder einsame Badestelle zu finden.

Die besten Naturbadeorte

Welche Stellen als besonders schön empfunden werden, hängt hauptsächlich von den

Linke Seite: Nach dem Sprung in die obere Kaskade der Buchenegger Wasserfälle (S. 152)
Rechte Seite: Der Badeplatz an der Ilz bei Ruderting (S. 58) ist schön abgelegen und liegt inmitten eines Blütenmeeres.

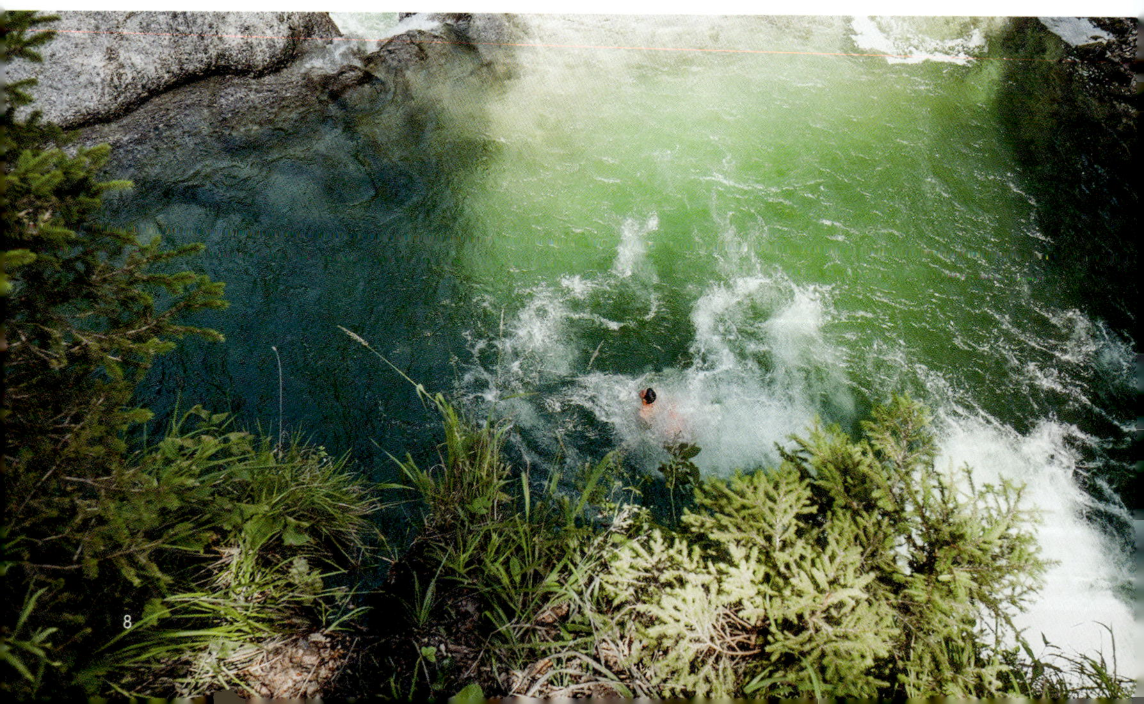

persönlichen Präferenzen jedes Einzelnen ab. In Bayern gibt es unzählige Orte zum Wildbaden, denn Bayern ist ein wasserreiches Land, wenngleich die Verteilung auf die einzelnen Regionen sehr unterschiedlich ist. Während der komplette Süden aufgrund der Alpennähe sehr wasserreich ist und es hier viele spektakuläre Gegenden gibt, ist der Norden, insbesondere Franken, im Vergleich dazu wasserarm. Aufgrund dieser natürlichen Gegebenheiten gibt es im Süden Bayerns weitaus mehr Orte zum Wildbaden als im Norden.

Komfort und Wildbaden

Wer einen menschenleeren und naturbelassenen Badeplatz sucht, zu dem er direkt mit dem Auto fahren kann, wo er nur wenige Meter vom Parkplatz zur Badestelle hat, und daneben auch noch ein Restaurant erwartet, sucht vergeblich. Solche Orte gibt es nicht. Zumindest nicht in Bayern im Sommer. Wir Bayern lieben die Natur und wollen viel Zeit draußen verbringen. Deswegen sind die einfach erreichbaren Orte wie die Strandbäder an den bekannten Seen des Münchner Umlands an schönen Wochenenden im Juli und August meist sehr gut besucht.

Wer aber naturbelassene und etwas ruhigere oder sogar einsame Orte sucht, muss zumindest ein paar Hundert Meter Fußmarsch in Kauf nehmen. Belohnt wird man dafür mit einem erfrischenden Bad und toller Kulisse.

Auch darf man keine Liegen, perfekt präparierte Liegewiesen oder in manchen Fällen überhaupt eine Liegewiese erwarten. Wildbaden ist einfach und ursprünglich. Eine gepolsterte Isomatte und Badeschuhe mitzubringen, zahlt sich an vielen Orten aus.

Manchmal ist Wildbaden auch nur für Hartgesottene, denn die Wassertemperatur kann in manchem Gewässer sehr niedrig sein. Viele der spektakulären Orte zum Baden in der Natur befinden sich in oder an den Bergen, wo das Wasser oft ganzjährig sehr kalt ist.

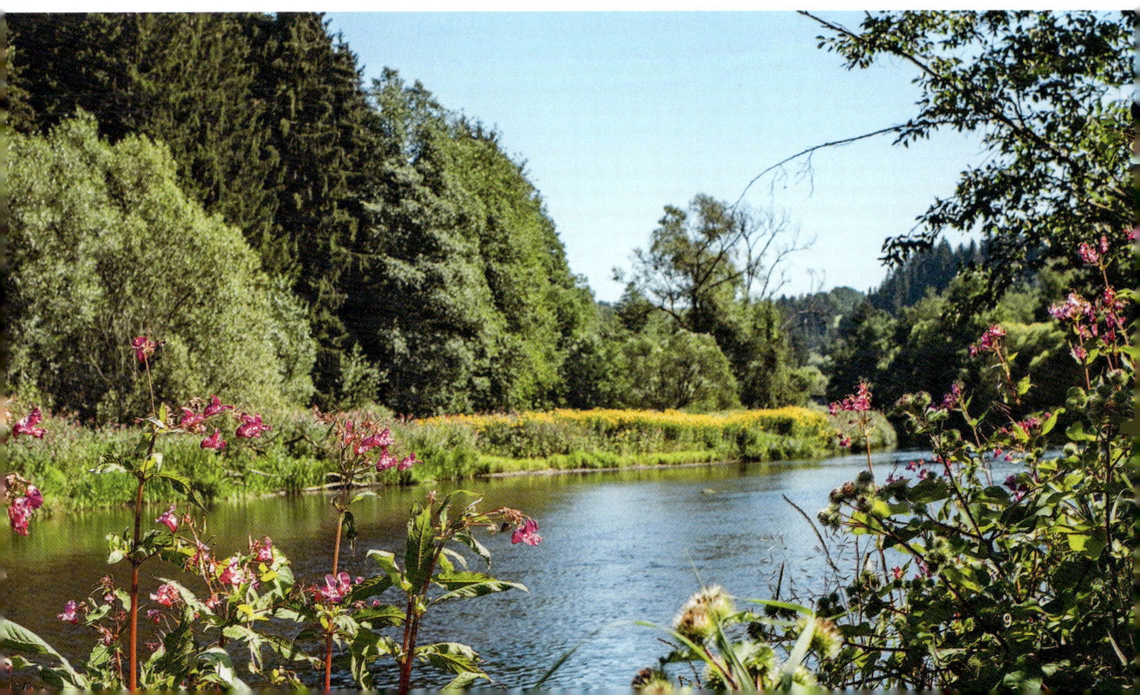

So wurden die Wildbadeorte ausgewählt

Die Wildbadeorte für dieses Buch wurden anhand der folgenden Kriterien ausgewählt und bewertet: Wildnisfaktor, Familienfreundlichkeit und Erreichbarkeit.

Das wichtigste Kriterium ist der »Wildnisfaktor«. Dieser teilt die Badestellen in drei Kategorien ein, wobei 3 Sterne völlig naturbelassene Badestellen kennzeichnen, die keine Infrastruktur aufweisen und meist schwerer erreichbar sind. Damit einher geht auch immer ein gewisses Abenteuerpotenzial. Badestellen mit Wildnisfaktor 1 sind zwar naturbelassen und klar differenziert von Strandbädern, aber mit ein bisschen mehr Komfort ausgestattet, etwa mit Umkleidekabinen oder Toiletten.

Das Kriterium »Familienfreundlichkeit« gibt an, inwieweit die Badestelle für Familien mit kleinen Kindern geeignet ist. Mit 3 Sternen ausgezeichnete Badestellen sind mit Kindern gut erreichbar und nutzbar. Zudem sind die Ufer flach abfallend bzw. ist das Wasser der Flüsse oder Bäche flach, sodass auch Kinder dort sorglos plantschen können. Badestellen mit nur einem Stern bei der Familienfreundlichkeit können trotzdem besucht werden, aber es ist beim Einstieg ins Wasser etwas mehr Vorsicht angeraten.

Die Kategorie »Erreichbarkeit« gibt an, ob man mit dem Auto in direkter Nähe der Badestelle parken kann, was 3 Sternen entspricht, ob man bis zu einer Stunde hinwandern oder mit dem Fahrrad fahren muss (2 Sterne) oder schließlich eine längere Wanderung, zum Beispiel zu einem Bergsee, erforderlich ist (1 Stern).

Ausgezeichnete Wasserqualität

Bei der Auswahl der Wildbadeplätze wurde auch viel Wert auf die Wasserqualität gelegt. Die europäische Richtlinie über die Qualität der Badegewässer trägt maßgeblich zum Erhalt und Schutz von Gewässern in Bayern bei. An allen von der EU definierten Badestellen werden regelmäßig Wasserproben entnommen und deren Wasserqualität wird in die Kategorien »ausgezeichnet«, »gut«, »ausreichend« und »mangelhaft« eingestuft. Vielen der in diesem Buch erwähnten Wildbadeorte wurde von der EU eine ausgezeichnete Wasserqualität bescheinigt.

Die europäische Richtlinie deckt vor allem Badeseen ab. Bayerns Bergseen und Wasserfälle der Alpenregion weisen ohnehin eine hervorragende Wasserqualität auf. Was weniger beobachtet wird, sind Flüsse und Bäche. Deren mikrobiologisches Gleichgewicht kann sich schnell durch verschiedene Faktoren wie Starkregen oder landwirtschaftliche Einflüsse sowie Kläranlagen verändern. Aus diesem Grund sollte in Fließgewässern nie nach Starkregen gebadet werden, die Wasserqualität kann bei den örtlichen Behörden erfragt werden und Flusswasser sollte nicht geschluckt werden.

Auf eigene Gefahr

An den meisten Wildbadeorten gibt es keine Badeaufsicht und das Baden erfolgt auf eigene Gefahr. Nur sehr gute Schwimmer sollten wildbaden gehen. Zur eigenen Sicherheit

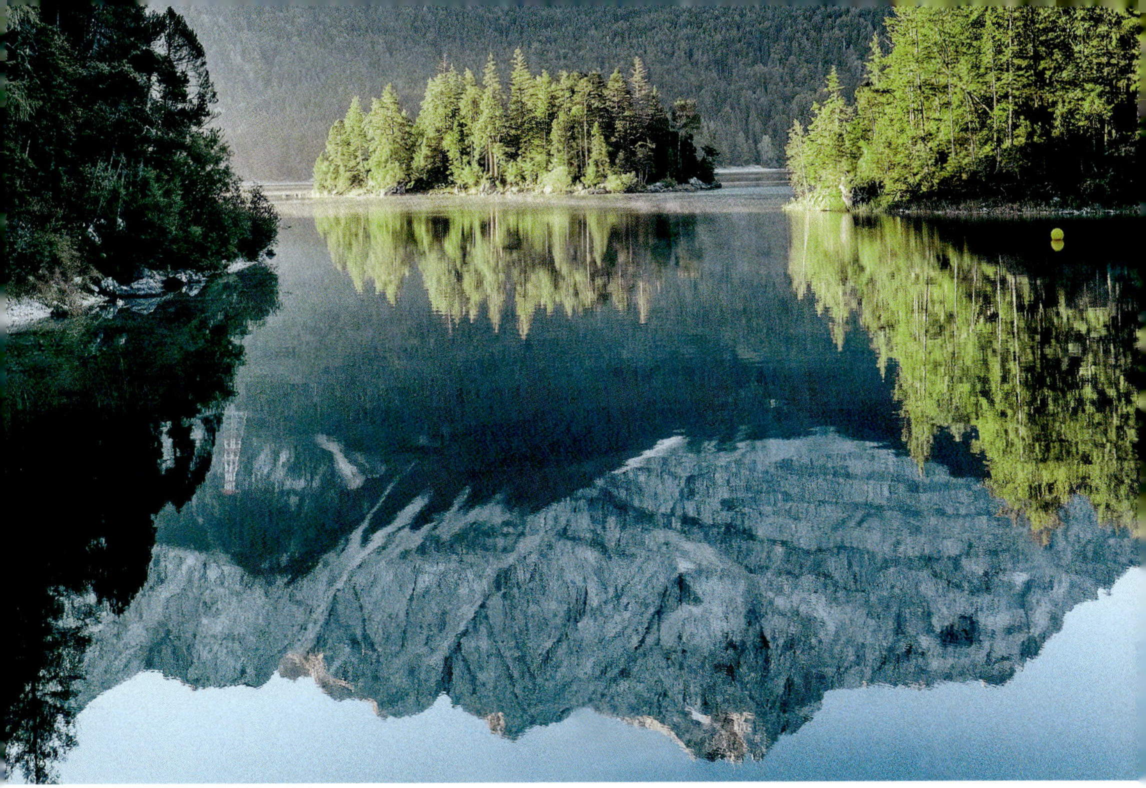

Die morgendlichen Spiegelungen der Zugspitze im Eibsee (S. 122)

sollte stets auf gefährliche Unterströmungen geachtet werden, bei Gewitter darf nicht gebadet werden, Warnschilder sind zu beachten und Kinder dürfen nie unbeaufsichtigt bleiben. Bitte auch nie überhitzt ins Wasser gehen oder sogar springen: Der Körper braucht etwas Zeit, um sich an die Temperaturunterschiede zwischen Luft und Wasser zu gewöhnen. Am besten ist es, zunächst Arme und Beine ins Wasser zu tauchen und dann langsam den ganzen Körper zu benetzen, bis er sich an die Wassertemperatur gewöhnt hat.

Wo darf man in Bayern eigentlich baden und wo nicht?

Nach dem Bayerischen Wassergesetz (BayWG) darf jedes oberirdische Gewässer ohne eine bestimmte Genehmigung zum Baden genutzt werden. Wildbaden in Bayern ist somit grundsätzlich erlaubt, kann aber an Orten oder Teilufern eingeschränkt werden. Auch Baden in Naturschutzgebieten ist grundsätzlich erlaubt. An vielen Seen werden aber bestimmte Uferabschnitte mit Schilf- und Röhrichtbeständen, die als Nistplätze und Lebensraum für Tiere dienen, zum Baden eingeschränkt. Zum Schutz der Natur sollten die Beschilderungen vor Ort immer beachtet werden und solche Uferabschnitte nicht betreten werden. Manche Regionen, wie der Nationalpark Bayerischer Wald, haben das Baden in allen Gewässern komplett untersagt.

Viel Spaß beim Erkunden der Wildbadeplätze Bayerns!

Und vergesst nicht: Als Wildbader liegt uns die Natur am Herzen – lasst uns diese gemeinsam schützen und erhalten.

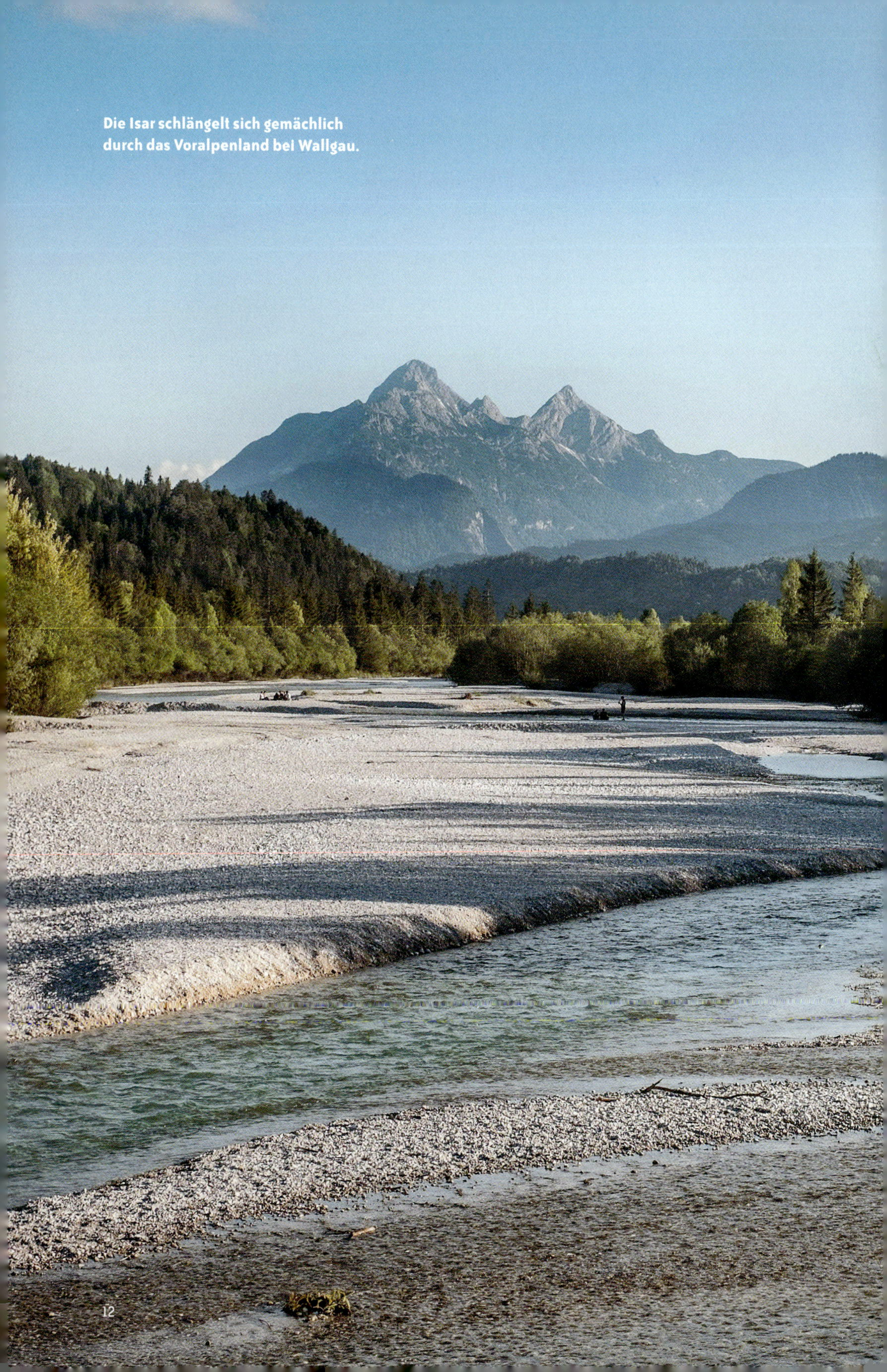

Die Isar schlängelt sich gemächlich durch das Voralpenland bei Wallgau.

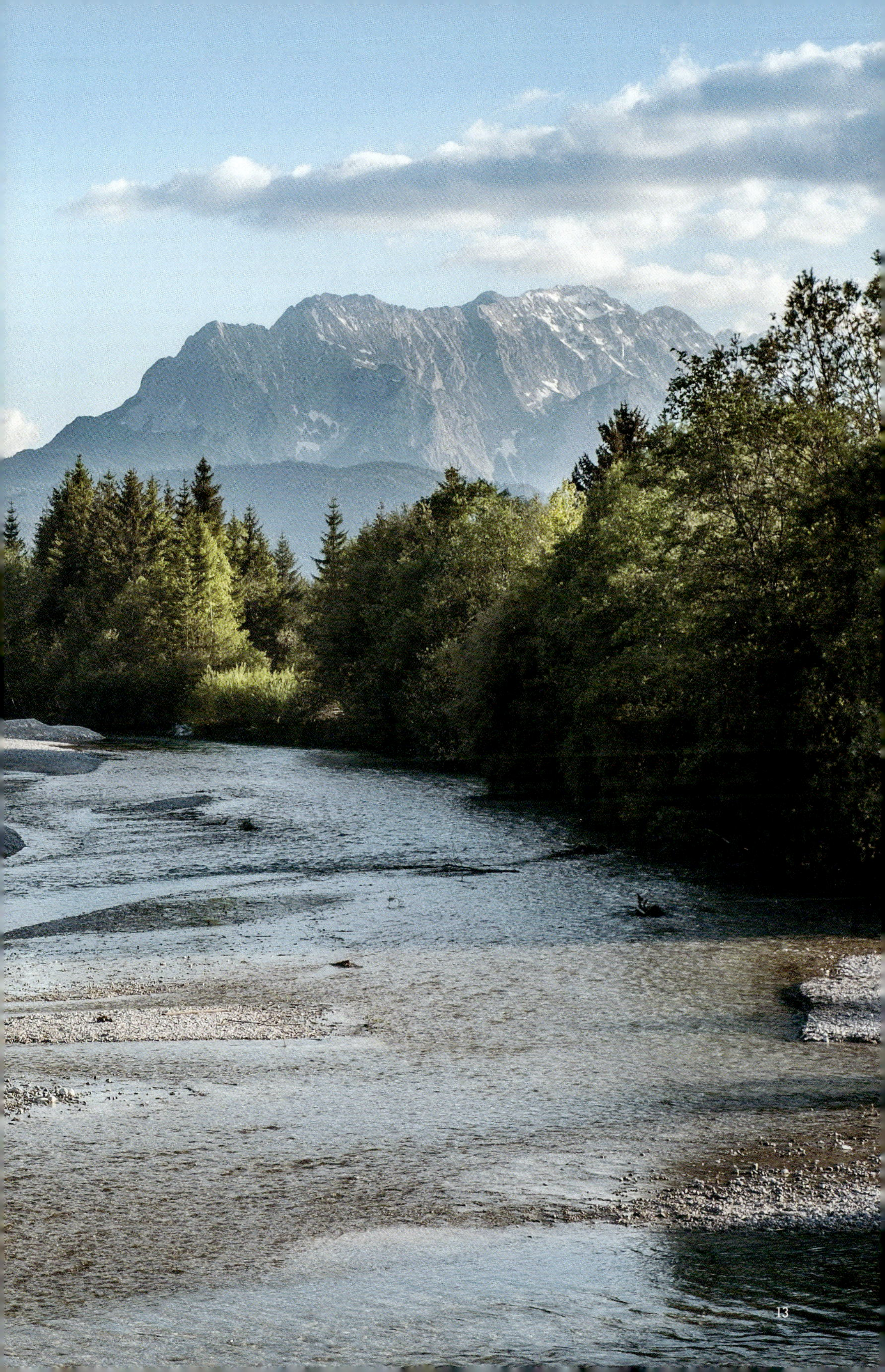

Orte zum Wildbaden in Bayern – Übersicht nach Gewässer

Seen

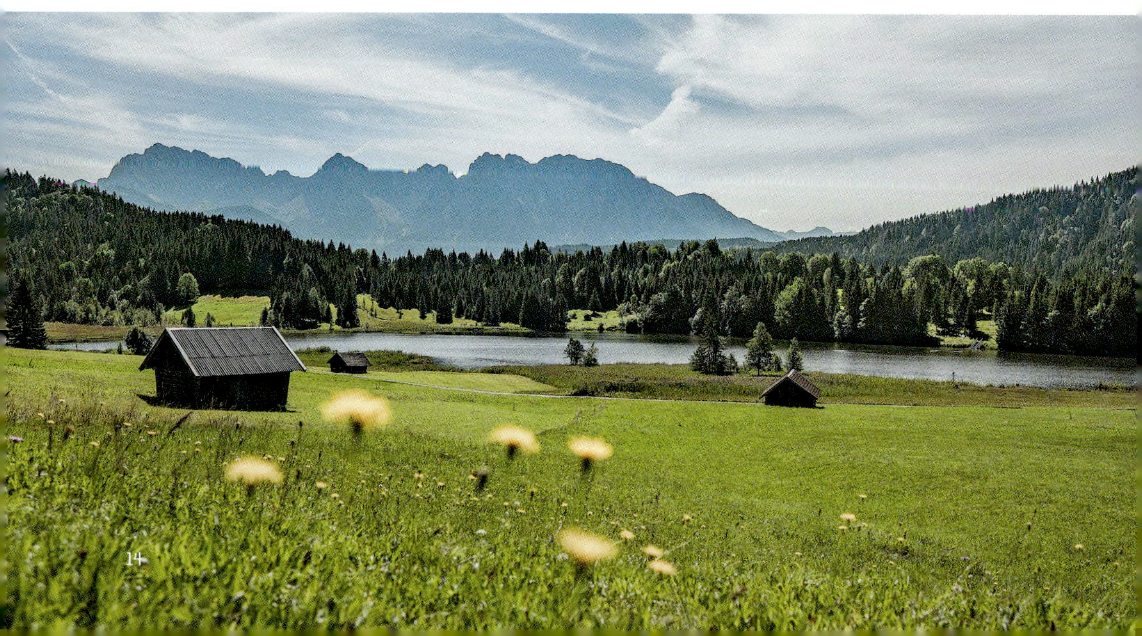

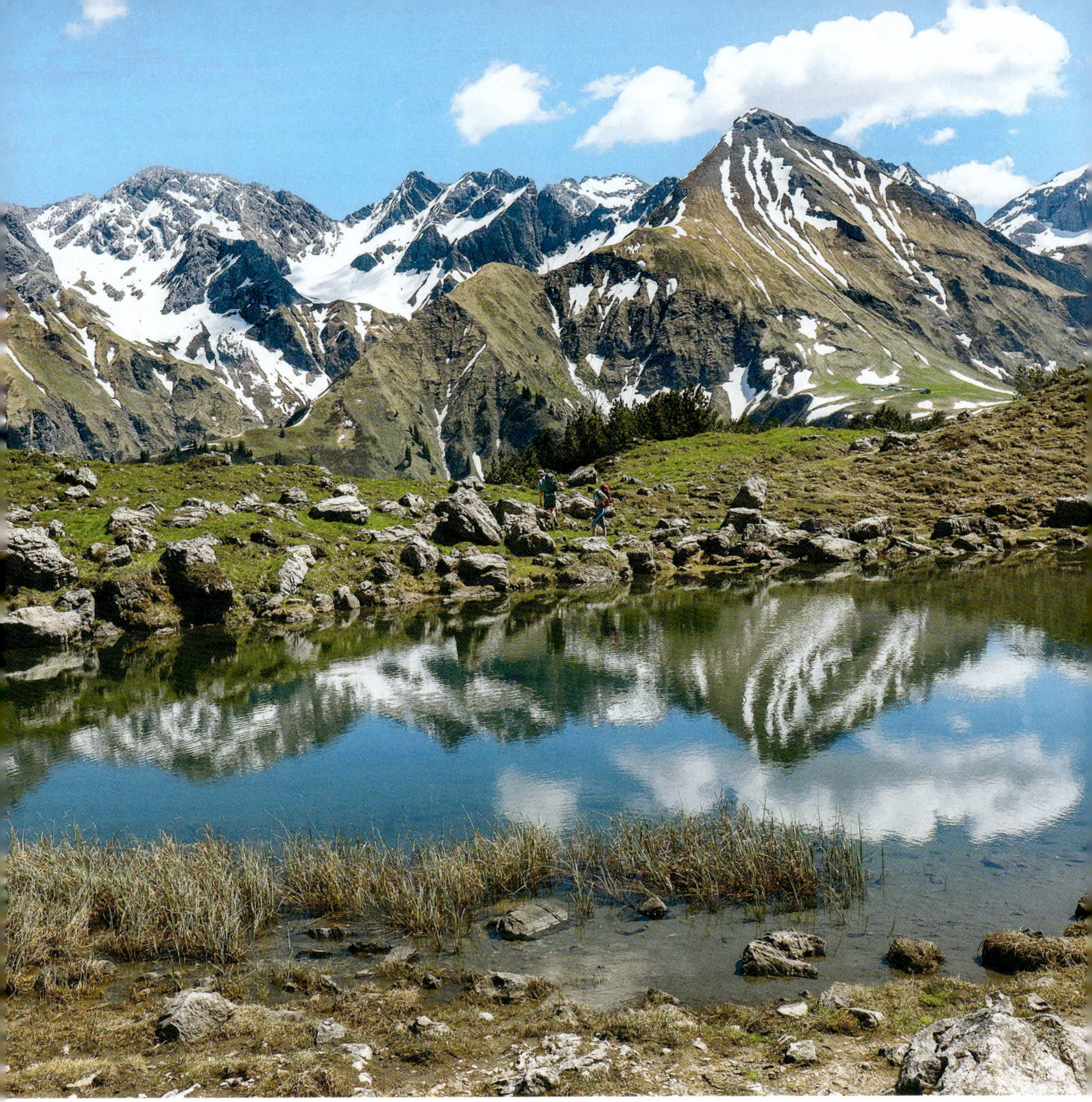

Bergseen

Linke Seite: Der Geroldsee (S. 120) ist malerisch in die umliegende Landschaft eingebettet.
Diese Seite: Der Guggersee (S. 150) mit einem beeindruckenden Ausblick auf die Trettachspitze, Mädelegabel und Hochfrottspitze

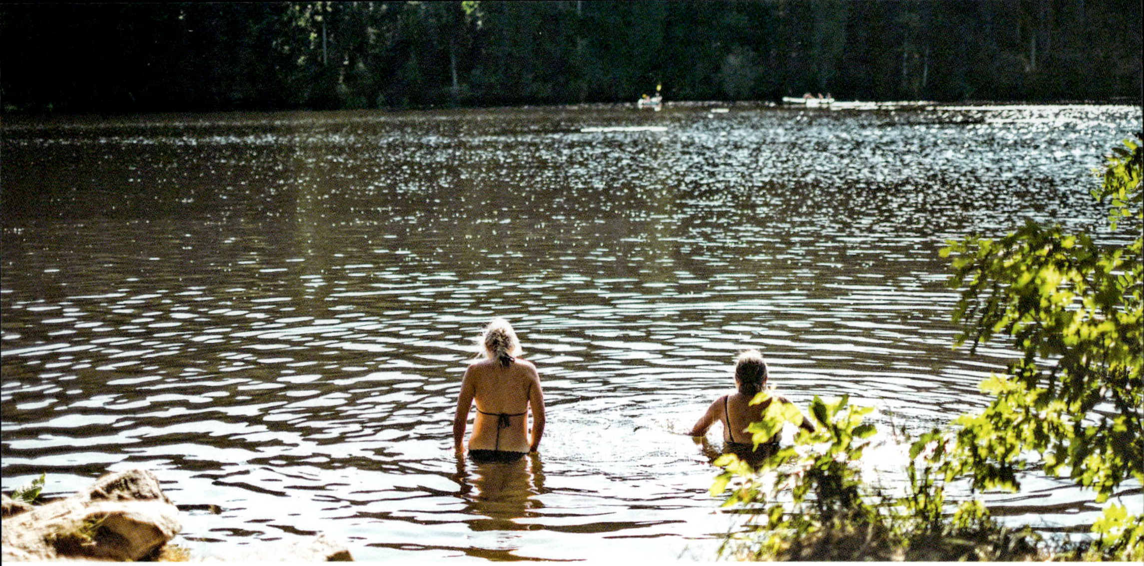

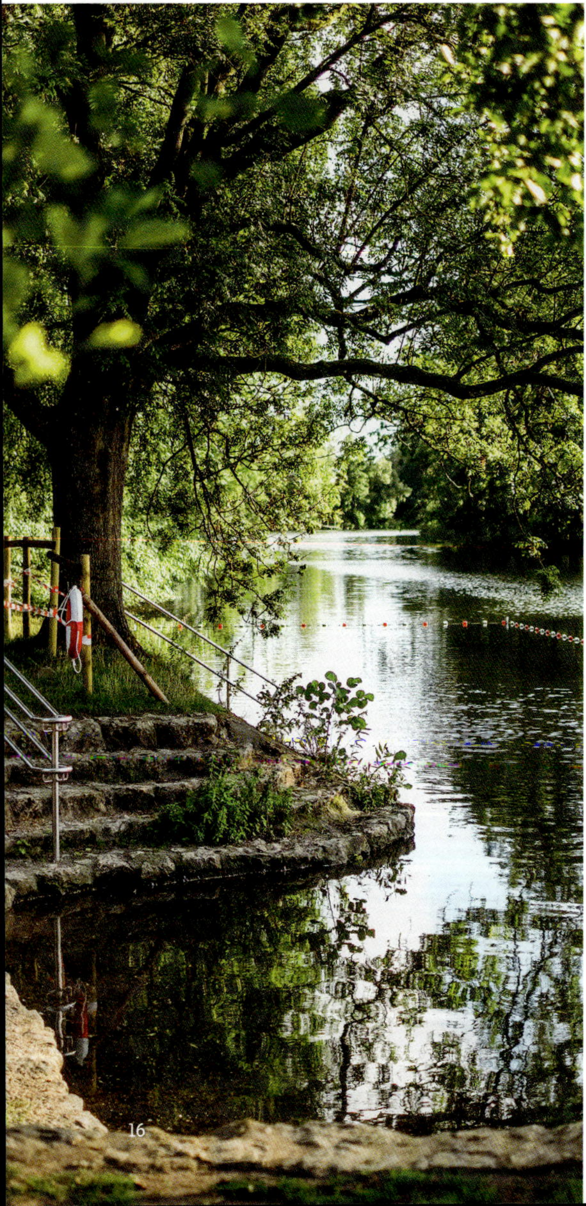

Flüsse

Oben: Im aufgestauten Schwarzen Regen, dem Blaibacher See (S. 50), findet man einige abgelegene Badestellen.
Unten: Das Flussbad Lichtenfels (S. 30) bietet etwas mehr Komfort als ganz wilde Flüsse.

Wasserfälle & Gumpen

Das Highlight des Ostertaltobels (S. 144) im Allgäu bildet dieser türkise Wasserfall.

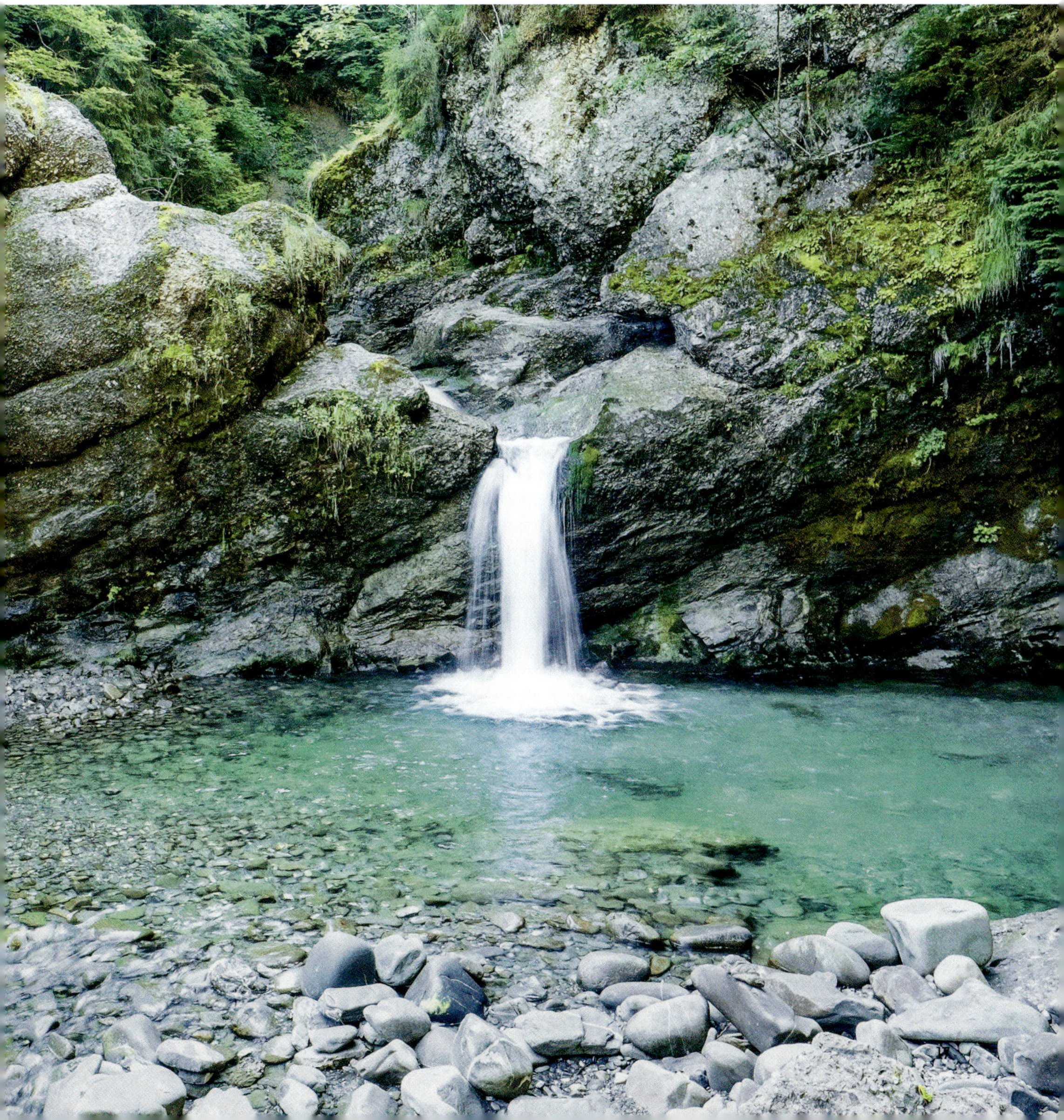

6 besondere Empfehlungen

Geheimtipp für heiße Tage

An heißen Augustwochenenden sind Badeseen meist sehr gut besucht. Wer ruhigere Badeorte schätzt, ist an solchen Tagen besser mit Flussbadeplätzen beraten, zum Beispiel an der Isar bei Wallgau in Oberbayern (S. 112) oder am Flussbad Ilz bei Ruderting in Niederbayern (S. 58).

Für Familien

Besonders schöne und leicht erreichbare Seen für Familien sind in Franken beispielsweise der Rothsee (S. 36) oder der Kleine Brombachsee (S. 38) mit ihren Sandstränden, der Hammersee (S. 44) oder Silbersee (S. 48) in der Oberpfalz oder das weitläufige Seen-Trio Weitsee, Mittersee und Lödensee (S. 90) in Oberbayern. Für diejenigen, die es etwas abgeschiedener mögen, könnte der Attlesee (S. 136) im Allgäu interessant sein.

Paradies für Gumpenbader und Abenteurer

Das bayerische Voralpenland, aber auch das Allgäu, bieten viele Möglichkeiten zum Gumpenbaden, die Königsdisziplin des Wildbadens. Gumpen bezeichnen im bayerischen Sprachgebrauch übrigens in Stein geformte Becken in Fluss- und Bachläufen sowie den Pool unter einem Wasserfall. Für Kinder ist der Ostertaler Tobelweg (S. 144) ein besonderes Highlight. Für Gumpen-Fans und Abenteuerlustige bietet das Eschenlainetal (S. 108) in der Nähe des Sylvensteinsees in Oberbayern spannende Wildbadeoptionen.

Privater Seezugang

Camping-Fans mag dieser Platz wie der Himmel auf Erden erscheinen: Der Campingplatz am Riegsee in Oberbayern (S. 104) vergibt Stellplätze mit privatem Seezugang sowie beeindruckendem Bergpanorama. Genauso hinreißend ist der Campingplatz Seehäusl am Chiemsee (S. 82), der über einen eigenen kleinen Strand verfügt, den ausschließlich die Besucher des kleinen und familiären Platzes nutzen dürfen.

Besonders lauschig

Besonders idyllisch wird es in Bayern in den Abendstunden an kleinen, versteckten Moorseen, zum Beispiel am Fledermaussee in der Nähe von Immenstadt (S. 138) oder am Buchsee beim Starnberger See (S. 76). Mückenspray nicht vergessen!

Für FKK-Fans

Unter FKK-Fans besonders beliebt sind der Große Ostersee (S. 72) südlich des Starnberger Sees oder die Isar im Großraum München, wo traditionell jeder ins Wasser hüpfen darf, wie er möchte – mit oder ohne Badehose.

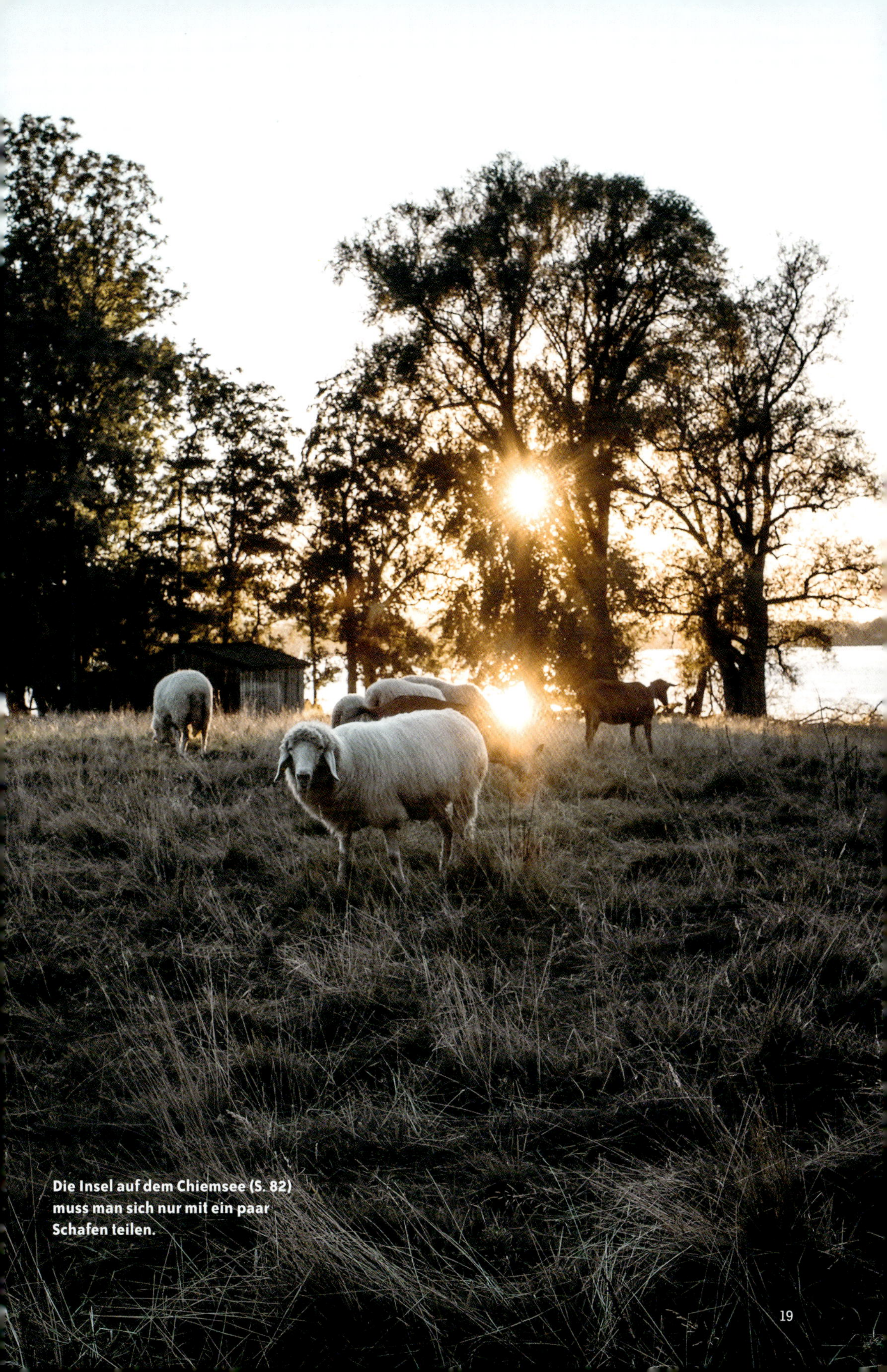

Die Insel auf dem Chiemsee (S. 82) muss man sich nur mit ein paar Schafen teilen.

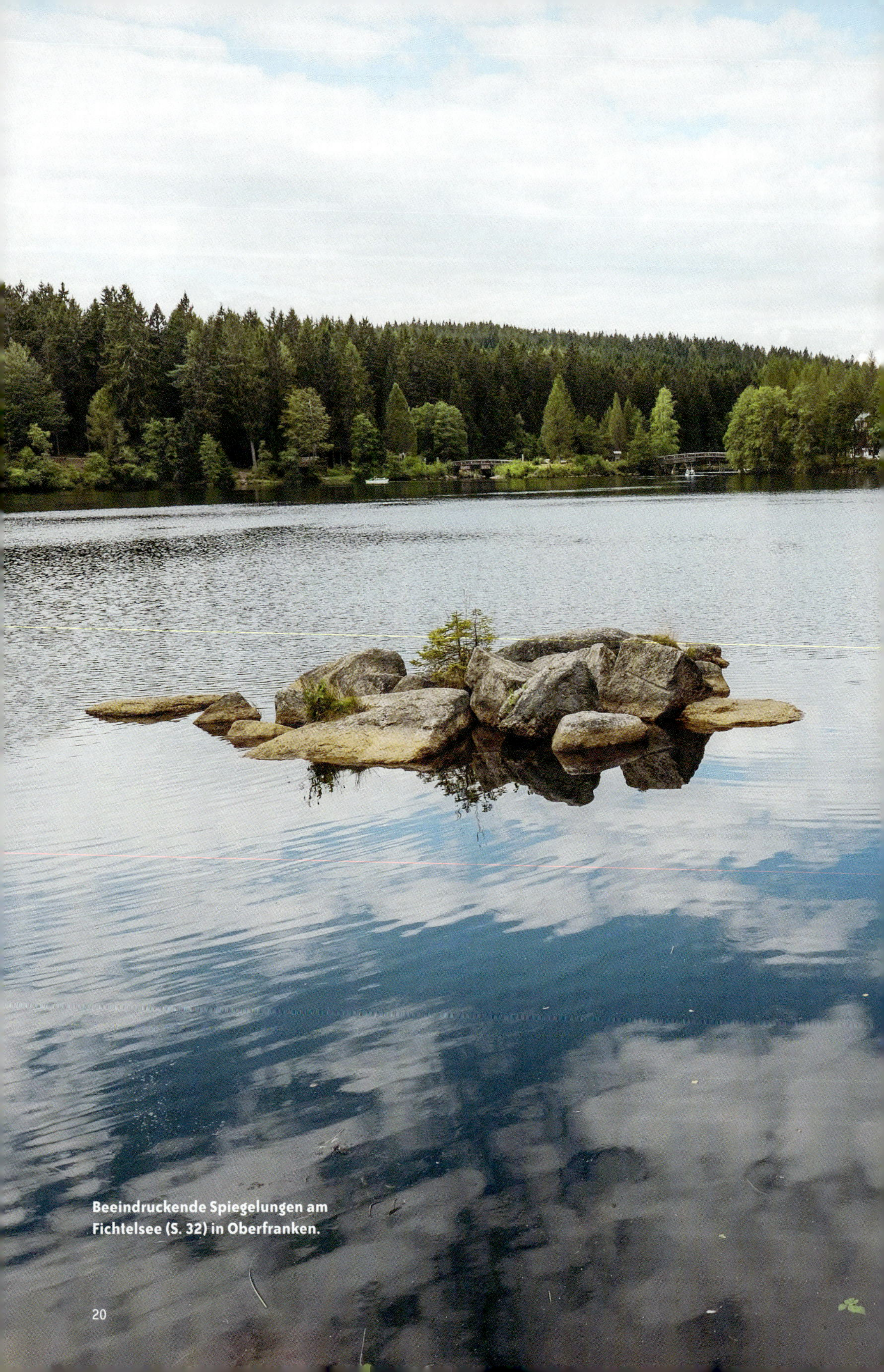

Beeindruckende Spiegelungen am Fichtelsee (S. 32) in Oberfranken.

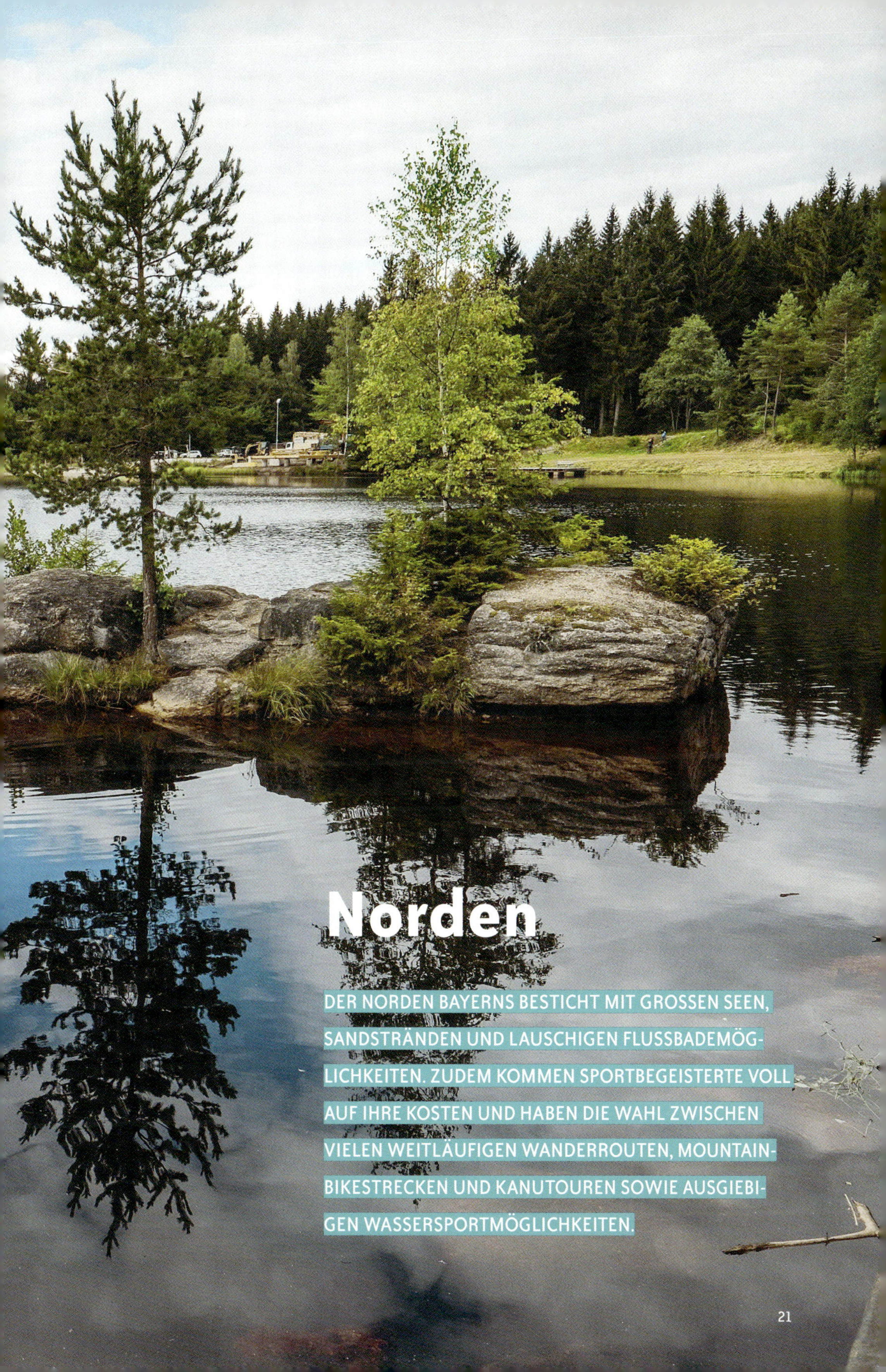

Norden

DER NORDEN BAYERNS BESTICHT MIT GROSSEN SEEN, SANDSTRÄNDEN UND LAUSCHIGEN FLUSSBADEMÖGLICHKEITEN. ZUDEM KOMMEN SPORTBEGEISTERTE VOLL AUF IHRE KOSTEN UND HABEN DIE WAHL ZWISCHEN VIELEN WEITLÄUFIGEN WANDERROUTEN, MOUNTAINBIKESTRECKEN UND KANUTOUREN SOWIE AUSGIEBIGEN WASSERSPORTMÖGLICHKEITEN.

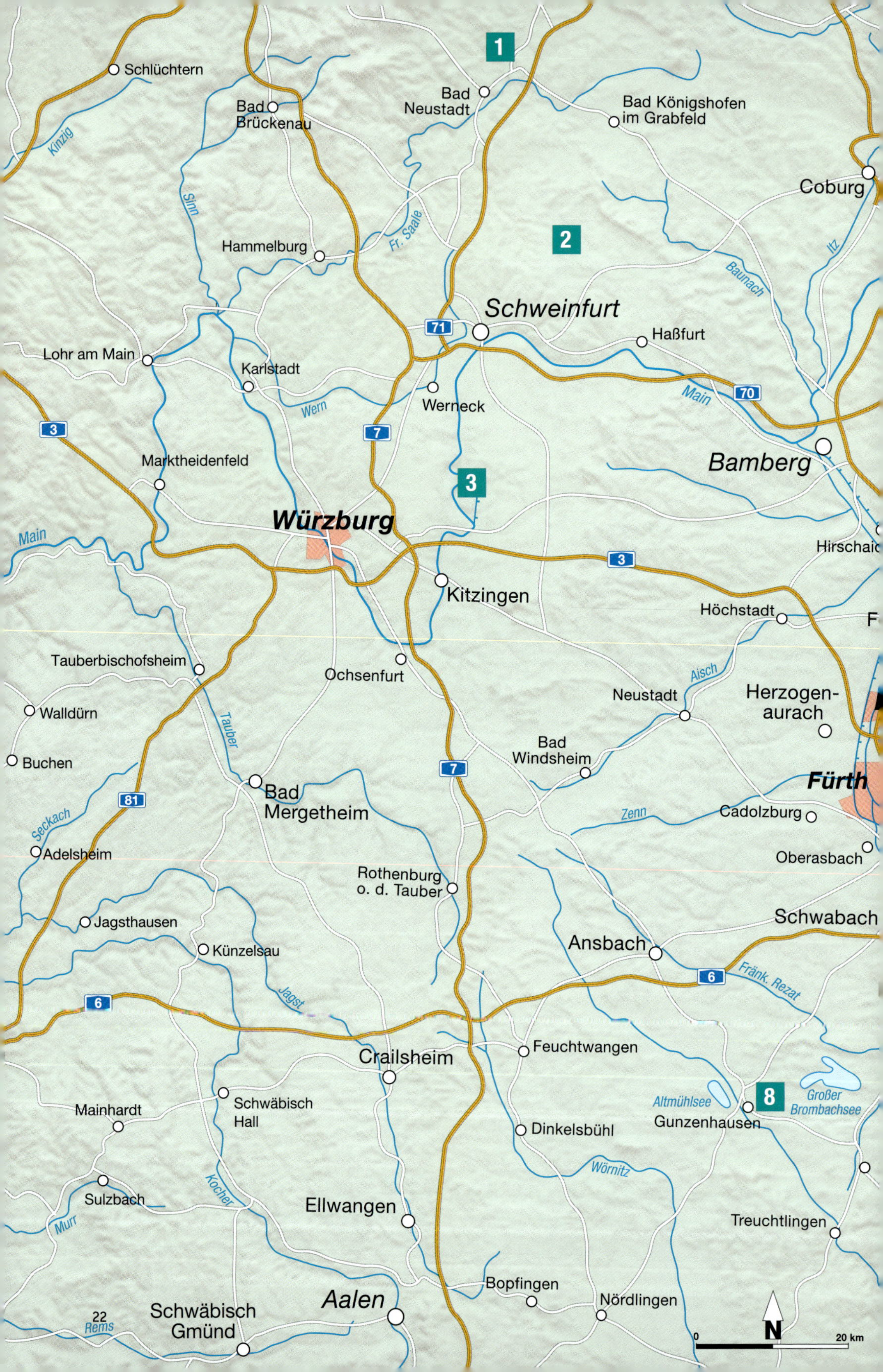
1
2
3
8
Schlüchtern
Bad Brückenau
Bad Neustadt
Bad Königshofen im Grabfeld
Coburg
Kinzig
Sinn
Fr. Saale
Hammelburg
Itz
Baunach
Schweinfurt
71
Haßfurt
Lohr am Main
Karlstadt
Werneck
Wern
Main
70
3
7
Bamberg
Marktheidenfeld
Würzburg
Main
Hirschaid
Kitzingen
Höchstadt
Tauberbischofsheim
Ochsenfurt
Aisch
Neustadt
Herzogen-aurach
Walldürn
Tauber
Buchen
Bad Windsheim
Bad Mergetheim
Fürth
81
Seckach
Zenn
Cadolzburg
Adelsheim
Oberasbach
Rothenburg o. d. Tauber
Jagsthausen
Schwabach
Ansbach
Künzelsau
6
Fränk. Rezat
Jagst
Crailsheim
Feuchtwangen
Schwäbisch Hall
Altmühlsee
Großer Brombachsee
Mainhardt
Gunzenhausen
Dinkelsbühl
Wörnitz
Sulzbach
Kocher
Murr
Ellwangen
Treuchtlingen
Bopfingen
Nördlingen
Aalen
Rems
Schwäbisch Gmünd
N
0
20 km

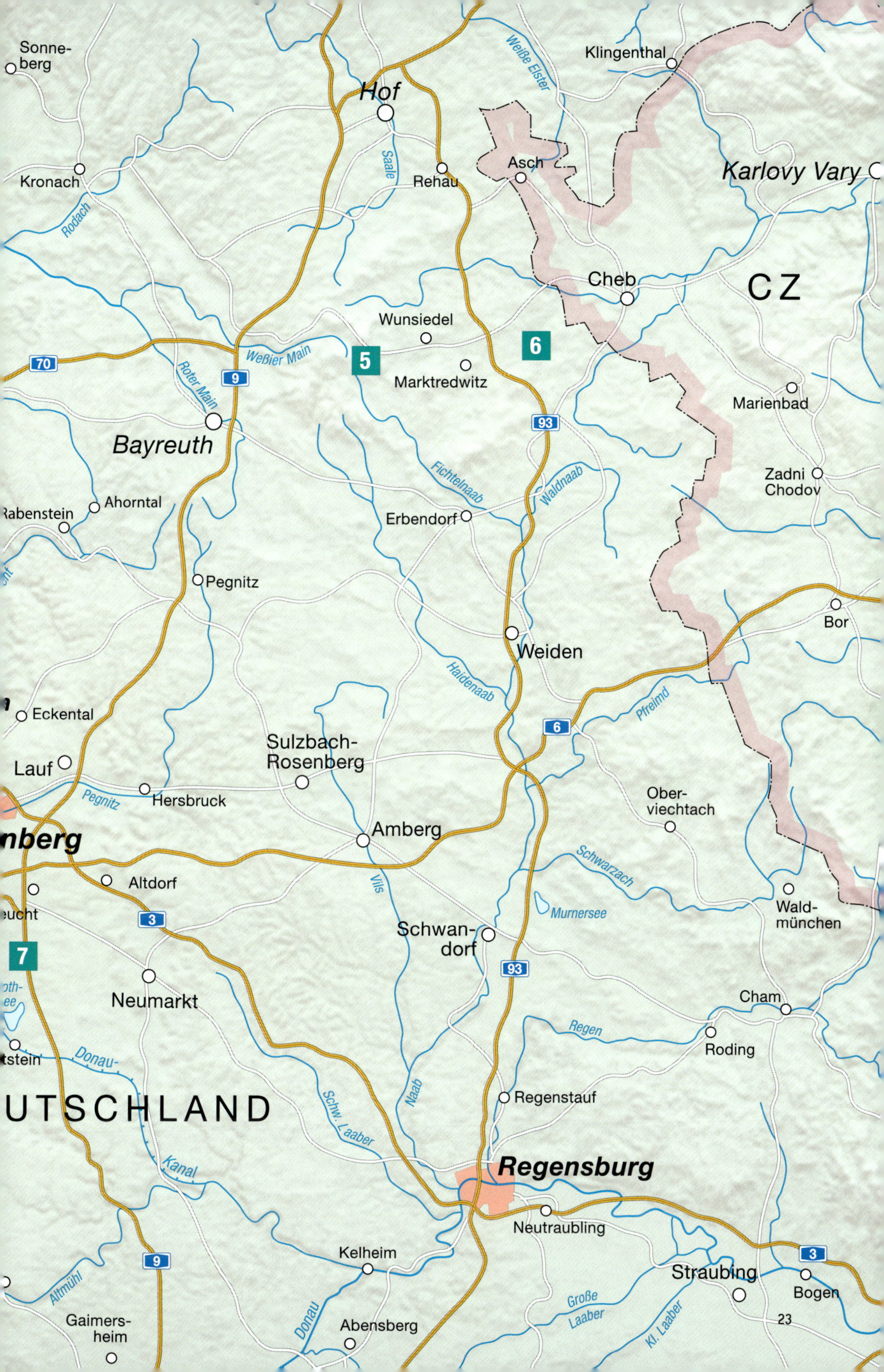

Sonne-
berg
Hof
Klingenthal
Weiße Elster
Saale
Kronach
Rodach
Asch
Rehau
Karlovy Vary
Cheb
CZ
Wunsiedel
5
6
Marktredwitz
70
Weßier Main
9
Roter Main
Marienbad
93
Bayreuth
Fichtelnaab
Waldnaab
Zadni
Chodov
Ahorntal
Rabenstein
Erbendorf
Pegnitz
Bor
Weiden
Haidenaab
Eckental
Pfreimd
6
Sulzbach-
Rosenberg
Lauf
Pegnitz
Hersbruck
Ober-
viechtach
Amberg
nberg
Schwarzach
Altdorf
Vils
Wald-
münchen
Murnersee
3
Schwan-
dorf
7
93
Neumarkt
Cham
Regen
Roding
Donau-
Naab
Regenstauf
UTSCHLAND
Schw. Laaber
Kanal
Regensburg
Neutraubling
Kelheim
3
9
Straubing
Bogen
Altmühl
Große
Laaber
Kl. Laaber
Gaimers-
heim
Donau
Abensberg

★★☆ Wildnisfaktor

★★★ Familienfreundlichkeit

★★★ Erreichbarkeit

1 Sagenumwobener See

FRICKENHÄUSER SEE, MELLRICHSTADT, UNTERFRANKEN

Idyllisch in einer Senke liegt der kleine runde See am Rand des beschaulichen Ortes Frickenhausen. An eine Felswand geschmiegt, die sich gerne auf der glatten Wasseroberfläche spiegelt, formt dieses Duo eine unerwartete Kulisse.

Der Frickenhäuser See ist einer der wenigen natürlich entstandenen Seen in der Umgebung und zählt zu den schönsten Geotopen Bayerns. Hier treffen sich vor allem die Einheimischen zum täglichen, morgendlichen Schwimmen, zum Plausch auf der Wiese oder zum Lesen auf der Bank. Für etwas mehr Action gibt es auf der Ostseite des Sees ein Schwungseil, mit dem man sich ins Wasser katapultieren kann.

Das Wasser des Frickenhäuser Sees ist sauber und durch seine Tiefe von bis zu 28 Metern

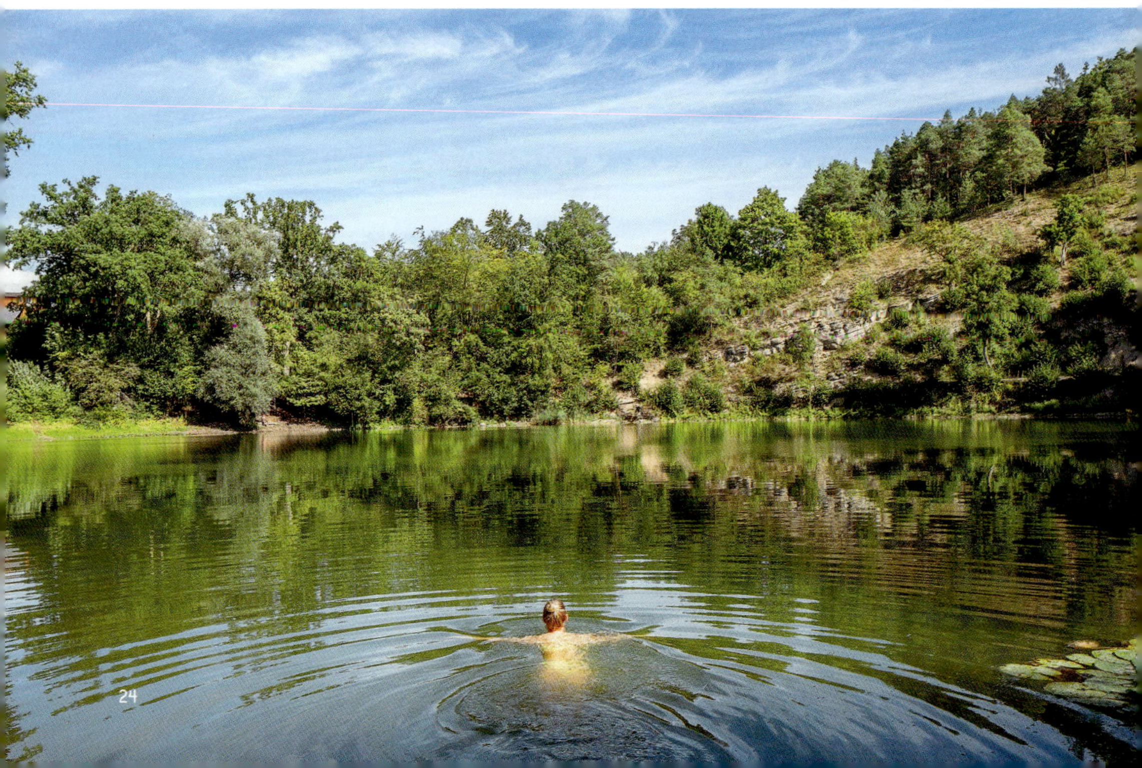

stets erfrischend. Viele Sagen erzählt man sich über diesen See. Er soll unterirdisch mit dem Meer verbunden sein und riesige Fische beheimaten, die schon so manchen Badebesucher erschreckt haben. Erst mal am See angekommen, hat man diese Mythen aber schnell wieder vergessen.
Nach einem Badebesuch kann man sich im nahe gelegenen Seecafé mit Spielplatz stärken.

FAZIT Fast mystisch ist dieses idyllische, kleine Geotop – und perfekt zum Abschalten.

Linke Seite: Das Geotop liegt in einer Senke nahe Mellrichstadt.
Rechts: Ein kleiner Trampelpfad führt einmal um den See.
Unten links: Der See ist der einzige natürlich entstandene See der Umgebung.
Unten rechts: Oft treffen sich hier Einheimische zum Plausch am See oder zu einer morgendlichen Runde Schwimmen.

info

Anfahrtstipp An der Seestraße in Frickenhausen, etwa fünf Gehminuten vor dem See, gibt es einen öffentlichen Parkplatz, weitere Parkmöglichkeiten gibt es oberhalb des Sees, ebenfalls an der Seestraße.

GPS-Daten 50.402495, 10.236569

Beste Badezeit Juni bis September

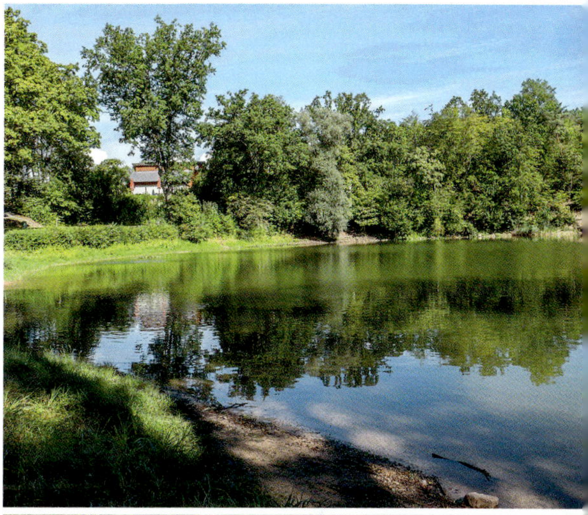

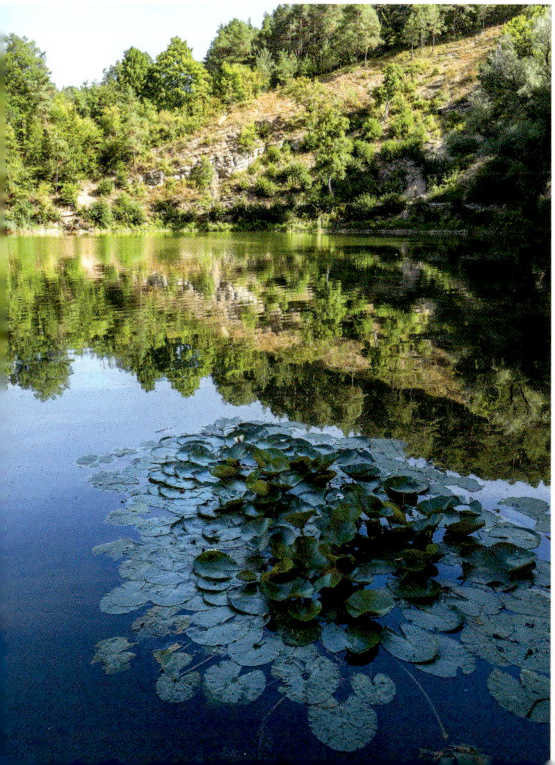

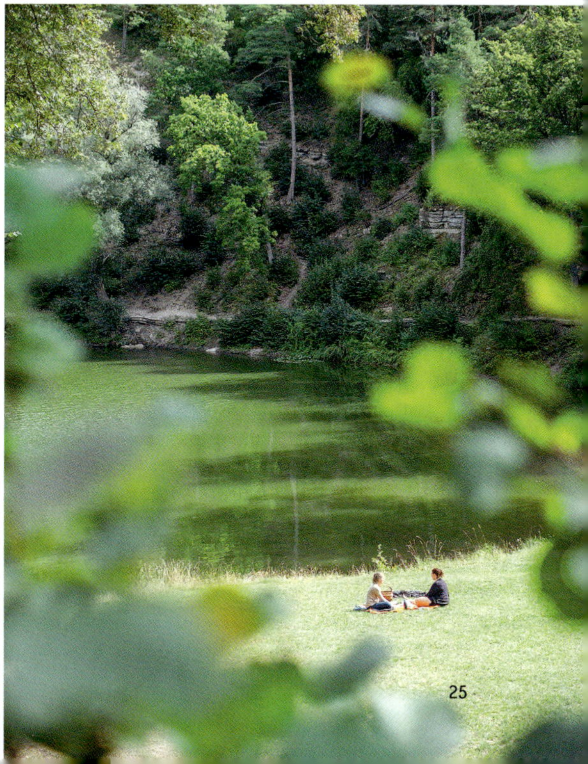

★★ Wildnisfaktor

★★★ Familien-freundlichkeit

★★★ Erreichbarkeit

2 Naturbelassenes Paradies

ELLERTSHÄUSER SEE, STADTLAURINGEN, UNTERFRANKEN

Mal kurz die Augen schließen, durchatmen und die reizvolle Umgebung einsaugen kann man am Ellertshäuser See. Denn viele der Uferbereiche sind unberührt und ein wahres Paradies für Naturliebhaber.
Mit 33 Hektar Wasserfläche ist er der größte Stausee Unterfrankens und einer der wenigen Seen in der Region, die touristisch nicht komplett erschlossen wurden. Der von Wald umringte See ist als Landschaftsschutzgebiet ausgewiesen. Teile des Ufers dienen unter anderem als wichtige Brutbiotope für Vögel und dürfen nicht betreten werden.
Am Nordwestufer des Sees, direkt bei den Parkplätzen, gibt es eine naturbelassene Badestelle mit einem breiten Wiesenstreifen und schattenspendenden Bäumen. Man kann aber auch den kleinen Rundweg zu Fuß oder mit dem Fahrrad auf sich nehmen und seine ganz eigene, abgelegene Badebucht suchen. Sogar mit dem Kinderwagen ist dies möglich.
Der See weist laut EU-Badegewässer-Einstufung eine ausgezeichnete Wasserqualität auf. Neben ausgiebigem Schwimmen lädt der See aufgrund seiner Größe auch zu diversen Wassersportarten wie Windsurfen, Stand-up-Paddeln oder Bootfahren ein.
Abenteurer können einen Abstecher zum nahegelegenen Kletterwald machen.

FAZIT Die Kraft der Natur genießen – sogar mit dem Kinderwagen!

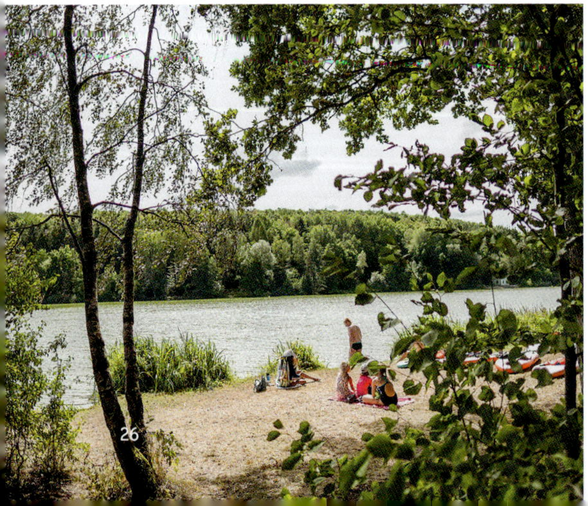

Links: Am Nordwestufer des Sees findet man eine naturbelassene Badestelle.
Rechte Seite: Oben: Der größte Stausee Unterfrankens misst 33 Hektar.
Mitte: Ein Paradies für Stand-up-Paddler
Unten links: Besucher schätzen die Weitläufigkeit des Sees.
Unten rechts: Der Seerundweg kann zu Fuß, mit dem Fahrrad und sogar mit dem Kinderwagen bewältigt werden.

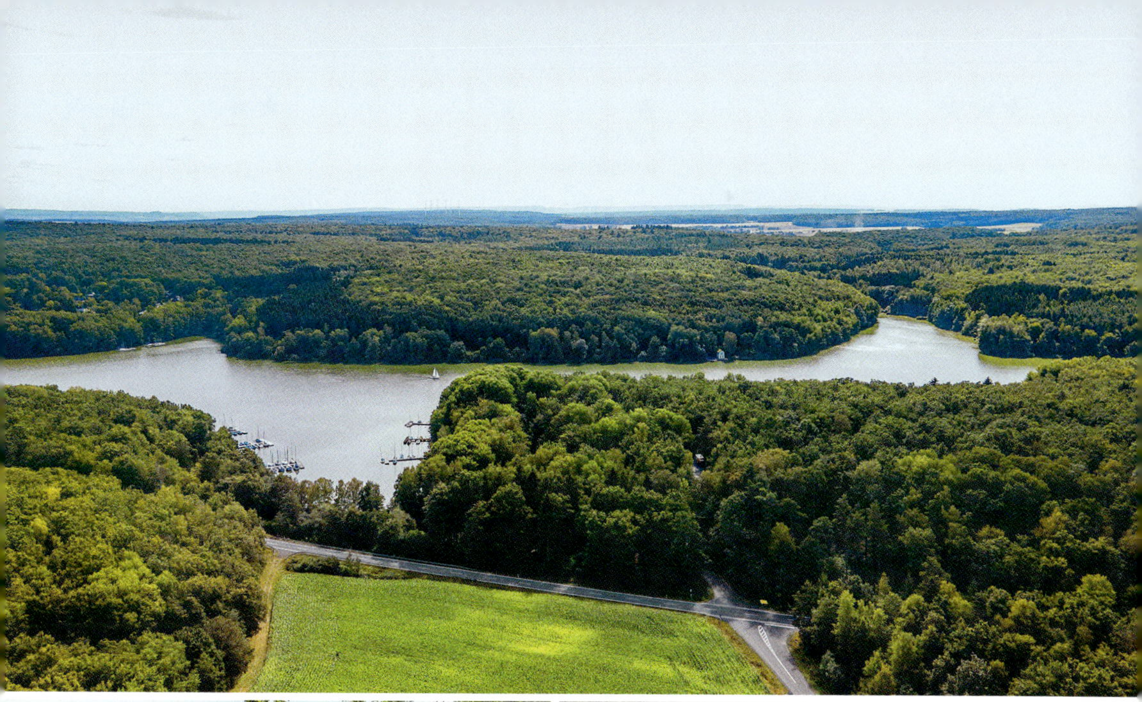

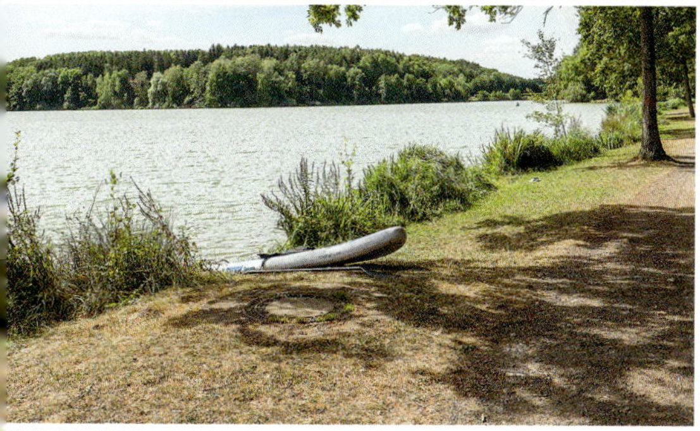

info

Anfahrtstipp Den kostenpflichtigen Parkplatz zur Badestelle findet man an der Nordwestseite des Sees. Weitere gibt es in Richtung des Campingplatzes weiter östlich.

GPS-Daten 50.148439, 10.371825

Beste Badezeit Mai bis September

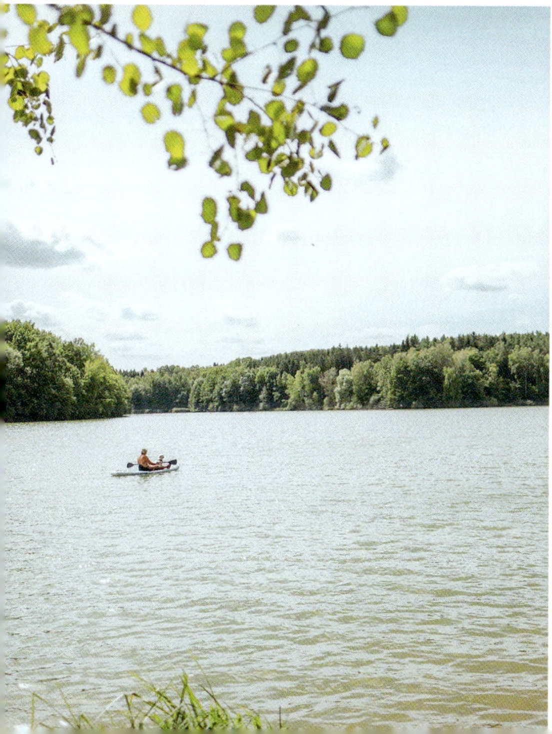

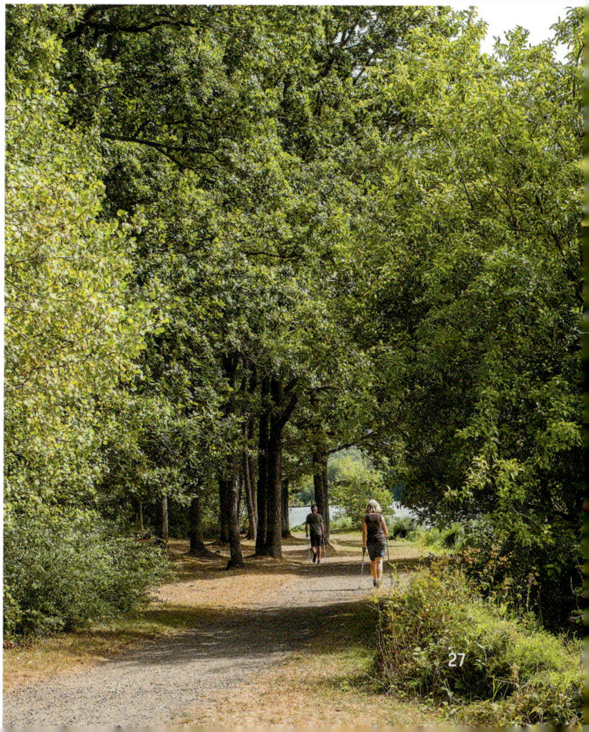

★★★ Wildnisfaktor

★☆☆ Familienfreundlichkeit

★★☆ Erreichbarkeit

3 Inmitten der Weinberge

MAIN, ZWISCHEN VOLKACH UND SOMMERACH, UNTERFRANKEN

Baden in der atemberaubenden Kulisse von saftigen Weinbergen, so weit das Auge reicht, das lässt sich in Volkach verkwirklichen. Der Altmain schlängelt sich hier malerisch durch die grünen Hänge und versetzt einen direkt ins Staunen.

Die Volkacher Mainschleife zieht viele Besucher in ihren Bann. Anders als an den meisten Abschnitten des Mains, eignet sich der Flussabschnitt zwischen Volkach und Schwarzach besonders zum Baden, da hier keine Frachtschiffe fahren. Der Schiffsverkehr wird über den Mainkanal geleitet. Daher ist der Main in diesem Bereich ein wahres Eldorado für Wildbader.

Auch Kayakfahrer und SUP-Fans schätzen diesen Abschnitt. Eine beliebte Kayak-Route verläuft von Volkach über Nordheim nach Sommerach und bietet die Möglichkeit, an gänzlich unberührten Badestellen anzulegen, an die vom Ufer aus niemand kommt. Wer nicht mit dem Kayak unterwegs ist, findet am Badestrand Nordheim einen schönen Einstieg in den Fluss. Hier wurde etwas Sand aufge-

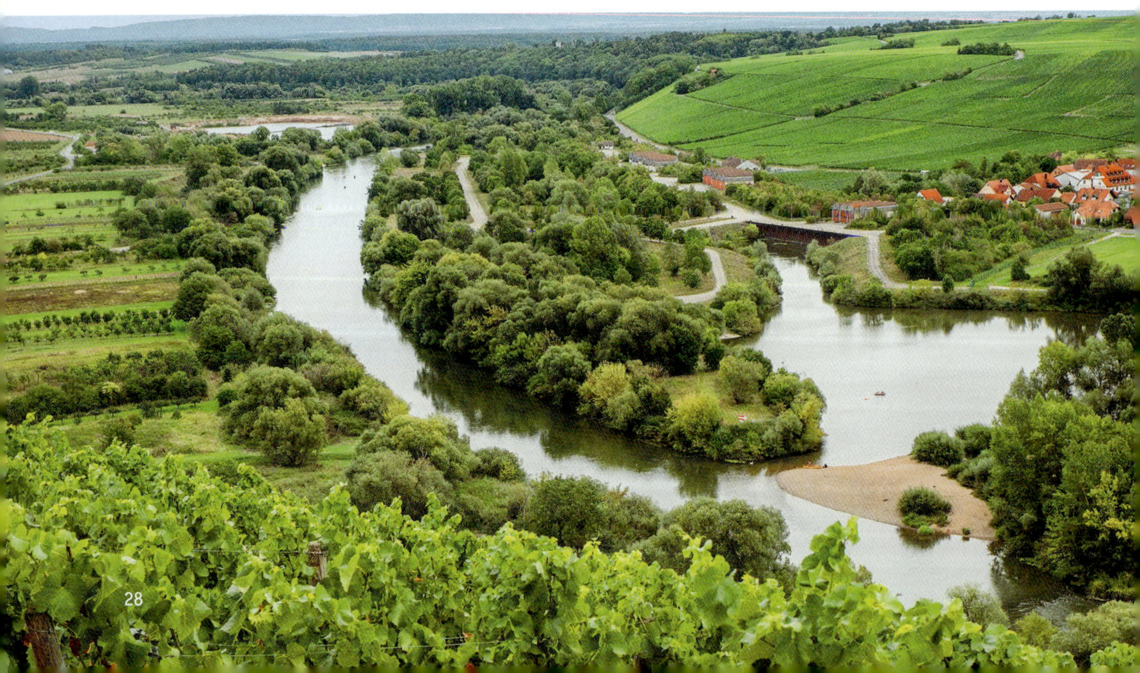

schüttet und gemütliche Strandkörbe stehen für ein ausgiebiges Sonnenbad bereit. Volkach selbst ist ein idyllischer Weinort mit fränkischem Charme. Diesen kann man besonders gut bei einem Gläschen Wein auf der Vogelsburg erleben.

FAZIT Wie aus einer Postkarte entsprungen ist die Badekulisse am Main in Volkach – einer der schönsten Orte Frankens.

Achtung Nicht bei Hochwasser, nach Starkregen oder in der Nähe von Schleusen und Wehren schwimmen (mindestens 100 Meter Abstand wahren). Auf gefährliche Unterströmungen achten. Kinder an Flussbadestellen stets beaufsichtigen.

info

Anfahrtstipp Am Badestrand Nordheim gibt es einen Parkplatz sowie Wohnmobilstellplätze.

GPS-Daten 49.860140, 10.178920

Beste Badezeit Juni bis August

Linke Seite: Die Mainschleife in Volkach ist gesäumt von Weinbergen.
Rechts: Zwischen Volkach und Sommerach gibt es viele wilde Badestellen im Main.
Unten: Am Badestrand Nordheim stehen Strandkörbe für Besucher bereit.

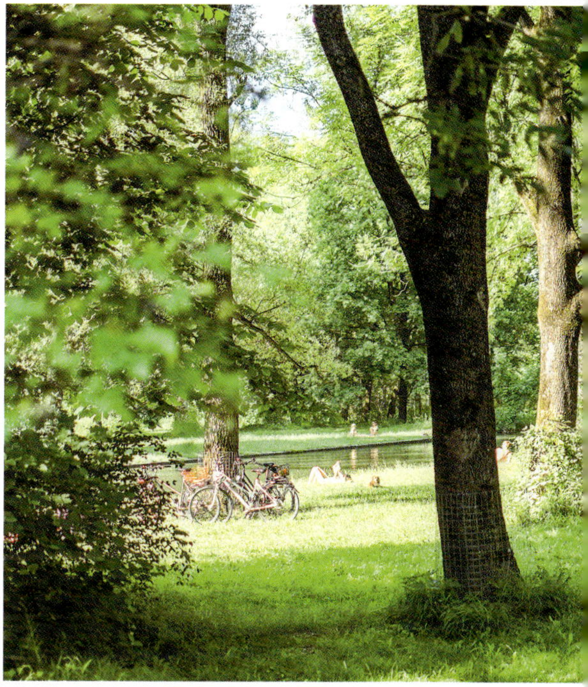

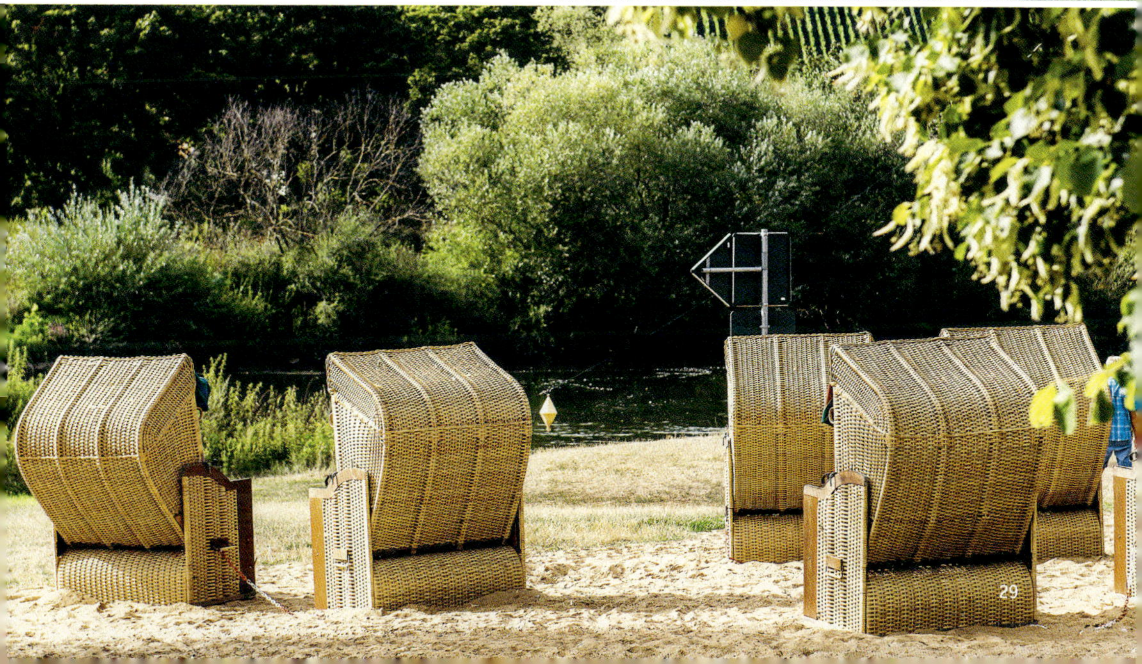

★ Wildnisfaktor

★★★ Familienfreundlichkeit

★★★ Erreichbarkeit

4 Flussbaden für Einsteiger

MAIN, FLUSSBAD LICHTENFELS, OBERFRANKEN

Wer im Sommer der Hitze entfliehen möchte und einfach mal auf etwas Neues Lust hat, der kann das Flussbad Lichtenfels besuchen. An diesem ruhigen Abschnitt des Mains badet man mit etwas mehr Komfort als an ganz wilden Badestellen. Treppen und Geländer erleichtern den Einstieg in den Fluss und ein abgegrenzter Schwimmbereich am Ufer sorgt für etwas mehr Sicherheit. Eine Badeaufsicht gibt es jedoch nicht.

Anders als an den meisten Wildbadestellen gibt es hier etwas mehr Infrastruktur: Eine große Wiese, Umkleiden, Toiletten, Sitzgelegenheiten, eine Tischtennisplatte sowie ein Volleyballfeld sorgen für ein reges Treiben an heißen Sommertagen.

Besonders schön wird es am Fluss während der Abendstunden, wenn die Sonne langsam hinter den Bäumen verschwindet und das Wasser mitsamt der Umgebung in goldenes Licht taucht. Dann ist auch meist weniger los und man kann die wahre Idylle dieser Badestelle genießen.

Durch den Ort Lichtenfels führen der beliebte Main-Radweg sowie der Frankenweg, ein toller Weitwanderweg.

FAZIT Eine schöne Möglichkeit zum Flussbaden für Einsteiger. Ein guter Schwimmer sollte man aber trotzdem sein.

Achtung Nicht bei Hochwasser, nach Starkregen oder in der Nähe von Schleusen und Wehren schwimmen (mindestens 100 Meter Abstand wahren). Auf gefährliche Unterströmungen achten. Kinder an Flussbadestellen stets beaufsichtigen.

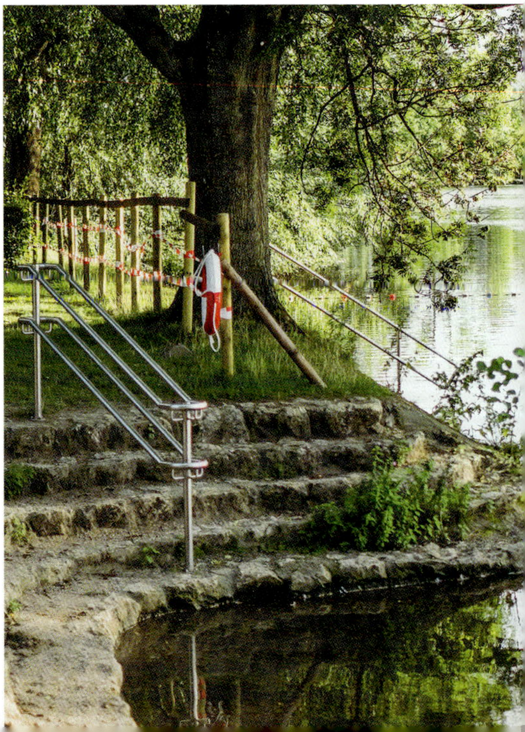

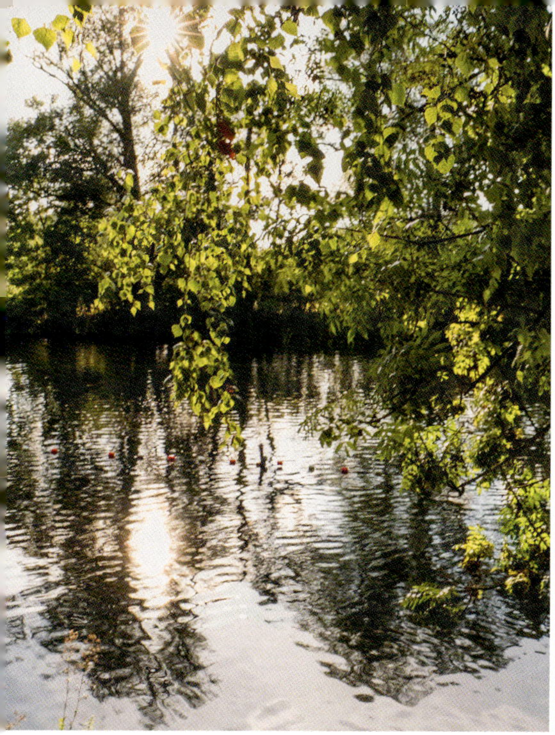

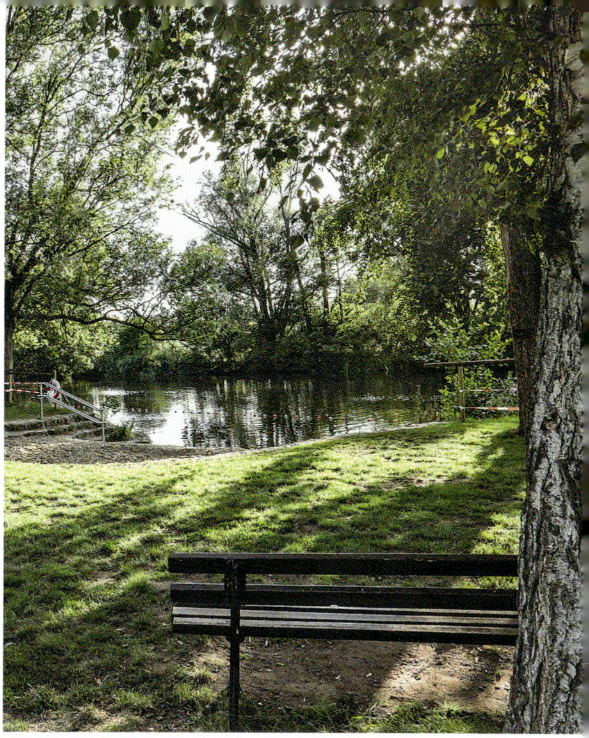

Oben links: Zu den frühen Abendstunden wird es im Flussbad Lichtenfels besonders lauschig.
Oben rechts: Es stehen diverse Sitzmöglichkeiten sowie Umkleidekabinen und Toiletten zur Verfügung.
Unten rechts: Die Kleinen können sich auf einem Spielplatz austoben.
Unten links: Treppen und ein Geländer erleichtern den Einstieg in den Fluss.

info

Anfahrtstipp Am Ende des Wiesenwegs in Lichtenfels, am Flechtlabyrinth, gibt es einen kleinen, kostenlosen Parkplatz. Von dort läuft man etwa 15 Minuten zum Flussbad.

GPS-Daten 50.154942, 11.065948

Beste Badezeit Mai bis September

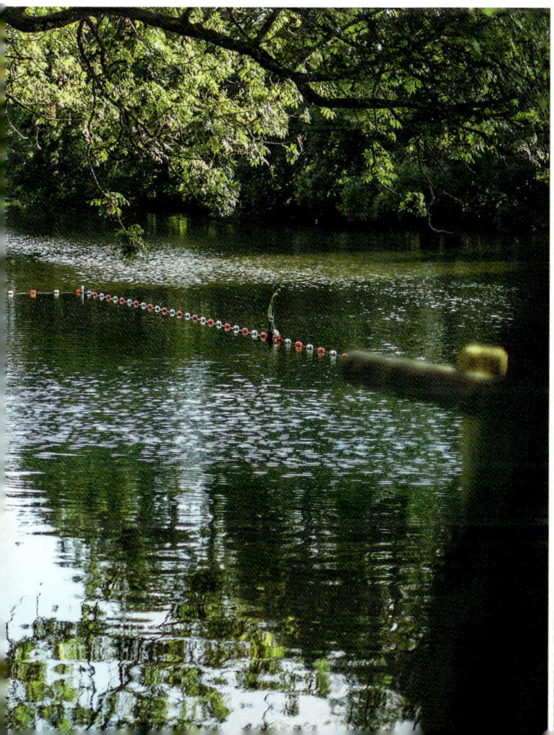

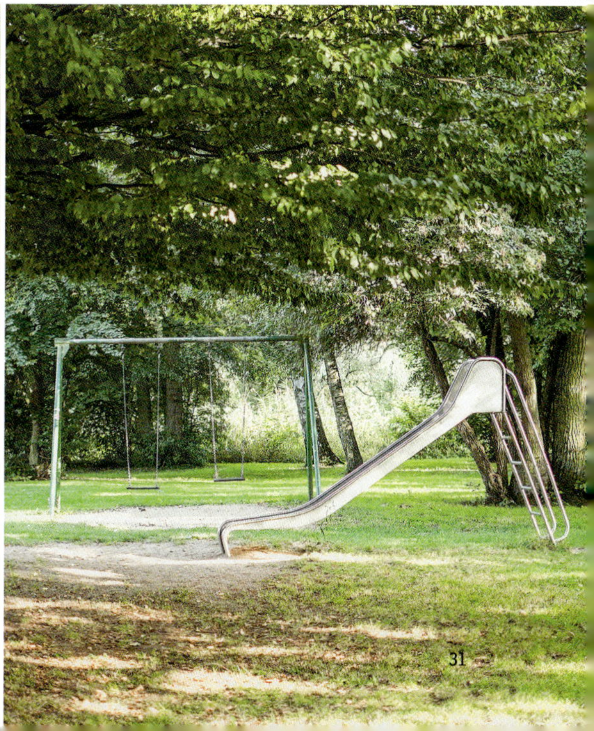

★★ Wildnisfaktor

★★★ Familienfreundlichkeit

★★★ Erreichbarkeit

5 Tief einatmen

FICHTELSEE, FICHTELBERG, OBERFRANKEN

Der Fichtelsee im Luftkurort Fichtelberg strahlt eine ganz besondere, friedliche Atmosphäre aus. Umringt von dichtem Wald ist er herrlich ruhig gelegen. Hier werden alle Alltagssorgen schnell vergessen. Entlang des Seerundwegs wird man immer wieder anhalten und staunen. Oder einfach mal tief einatmen.

Badegäste können die Wonnen des Sees an einem kleinen Sandstrand genießen, Stege an weiteren Stellen laden zum Hineinspringen ein und ein paar Liegestühle vom Waldhotel am Fichtelsee stehen zum ausgiebigen Relaxen am Seeufer bereit. Wer gerne etwas auf dem Wasser entlangschippern möchte, kann sich ein Tretboot mieten.

Auf Sportbegeisterte warten viele Wanderwege und Mountainbiketouren in der Umgebung, die zum Fichtelsee führen. Zum Beispiel die Wanderung zum nur zwei Kilometer entfernten Fichtelberg oder über den Fichtelseesteig zum Ahornberg. Eine Runde um den Südteil des Sees ist auch mit Kinderwagen möglich.

FAZIT Ein herrlicher Waldsee, der sich an heißen Sommerwochenenden großer Beliebtheit erfreut.

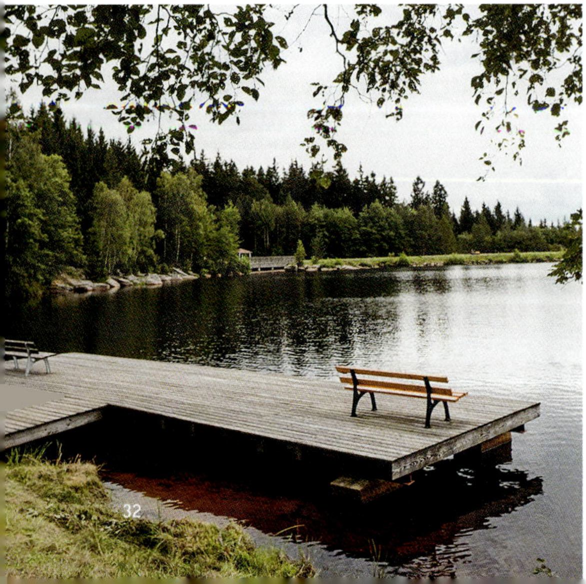

Links: Mehrere Stege entlang des Seeufers laden zum Verweilen und Hineinspringen ein.
Rechte Seite: Oben links: Wildblumen sorgen für eine romantische Atmosphäre am Moorsee.
Oben rechts: Bäume, die scheinbar auf dem Wasser wachsen, beeindrucken die Besucher.
Mitte links: Ein Tretbootverleih sorgt für Spaß für die ganze Familie.
Mitte rechts: Für die Badegäste wurde ein kleiner Sandstrand aufgeschüttet.
Unten: Eine Stärkung nach dem Schwimmen gibt es im Waldhotel am Fichtelsee.

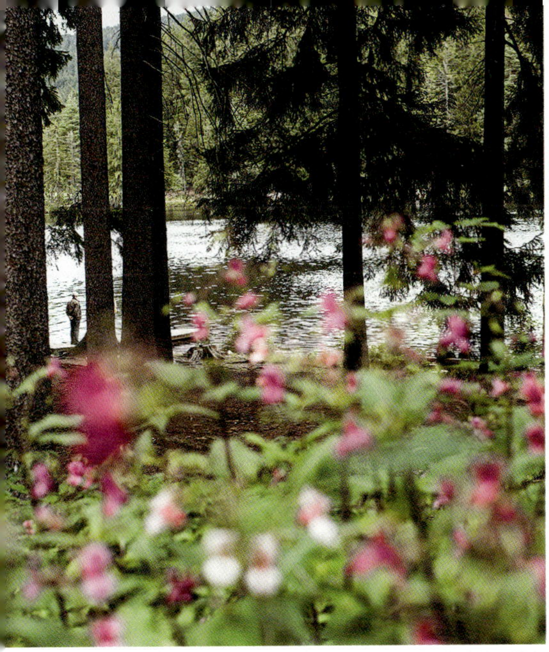

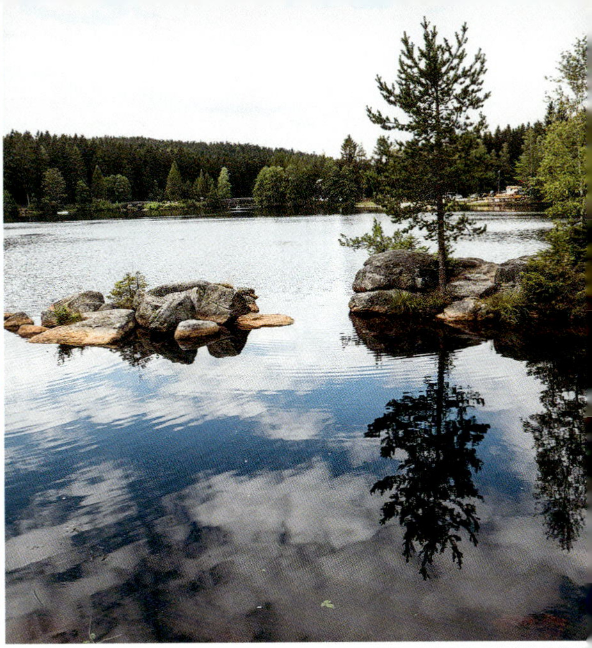

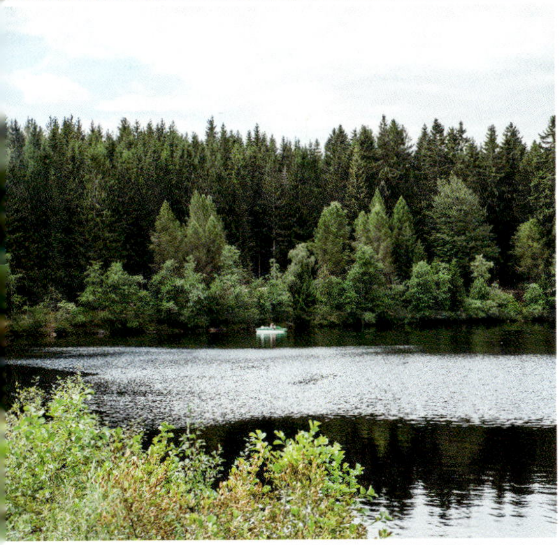

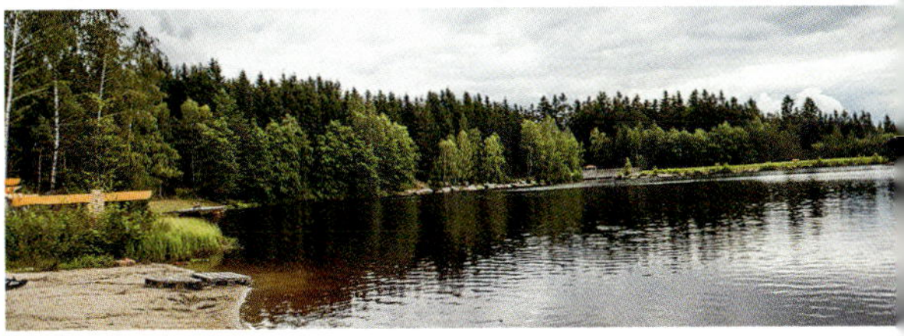

info

Anfahrtstipp Auf Höhe des Campingplatzes Fichtelsee befindet sich ein kostenpflichtiger Parkplatz für die Seebesucher.

GPS-Daten 50.015519, 11.860133

Beste Badezeit Mai bis September

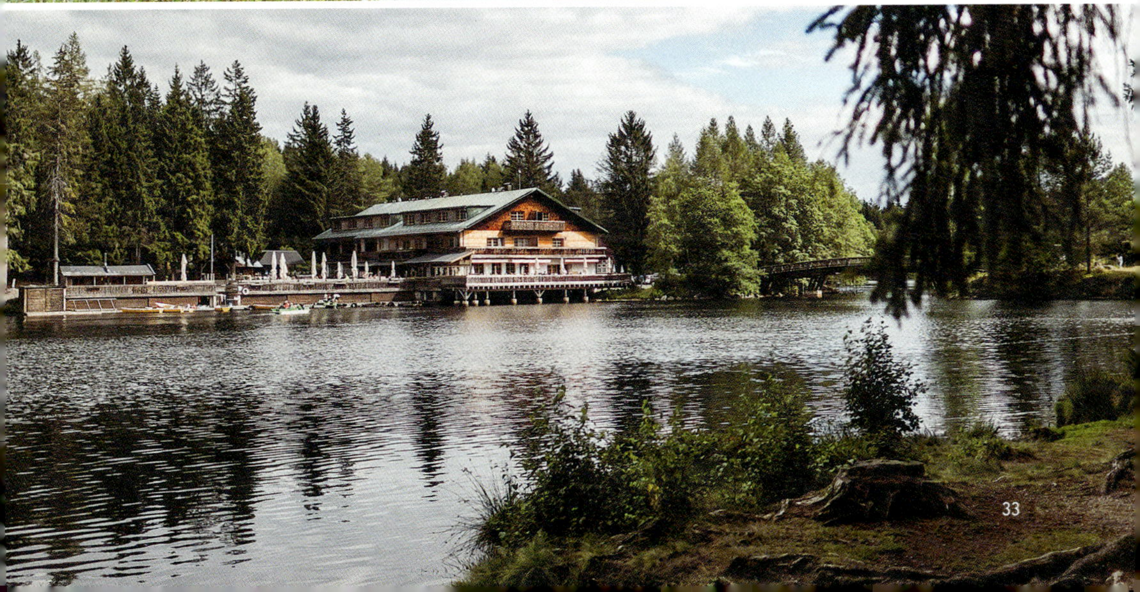

★★☆ Wildnisfaktor

★★★ Familienfreundlichkeit

★★★ Erreichbarkeit

6 Ruhe und Kraft tanken

FEISNITZ-STAUSEE, ARZBERG, OBERFRANKEN

Eine ausgedehnte Schwimmeinheit in einem See, den man ganz für sich alleine hat? Das ist am Feisnitz-Stausee nicht ungewöhnlich. Der See ist einsam gelegen und manchmal verirren sich hierhin nur wenige Besucher. Was für ein Naturidyll und toll zum Entspannen!
Der Stausee ist eineinhalb Kilometer lang. Er besteht aus einem Vorspeicher, an dem sich ein kleiner Campingplatz mit ein paar privaten Stegen befindet und wo sich gerne Angler niederlassen, und einem Hauptspeicher, an dem eine kleine Badestelle geschaffen wurde. Eine Sandbucht mit Steg, einer Bank und einer kleinen Wiese laden hier zum Entspannen nach dem Schwimmen ein. Das Wasser des Speichers gilt als besonders sauber.
Der Stausee ist auch beliebt bei Spaziergängern und Hundebesitzern. Ein kleiner Weg, der für Rollstühle und Kinderwagen geeignet ist, führt einmal um den Stausee und ermög-

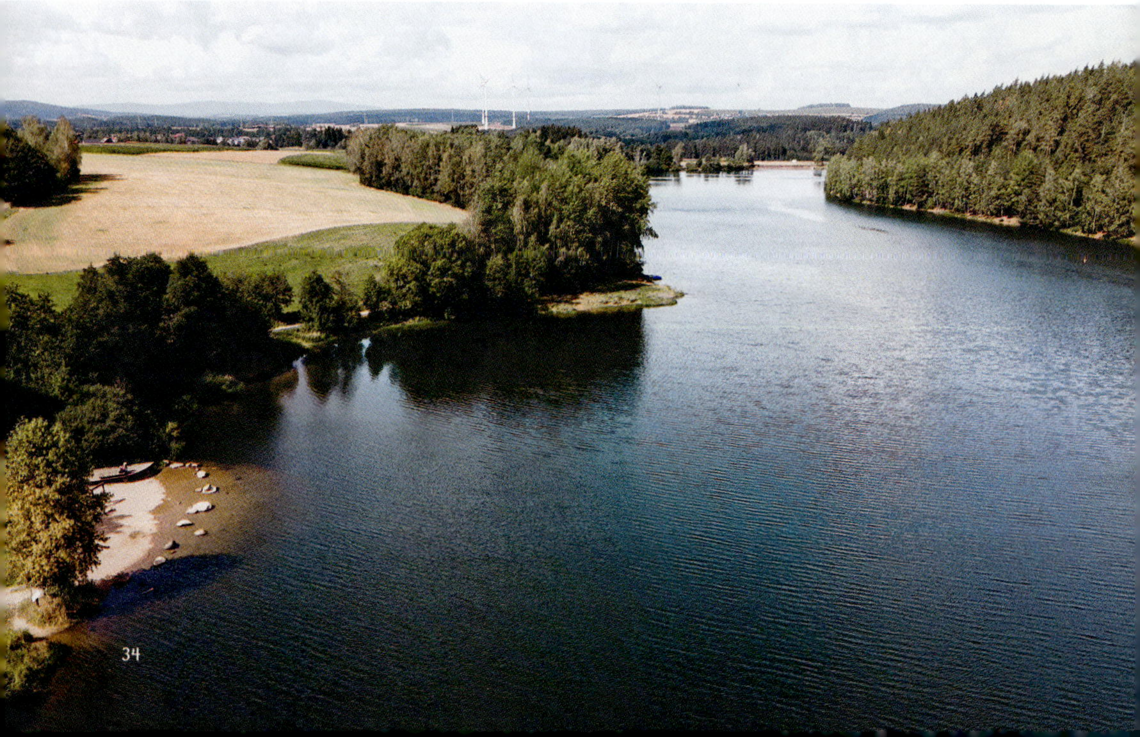

licht einen kurzweiligen, idyllischen Spaziergang. Baden dürfen die Vierbeiner aber nicht. Es führen auch einige Wanderwege am Feisnitz-Stausee vorbei, zum Beispiel zum 32 Meter hohen Aussichtsturm »Waldenfelswarte« auf dem Gipfel des Kohlbergs (632 m), der nur eine halbe Stunde entfernt ist und eine fantastische Aussicht bietet.

FAZIT Ruhe, sehr sauberes Wasser, und ganz viel Natur – was will man mehr?

info

Anfahrtstipp Ein kleiner, kostenloser Wanderparkplatz befindet sich nahe der Seeklause am Südufer, direkt beim Badeplatz.

GPS-Daten 50.032468, 12.182505

Beste Badezeit Juni bis September

Linke Seite: Der eineinhalb Kilometer lange Stausee ist herrlich einsam gelegen.
Rechts: Der kleine Rundweg ist auch für Kinderwagen und Rollstühle geeignet.
Unten links und rechts: Für Wildbader steht ein kleiner Sandstrand mit Steg und Sitzgelegenheiten zur Verfügung.

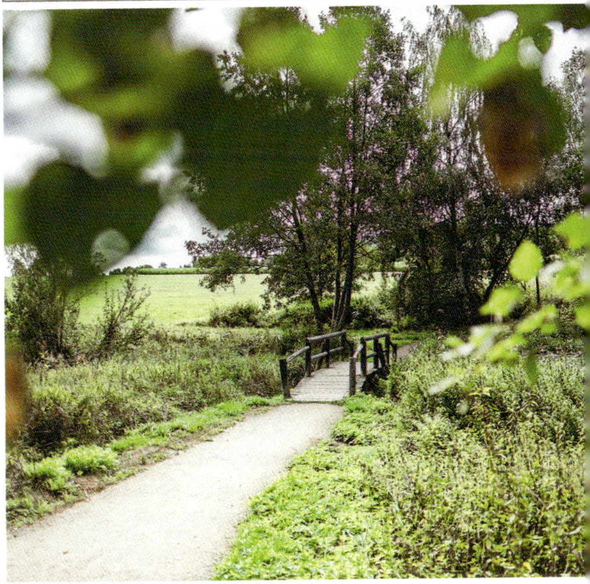

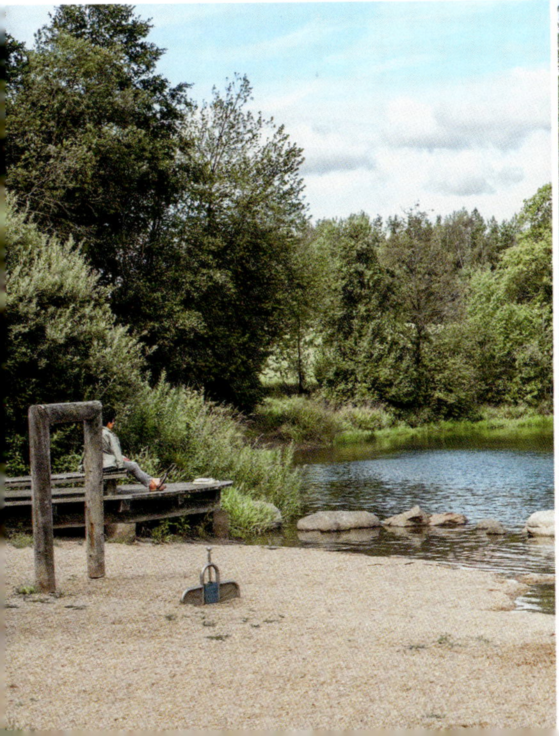

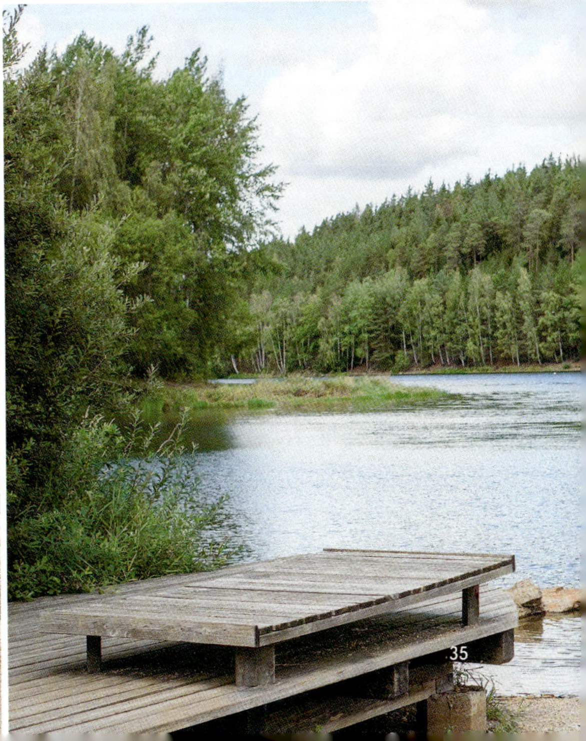

Wildnisfaktor ★★☆

Familienfreundlichkeit ★★★

Erreichbarkeit ★★★

7 Unberührte Badebuchten

ROTHSEE, ALLERSBERG, MITTELFRANKEN

Der Rothsee besticht durch unzählige unberührte Badebuchten und traumhafte Sonnenuntergänge. Er ist südlich von Nürnberg gelegen und einer der größten Seen der Umgebung. Trotzdem ist hier weitaus weniger Trubel als an anderen Seen des fränkischen Seenlands.

Viele schöne Naturbadestellen gibt es entlang des zwölf Kilometer langen Uferwegs, vor allem am Ostufer des Sees. Man parkt am Parkplatz P2 Ost und kann von dort aus dem Wanderweg entlang des Sees folgen, um sich seine persönliche Badestelle auszusuchen.

Das Ufer ist bei niedrigem Wasserstand durch Sandstrand gerahmt und es ist leicht abfallend, sodass man bequem ins Wasser gehen kann und Kinder dort unbesorgt spielen können.

Folgt man dem Rundweg am See zu Fuß oder mit dem Fahrrad, findet man ständig neue Badestellen – ein Paradies für Wildbader! Und SUP-Paddler lieben diesen Abschnitt ebenso.

FAZIT Baden abseits der Strandbäder – am Rothsee gibt es hierfür unzählige Möglichkeiten.

Rechts: Ein malerischer Sonnenuntergang am Rothsee
Rechte Seite: Oben: Entlang des Seerundwegs eröffnen sich unzählige Badestellen.
Mitte: An vielen Uferbereichen spenden Bäume angenehmen Schatten.
Unten links: Sogar an heißen Sommertagen findet jeder einen Platz am weitläufigen See.
Unten rechts: Der zwölf Kilometer lange Rundweg zieht auch Wanderer und Mountainbiker in seinen Bann.

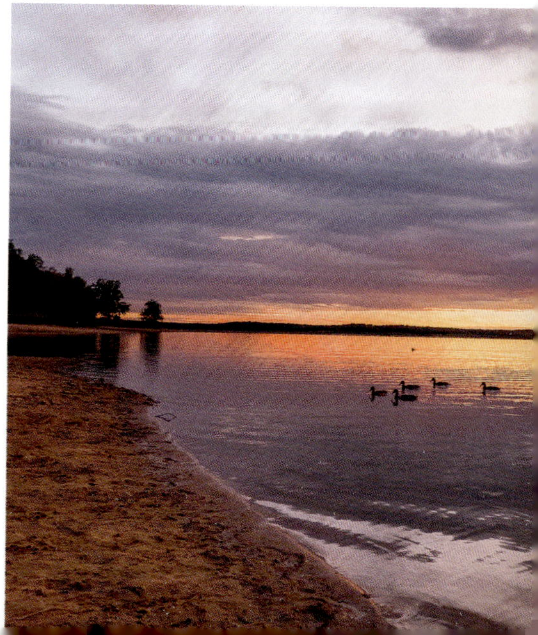

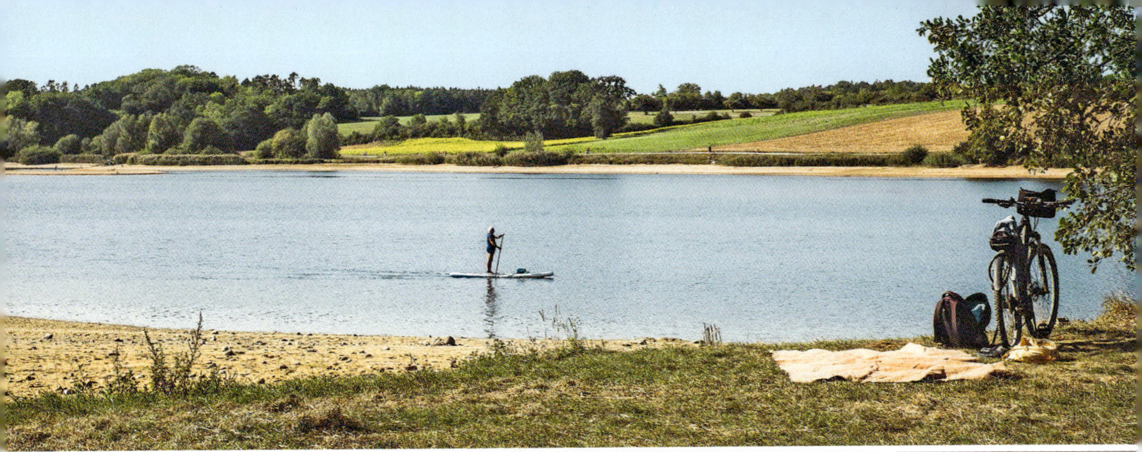

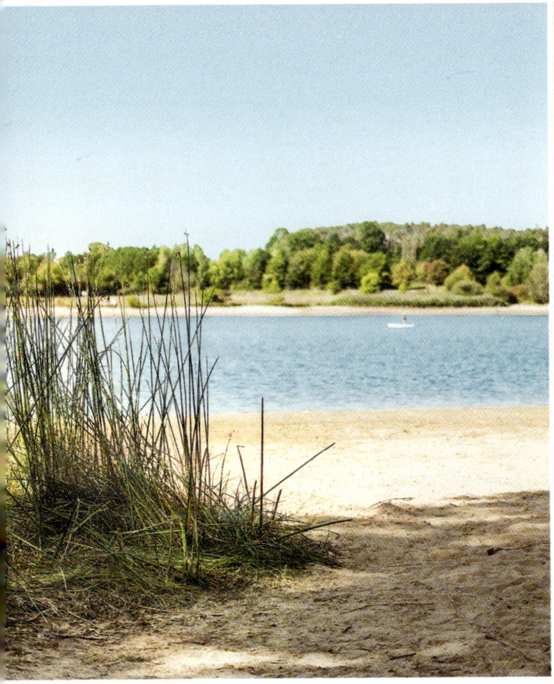

info

Anfahrtstipp Am besten parkt man am Parkplatz P2 Ost an der Nordostspitze des Sees in Allersberg.

GPS-Daten 49.224056, 11.192417; 49.216054, 11.187183

Beste Badezeit Juni bis August

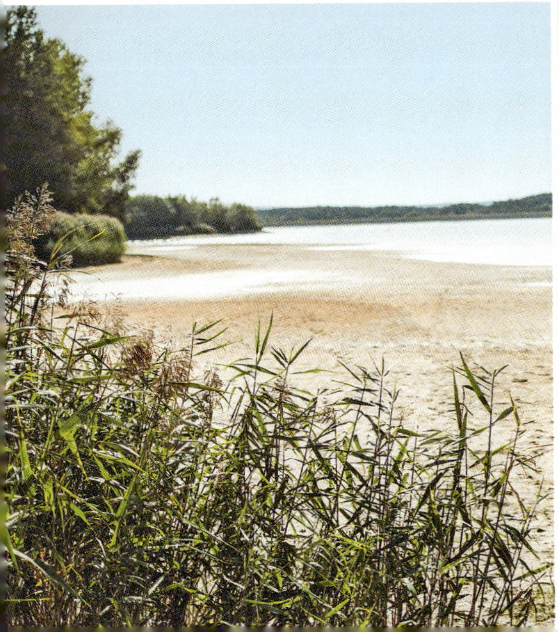

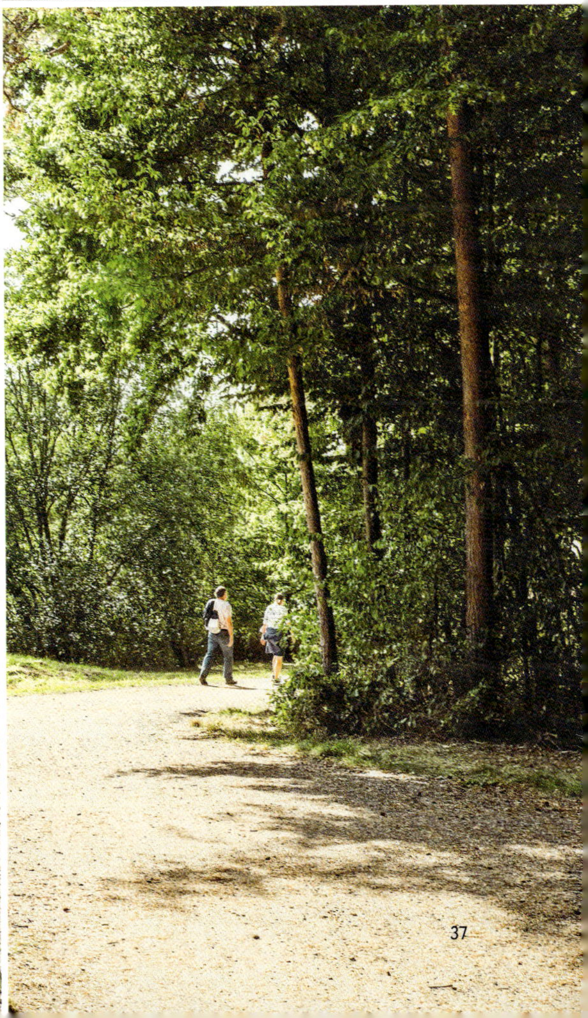

★☆☆ Wildnisfaktor

★★★ Familienfreundlichkeit

★★★ Erreichbarkeit

8 Sandstrände in Franken

KLEINER BROMBACHSEE, LANGLAU UND ABSBERG, MITTELFRANKEN

Schuhe aus und erst mal den warmen Sand unter den Füßen spüren – für viele wird so der jährliche Urlaub eingeleitet. Dieses Gefühl wecken auch die Sandstrände am Kleinen Brombachsee in Franken.

Viele Badestellen mit Sandstränden locken an heißen Tagen Besucher an – ganz wild sind die Strände zwar nicht, aber einmalig allemal. Während an vielen Seen der Umgebung das touristische Potenzial voll ausgenutzt wird, findet man am Kleinen Brombachsee noch ein paar natürlichere Orte.

Eine Badestelle, an der vergleichsweise wenig los ist, liegt im Seezentrum Langlau. Sie ist etwas abseits des Campingplatzes gelegen und mit Bäumen vom größten Trubel abgeschottet. Ist am Sandstrand zu viel los, kann man auch den Rundweg weiterlaufen und stößt schnell auf ein paar kleine Grünflächen mit Seezugang.

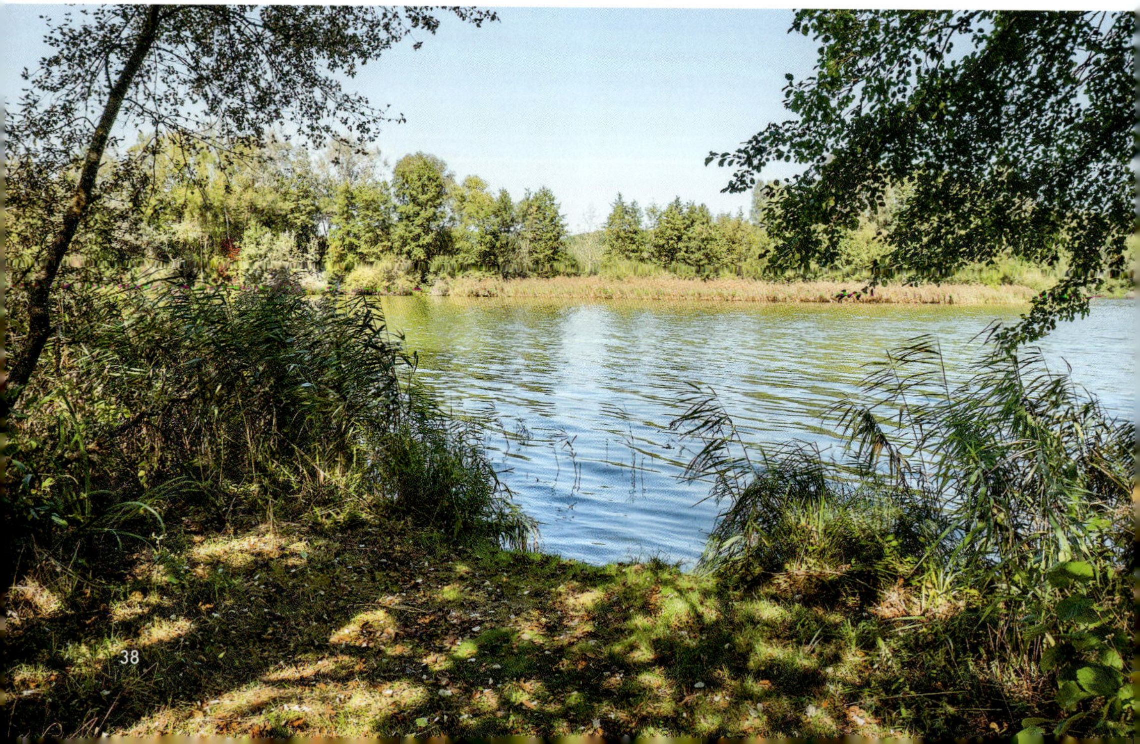

Eine weitere schöne Badestelle befindet sich auf der Badehalbinsel Absberg. Hohe Bäume säumen das Ufer und bieten reichlich Schatten für die Badegäste. Hier befindet sich auch ein großer Parkplatz sowie ein Campingplatz, weshalb es an heißen Sommerwochenenden schnell voll wird.

FAZIT Zwar ist man hier selten allein, aber geteilte Freude ist doppelte Freude, oder? Die Sandstrände sind ein echtes Highlight in Mittelfranken.

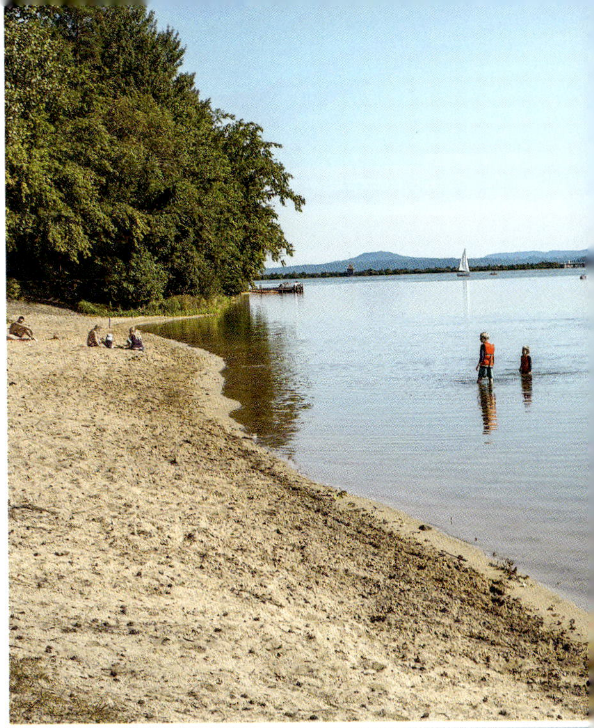

Linke Seite: In Langlau findet man abseits des Sandstrandes ein paar einsame Badestellen.
Oben: Der Sandstrand der Badehalbinsel Absberg ist ein beliebtes Ziel für Familien.
Unten links: In Absberg spenden scheinbar unendlich hohe Bäume angenehmen Schatten.
Unten rechts: Bei den sanft abfallenden Sandstränden des kleinen Brombachsees kommt direkt Urlaubsfeeling auf.

info

Anfahrtstipp An allen erwähnten Badestellen stehen öffentliche Parkplätze zur Verfügung.

GPS-Daten Langlau: 49.128673, 10.860266; Absberg: 49.136747, 10.871710

Beste Badezeit Mai bis September

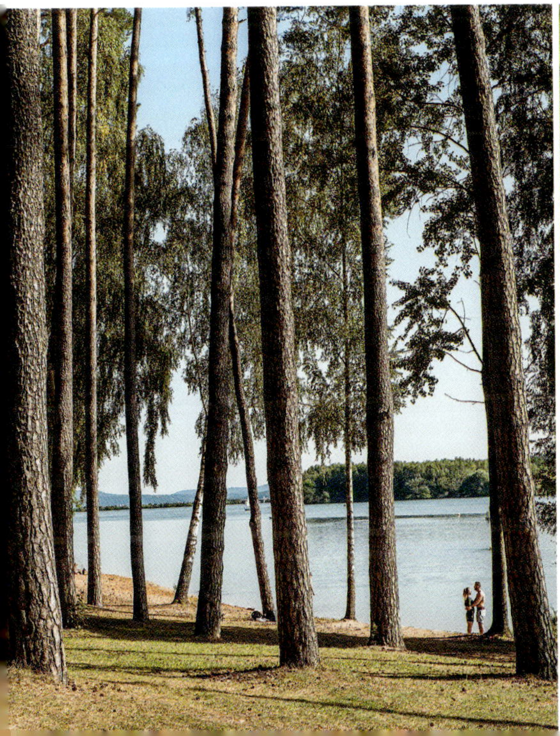

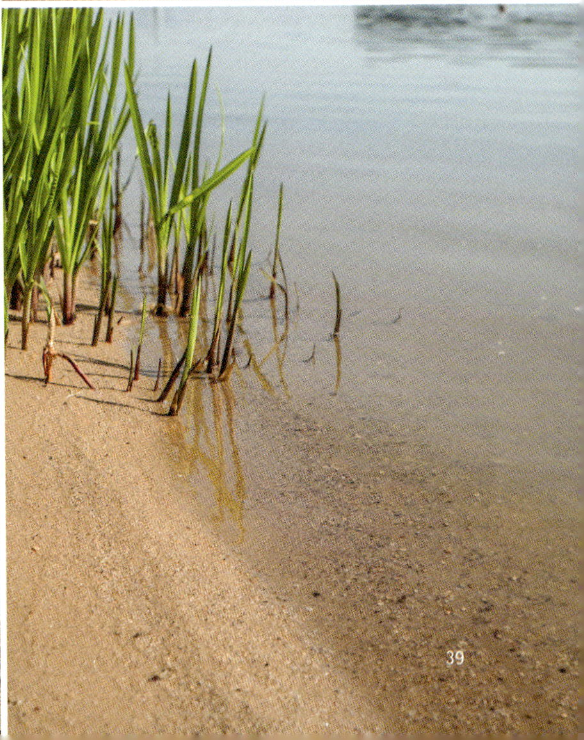

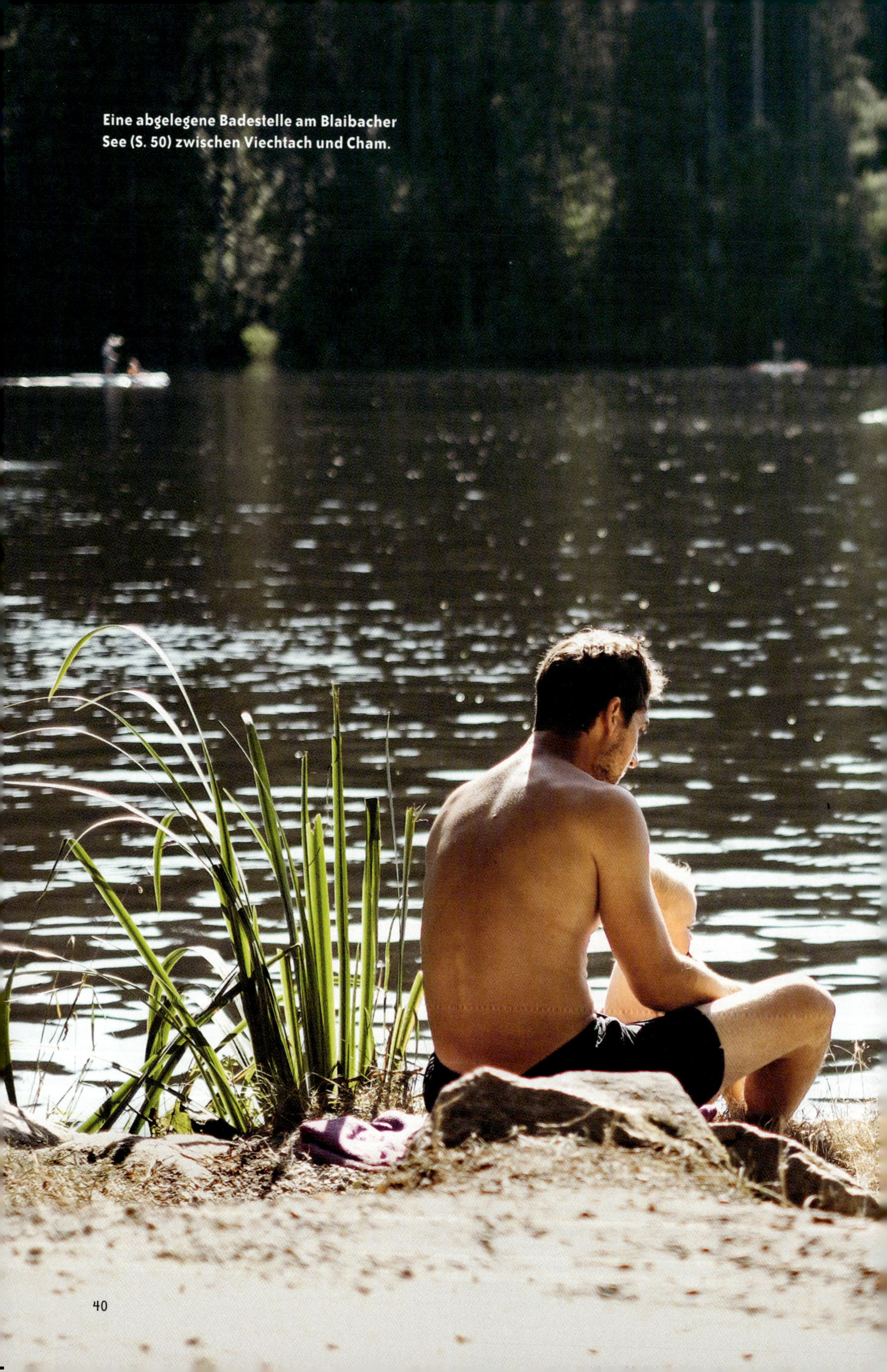

Eine abgelegene Badestelle am Blaibacher See (S. 50) zwischen Viechtach und Cham.

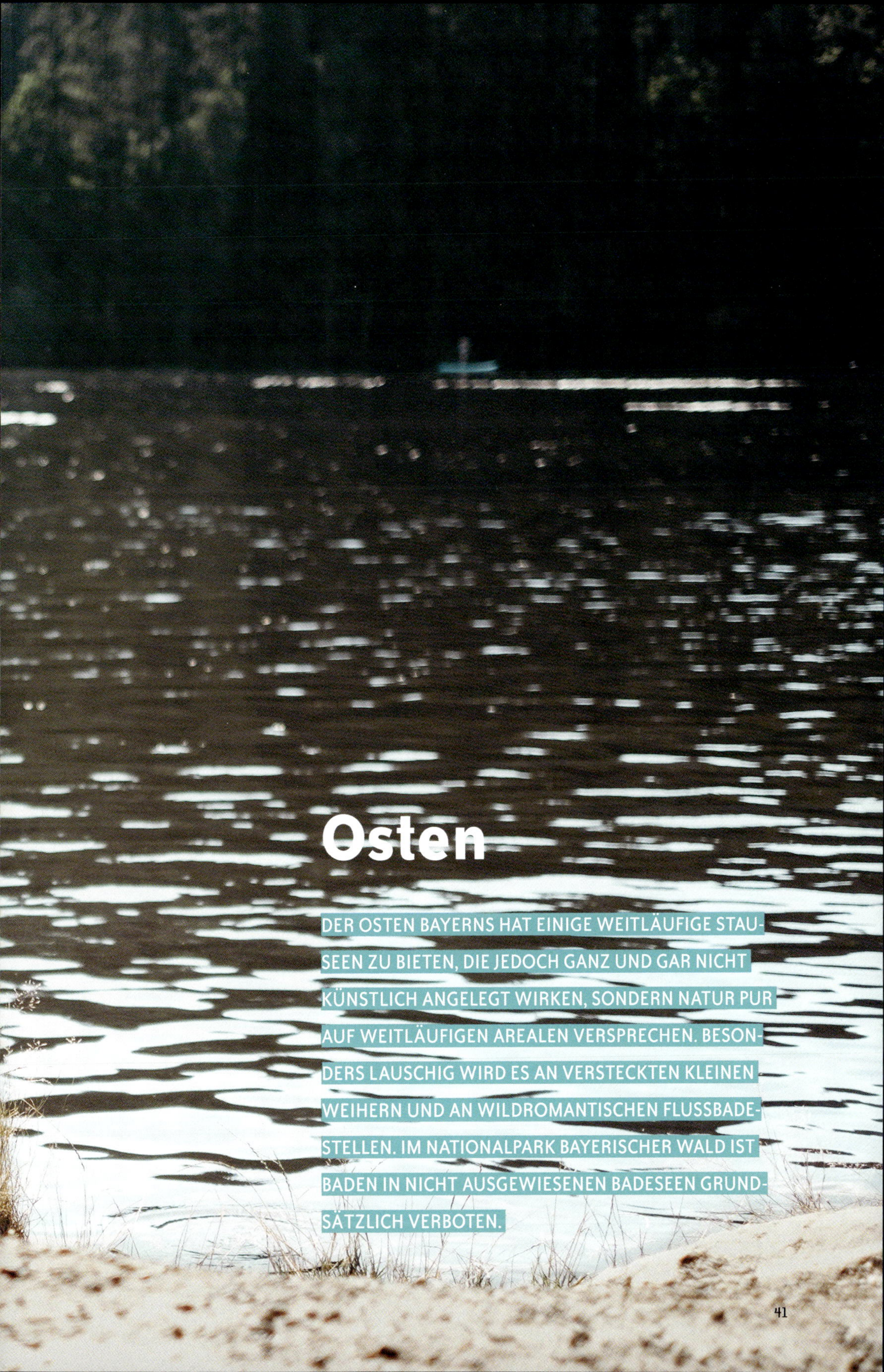

Osten

DER OSTEN BAYERNS HAT EINIGE WEITLÄUFIGE STAUSEEN ZU BIETEN, DIE JEDOCH GANZ UND GAR NICHT KÜNSTLICH ANGELEGT WIRKEN, SONDERN NATUR PUR AUF WEITLÄUFIGEN AREALEN VERSPRECHEN. BESONDERS LAUSCHIG WIRD ES AN VERSTECKTEN KLEINEN WEIHERN UND AN WILDROMANTISCHEN FLUSSBADESTELLEN. IM NATIONALPARK BAYERISCHER WALD IST BADEN IN NICHT AUSGEWIESENEN BADESEEN GRUNDSÄTZLICH VERBOTEN.

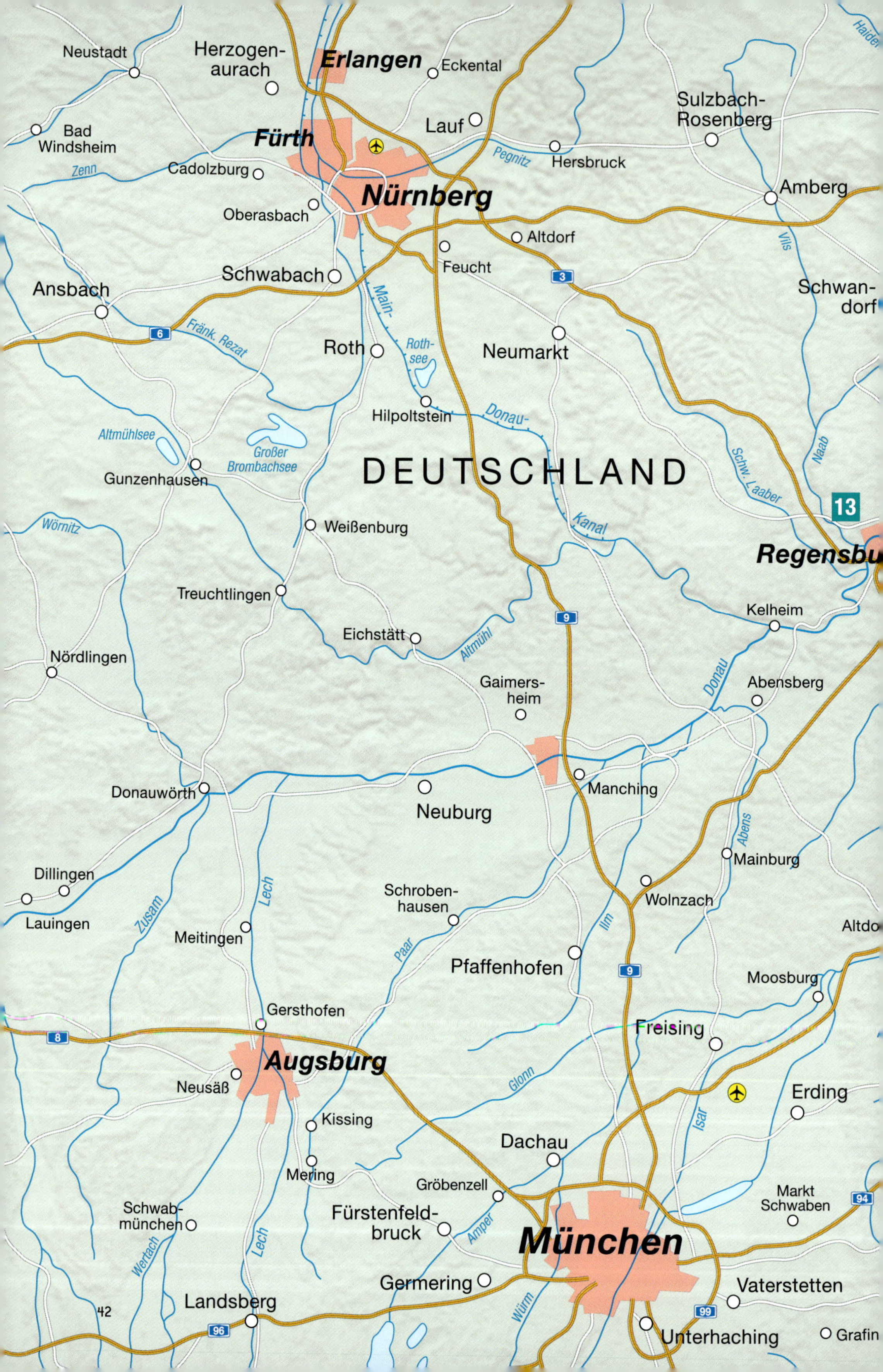
Neustadt
Herzogen-aurach
Erlangen
Eckental
Bad Windsheim
Fürth
Lauf
Sulzbach-Rosenberg
Zenn
Cadolzburg
Pegnitz
Hersbruck
Nürnberg
Amberg
Oberasbach
Altdorf
Vils
Schwabach
Feucht
3
Schwan-dorf
Ansbach
6
Fränk. Rezat
Main-
Roth
Roth-see
Neumarkt
Hilpoltstein
Donau-
Altmühlsee
Großer Brombachsee
DEUTSCHLAND
Schw. Laaber
Naab
Gunzenhausen
13
Wörnitz
Weißenburg
Kanal
Regensbu
Treuchtlingen
9
Kelheim
Eichstätt
Altmühl
Nördlingen
Donau
Gaimers-heim
Abensberg
Manching
Donauwörth
Neuburg
Abens
Mainburg
Dillingen
Schroben-hausen
Wolnzach
Lech
Lauingen
Zusam
Meitingen
Paar
Ilm
Altdo
Pfaffenhofen
9
Moosburg
Gersthofen
8
Freising
Augsburg
Glonn
Neusäß
Erding
Kissing
Isar
Dachau
Mering
Gröbenzell
Markt Schwaben
Schwab-münchen
Fürstenfeld-bruck
Amper
94
Lech
München
Wertach
Germering
Vaterstetten
Würm
Landsberg
96
99
Unterhaching
Grafin
Haide

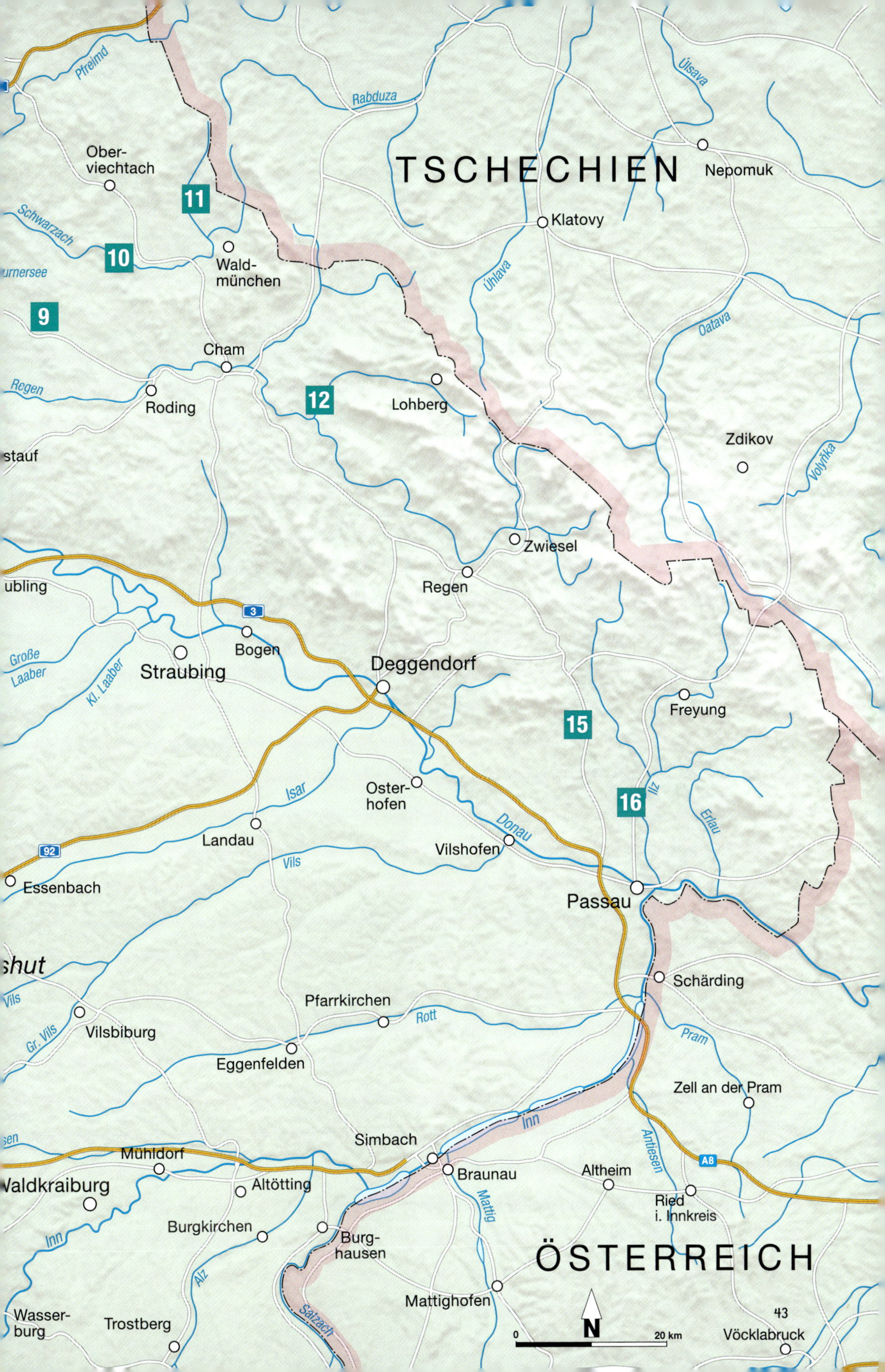
TSCHECHIEN
ÖSTERREICH
Pfreimd
Rabduza
Úlsava
Ober-
viechtach
Nepomuk
11
Klatovy
Schwarzach
10
Wald-
münchen
urnersee
Úhlava
9
Oatava
Cham
Regen
Roding
12
Lohberg
Zdikov
Volyňka
stauf
Zwiesel
Regen
ubling
3
Bogen
Große
Laaber
Kl. Laaber
Straubing
Deggendorf
Freyung
15
Oster-
hofen
Isar
16
Ilz
Erlau
Landau
Donau
Vilshofen
92
Vils
Essenbach
Passau
shut
Schärding
Vils
Pfarrkirchen
Rott
Gr. Vils
Vilsbiburg
Pram
Eggenfelden
Zell an der Pram
Inn
Simbach
Antiesen
sen
Mühldorf
Braunau
Altheim
A8
Waldkraiburg
Altötting
Mattig
Ried
i. Innkreis
Burgkirchen
Inn
Burg-
hausen
Alz
Mattighofen
Salzach
Wasser-
burg
Trostberg
N
0
20 km
Vöcklabruck

★ Wildnisfaktor

★★★ Familienfreundlichkeit

★★ Erreichbarkeit

9 Für Camping-Freunde

HAMMERSEE, BODENWÖHR, OBERPFALZ

Der Hammersee lässt Camping-Herzen höher schlagen: Zwei Campingplätze direkt am See erhöhen die Chancen auf einen Stellplatz in erster Reihe mit Blick aufs Wasser erheblich. Und die vielen Freizeitmöglichkeiten neben dem Baden, wie Wandern, Angeln, Rudern oder Tretbootfahren, lassen auch bei einem mehrtägigen Aufenthalt keine Langeweile aufkommen.
Zum Wildbaden lässt man den Badeplatz Bodenwöhr am besten hinter sich und folgt dem Rundweg. Dieser ist großzügig ausgebaut und auch kinderwagentauglich. Entlang des Uferweges wurden immer wieder Umkleidekabinen aufgestellt sowie Einstiegsstellen in den See geschaffen – so kann sich jeder seine bevorzugte Badestelle abseits von anderen Besuchern suchen. Es gibt zwar abseits des Badeplatzes Bodenwöhr keine Liegewiese, aber einige Sitzgelegenheiten sowie kleine Grünstreifen entlang des Sees.
Wer etwas länger wandern möchte, kann dem Rundwanderweg, der weiter durch das angrenzende Naturschutzgebiet führt, folgen.

FAZIT Camping mit Seeblick, Baden, Wandern, Rudern – was will man mehr?

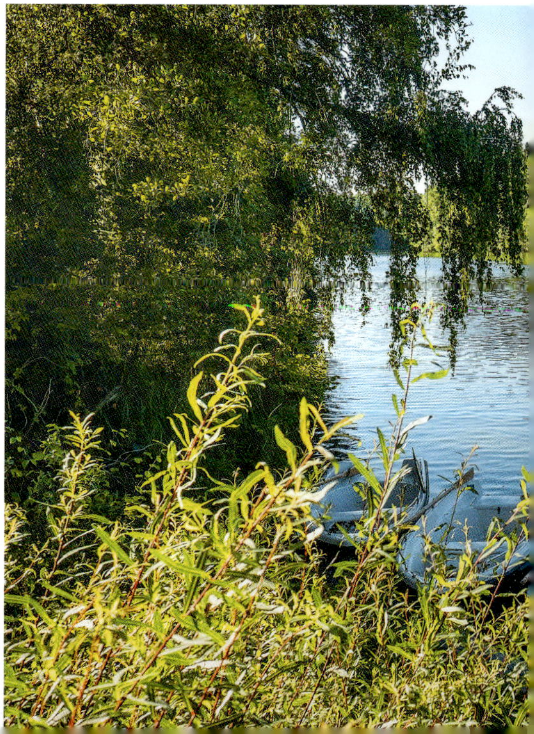

Rechts: Am Hammersee stehen Ruderboote zum Verleih bereit.
Rechte Seite: Oben: Ein gut ausgebauter und kinderwagentauglicher Rundweg führt um den See.
Mitte links: Diverse Stege entlang des Rundwegs laden zum Hineinspringen ein.
Mitte rechts: Dank der drei Kilometer Länge ist der See sehr weitläufig.
Unten rechts: Einige Treppen entlang des Ufers erleichtern den Einstieg ins Wasser.

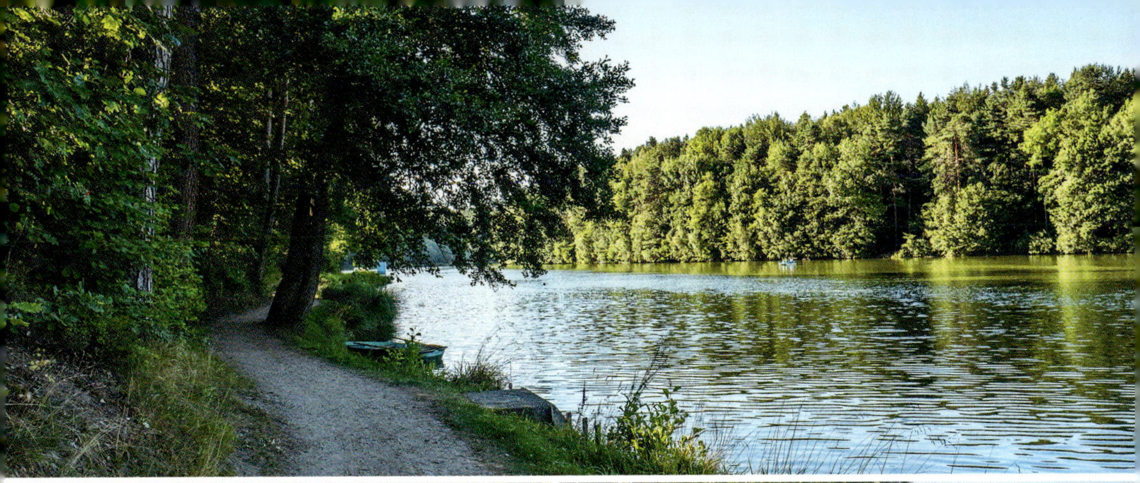

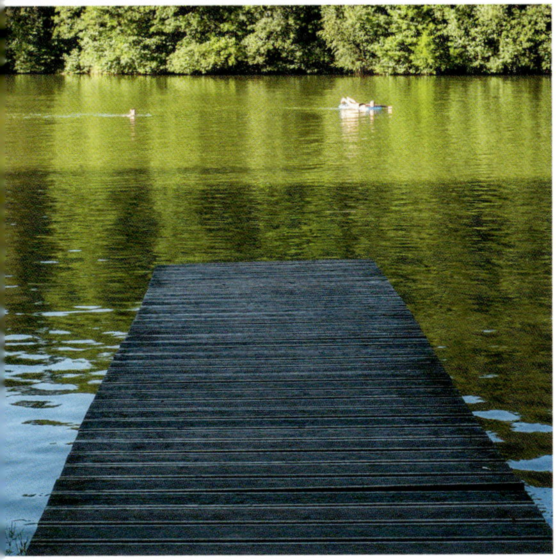

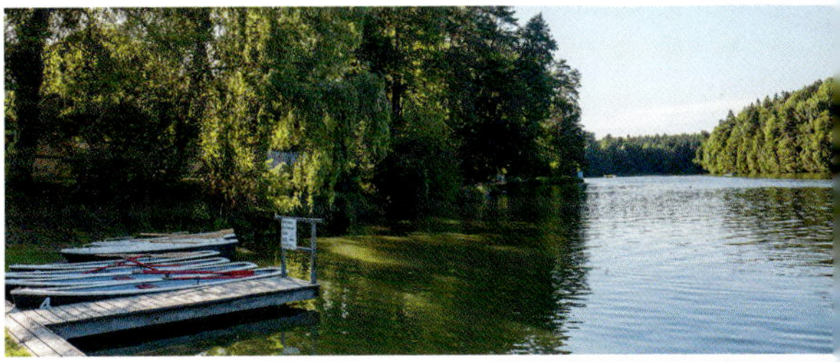

info

Anfahrtstipp An der Straße Ludwigsheide in Bodenwöhr, die parallel zum See verläuft, gibt es zwei Parkbuchten.

GPS-Daten 49.277479, 12.299871

Beste Badezeit Mai bis September

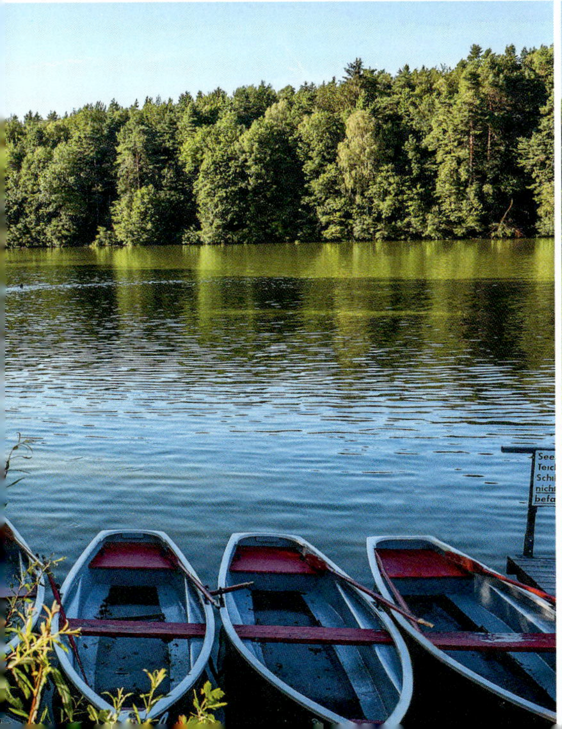

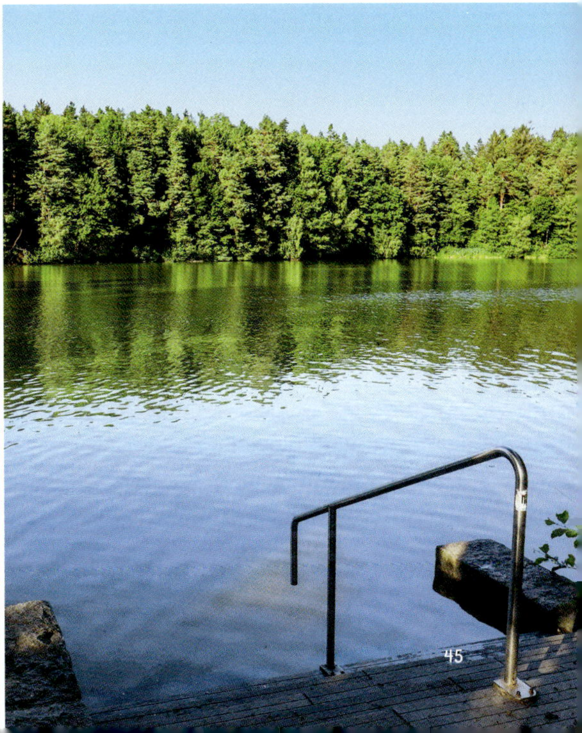

★★★ Wildnisfaktor

★★ Familienfreundlichkeit

★★★ Erreichbarkeit

10 Idyllisch und weitläufig

EIXENDORFER STAUSEE, NEUNBURG VORM WALD, OBERPFALZ

Idyllisch gelegen in der grünen Tallandschaft des Schwarzachtals ist der Eixendorfer Stausee zwischen Rötz und Neunburg vorm Wald. Er besticht besonders durch seine Weitläufigkeit und den kleinen, einsamen Sandstrand. Wo sich einst Dörfer befanden, war die Errichtung eines Hochwasserrückhaltebeckens erforderlich. Und so entstand der sechs Kilometer lange Eixendorfer Stausee, der heute nicht nur bei Badegästen, sondern auch bei Anglern und Seglern beliebt ist.

Am Ostufer des Sees, südlich der Brücke, wurde ein kleiner Sandstrand aufgeschüttet mit großflächiger Wiese ringsherum. Hier kann man im Sommer die Seele baumeln lassen, ausgiebig sonnenbaden und die Kinder können im Sand spielen. Selbst an heißen Wochenenden ist der See nicht überlaufen. Mit Kindern ist im Wasser Vorsicht geboten, da der See direkt nach dem Ufer sehr steil abfällt.

Naturliebhaber und Mountainbiker können

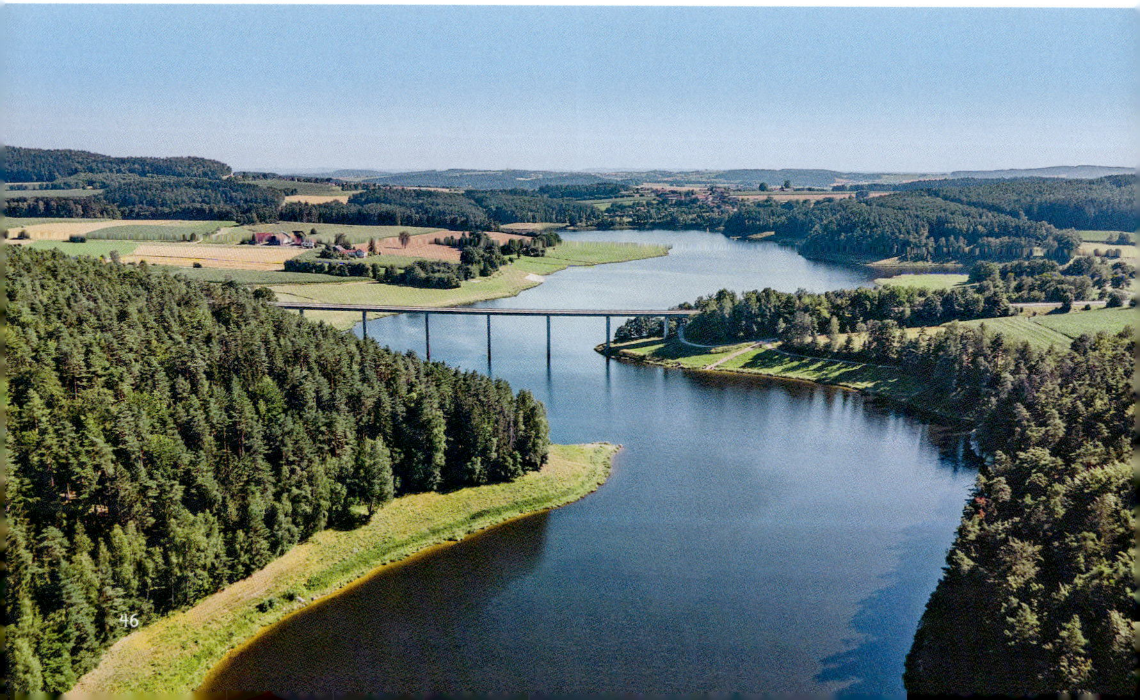

auf dem Seerundweg das Schwarzachtal erkunden. Danach lädt die fünf Kilometer entfernte Museumsschänke Salzfriedlhof mit ihrer herrlichen Panoramaterrasse direkt an der Schwarzach zur Einkehr ein.

FAZIT Idylle pur im Schwarzachtal – ideal für Naturliebhaber!

Achtung Im Hochsommer kommt es hier gelegentlich zu Blaualgenbefall, ein Phänomen, mit dem viele Seen aufgrund von langanhaltenden hohen Temperaturen und geringer Wasserbewegung zu kämpfen haben. Deshalb besucht man den Eixendorfer Stausee lieber von Mai bis Anfang Juli.

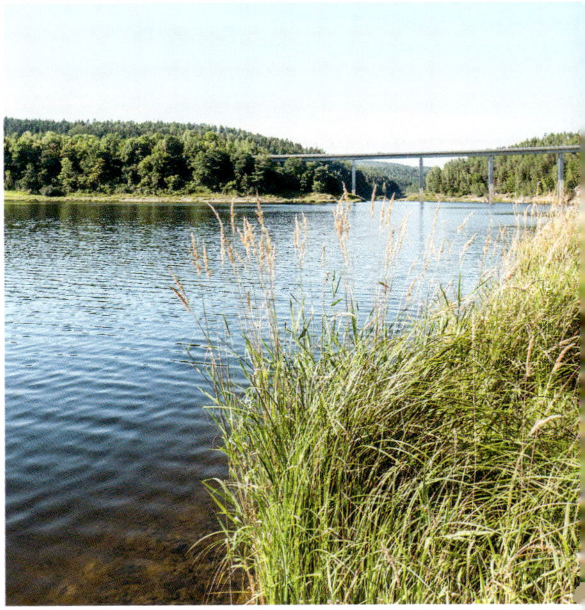

Linke Seite: Idyllisch schlängelt sich der Stausee durch das Schwarzachtal.
Oben: Vom Sandstrand aus blickt man auf die charakteristische Stauseebrücke.
Unten links: Auf Badegäste wartet der Sandstrand, umringt von einer weitläufigen Wiese.
Unten rechts: Auch eine Rundwanderung durch die sanften Hügel des Schwarzachtals ist lohnenswert.

info

Anfahrtstipp Am Sandstrand am Ostufer befindet sich ein kleiner kostenloser Parkplatz, ein weiterer Parkplatz liegt am Südufer.

GPS-Daten 49.346191, 12.446869

Beste Badezeit Mai bis Juli

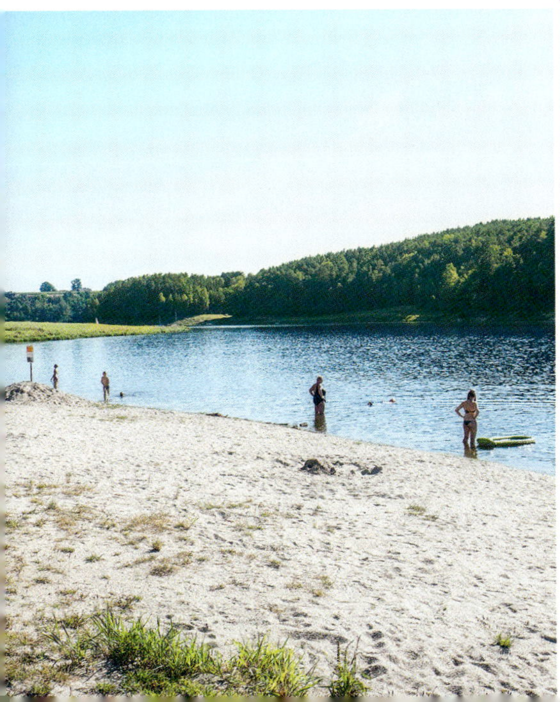

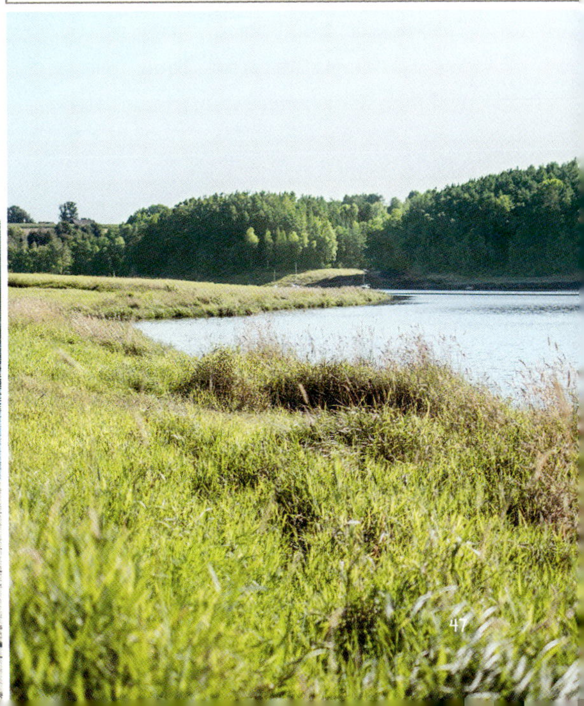

★★☆ Wildnisfaktor

★★★ Familienfreundlichkeit

★★★ Erreichbarkeit

11 In Silber baden

SILBERSEE, TIEFENBACH, OBERPFALZ

In den frühen Abendstunden, wenn die Sonne tief steht, herrscht hier eine magische Stimmung. Die Wasseroberfläche des Sees glitzert silbrig und verzaubert selbst den nüchternsten Badegast.
Der Silbersee bei Tiefenbach ist zwar ein künstlich angelegter Stausee, er wirkt aber ganz im Gegenteil sehr natürlich und weitläufig. Am Ostufer gibt es eine große Wiese mit einem kleinen, aufgeschütteten Sand-Kies-Strand, der ideal für Kinder ist, und ein paar Stege. Weitere Infrastruktur gibt es nicht. Total praktisch für Bootsbesitzer und Windsurfer: Man kann sein Equipment hier während der ganzen Sommersaison deponieren. Lohnenswert für Spaziergänger ist der eineinhalbstündige Rundweg um den See, da er stets nahe am Ufer verläuft und das ruhige und komplett naturbelassene Nord- und Westufer zugänglich macht.

FAZIT Wer schon immer mal in Silber baden wollte, ist hier richtig. Oder man genießt einfach die Natur und Weitläufigkeit.

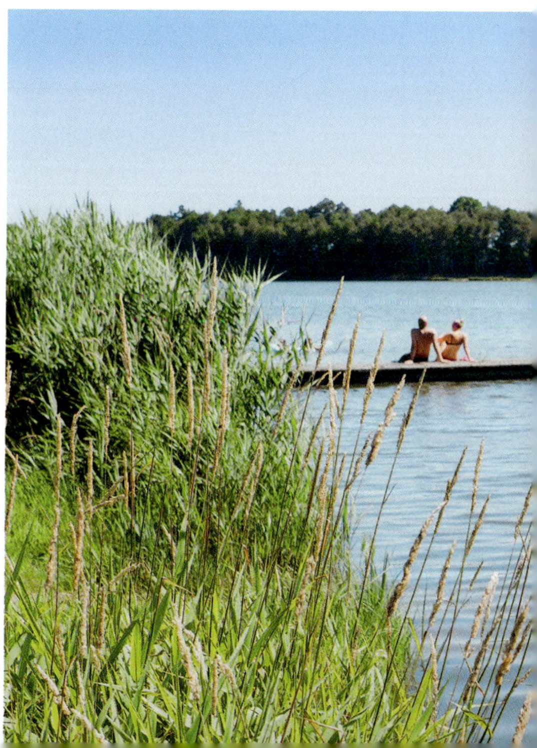

Rechts: Der Stausee wirkt sehr natürlich und weitläufig.
Rechte Seite: Oben: Zwei Stege laden zum Hineinspringen und Sonnen ein.
Mitte: Der Sand-Kies-Strand ist perfekt für Familien mit kleinen Kindern, zum Buddeln, Plantschen und Spielen.
Unten rechts: An der Badestelle ist auch ein Segelclub ansässig.

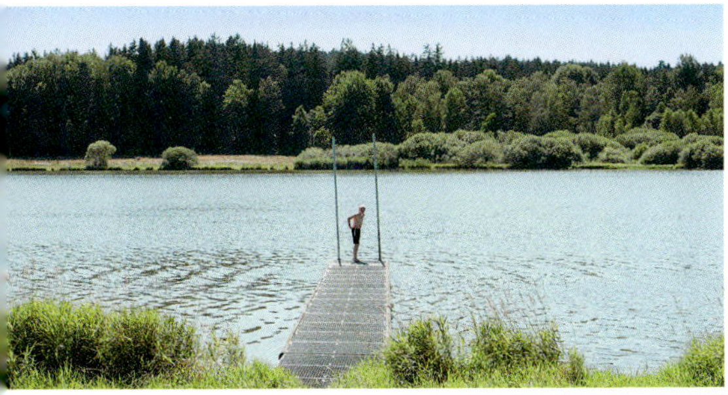

info

Anfahrtstipp Es gibt einen kleinen Parkplatz am Ostufer sowie im Süden. Auch der Schwarzachtal-Radweg führt am See vorbei.

GPS-Daten 49.414201, 12.595506

Beste Badezeit Juni bis August

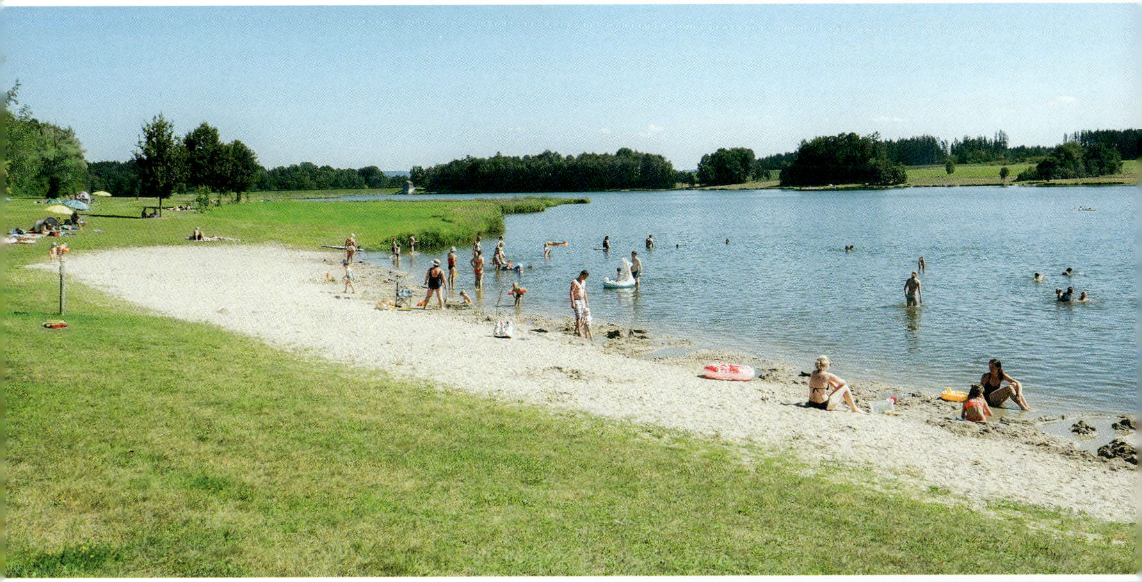

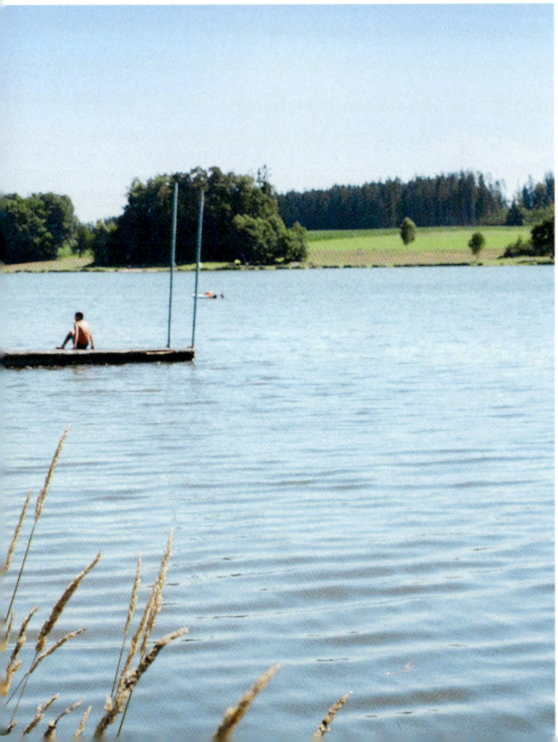

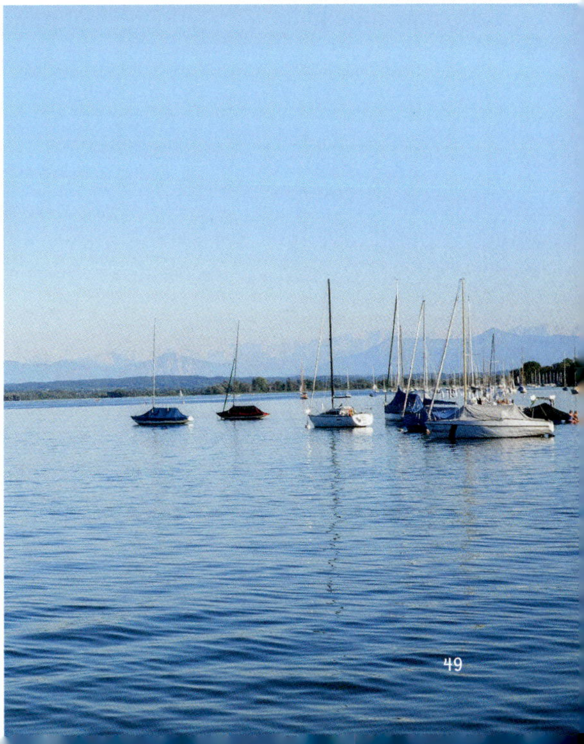

★★☆ Wildnisfaktor

★★★ Familienfreundlichkeit

★★★ Erreichbarkeit

12 Ein echter Allrounder

BLAIBACHER SEE, BLAIBACH UND BAD KÖTZTING, NIEDERBAYERN

Der Blaibacher See ist ein echter Allrounder. Jeder kommt hier auf seine Kosten. Man kann kilometerweit schwimmen, mit dem Ruderboot fahren, auf dem Surfbrett paddeln, angeln, wandern oder mountainbiken.

Der Blaibacher See wird ebenso wie der benachbarte Höllensteinsee, der weniger zum Baden geeignet ist, vom schwarzen Regen gespeist und ist durch errichtete Staustufen entstanden. Auch für Angler sind beide Seen ein beliebtes Ziel.

Am Blaichacher See lädt eine Wiese mit Restaurant zum Baden ein. Wem auf der Wiese zu viel los ist, der kann über die Brücke ans andere Ufer laufen und sich hier eine ruhigere Badestelle suchen. Oder man paddelt einfach den See hinauf und lässt die anderen Gäste hinter sich. Bei einer Länge von fast drei Kilometern findet jeder seine perfekte Badestelle. Ruderboote können direkt am See gemietet werden.

Wer seinem Bewegungsdrang freien Lauf lassen möchte, kann den zwölf Kilometer langen Rundweg um den Blaibacher See und den Höllensteinsee wandern. Auch beginnt hier eine Bootswanderstrecke, die in fünf Tagesetappen nach Regensburg führt.

FAZIT Hier wird es nicht langweilig – toll für Aktive!

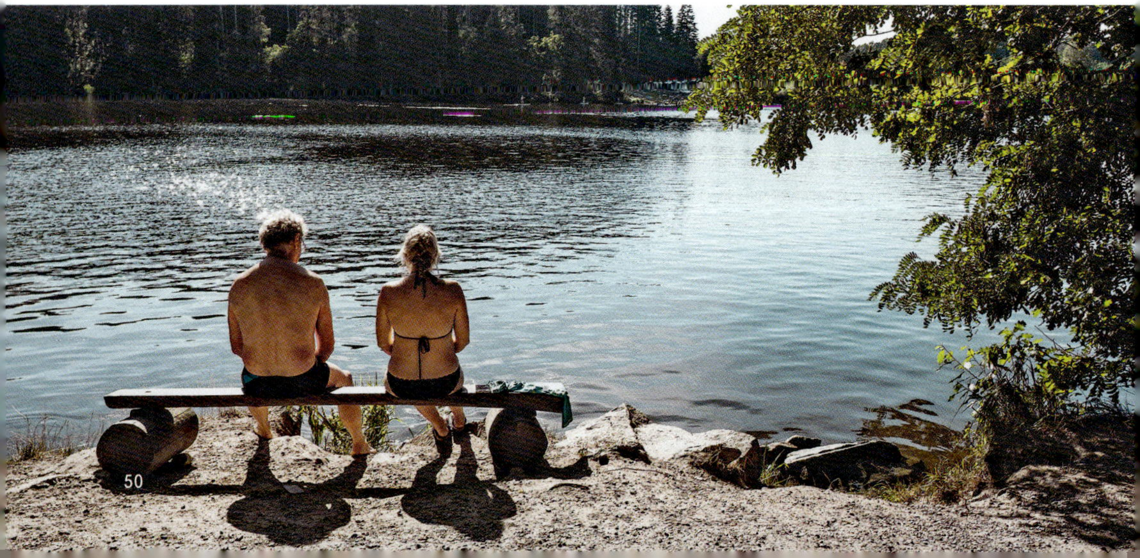

Linke Seite: Am Blaibacher See gibt es einige kleine Badebuchten abseits der offiziellen Liegewiese.
Mitte: Am weitläufigen See kann man allerhand unternehmen: mit dem Boot fahren, angeln, wandern oder mountainbiken.
Unten links: Der schwarze Regen, der den Stausee speist, färbt das Wasser ganz dunkel.
Unten rechts: Mit dem Ruderboot kann man kilometerweit paddeln.

info

Anfahrtstipp Am Kraftwerk Pulling vor der Brücke befindet sich ein Parkplatz am Straßenrand.

GPS-Daten Liegewiese: 49.156744, 12.832709; Wilde Badestellen: 49.156384, 12.836403

Beste Badezeit Juni bis August

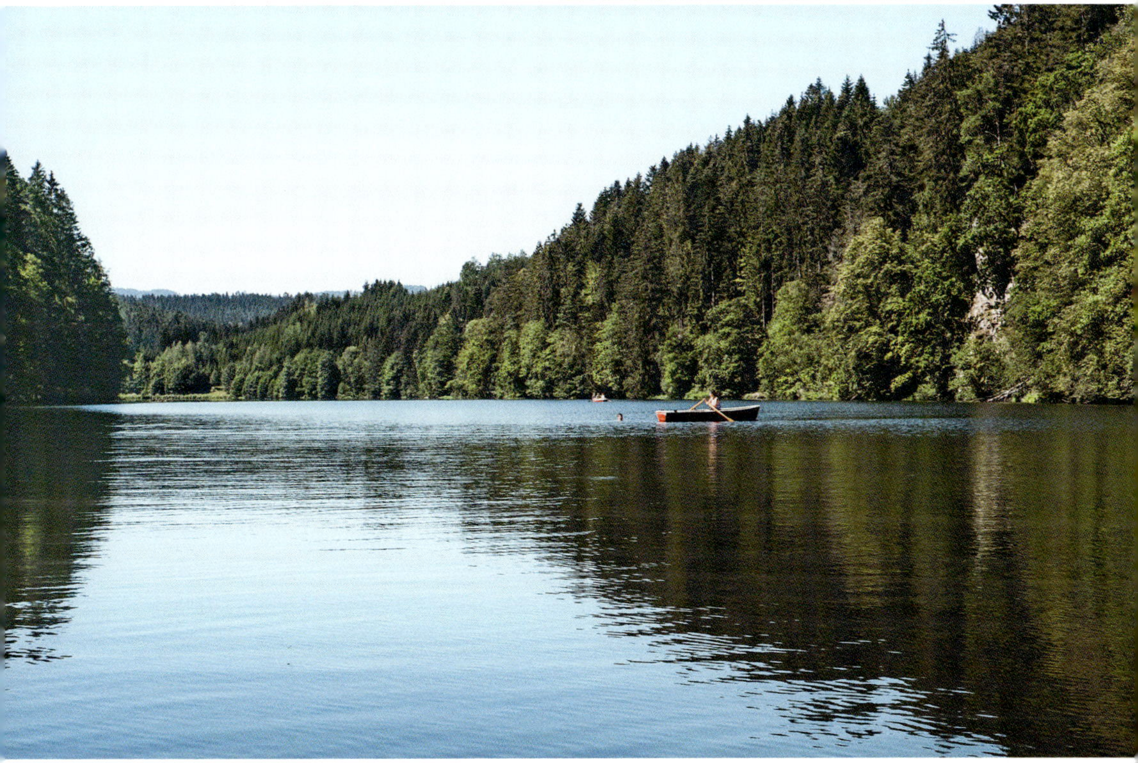

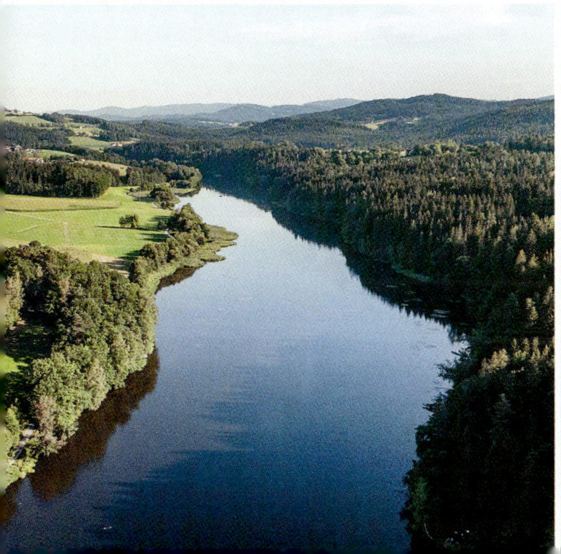

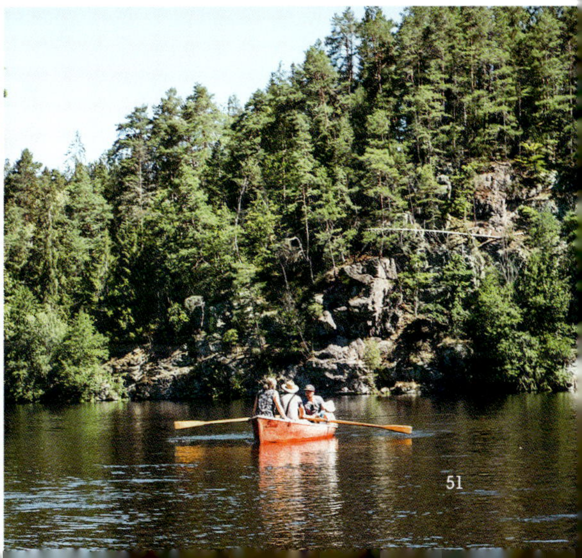

★★☆ Wildnisfaktor

★★★ Familienfreundlichkeit

★★★ Erreichbarkeit

13 Natürlich und naturbelassen

NAAB, NATURBAD ETTERZHAUSEN, OBERPFALZ

Wohin für eine kleine Pause? Wer im Landkreis Regensburg wohnt, findet am Rand des kleinen Ortes Etterzhausen im Naturbad an der Naab einen Ort zum Abschalten. Abseits der Straße liegt hier ein idyllischer Badeplatz mit einer kleinen Wiese. Abgesehen von den zwei Stegen ist der Badeplatz komplett naturbelassen. Die schattenspendenden Bäume laden zum Verweilen ein und man kann die Natur in vollen Zügen genießen.
Die Naab weist hier fast keine Strömung auf, sodass man bei normalem Wasserpegel sorglos schwimmen gehen kann. Das Wasser selbst ist zwar nicht so sauber wie in manchen Seen, aber zum Baden trotzdem geeignet. Neben wildbaden kann man an diesem Abschnitt der Naab auch Kayak oder Kanu fahren. Eine beliebte Einstiegsstelle befindet sich nur wenige Hundert Meter von der Badestelle entfernt.

FAZIT Hier wird einfach zu einfach ganz besonders.

Achtung Nicht bei Hochwasser, nach Starkregen oder in der Nähe von Schleusen und Wehren schwimmen (mindestens 100 Meter Abstand wahren). Auf gefährliche Unterströmungen achten. Kinder an Flussbadestellen stets beaufsichtigen.

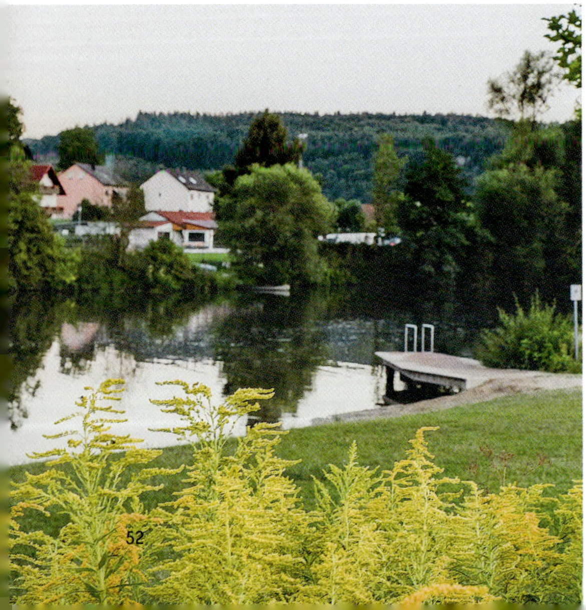

Links und rechte Seite unten: An der Naab herrscht wildromantische Stimmung am Rande des beschaulichen Ortes Etterzhausen.
Rechte Seite: Oben links: Eine kleine Wiese mit schattenspendenden Bäumen steht für Wildbader bereit. Oben rechts: Zwei Stege erleichtern den Ein- und Ausstieg.
Mitte links: Das sandige Ufer sorgt für Plantsch- und Buddelspaß. Mitte rechts: Unweit des Naturbads können Kayak- und Kanufahrer einsetzen.

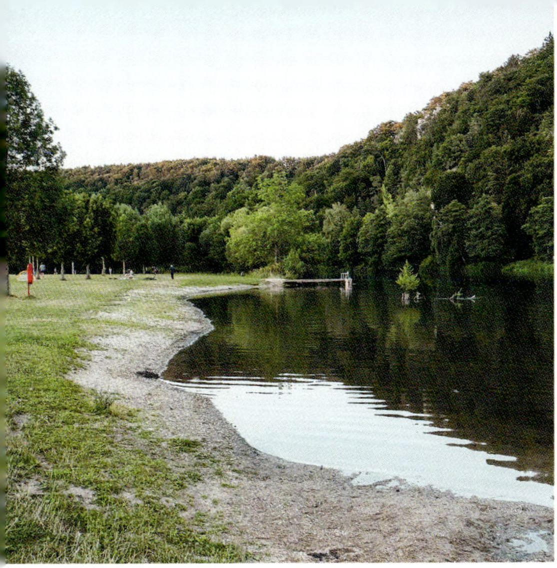

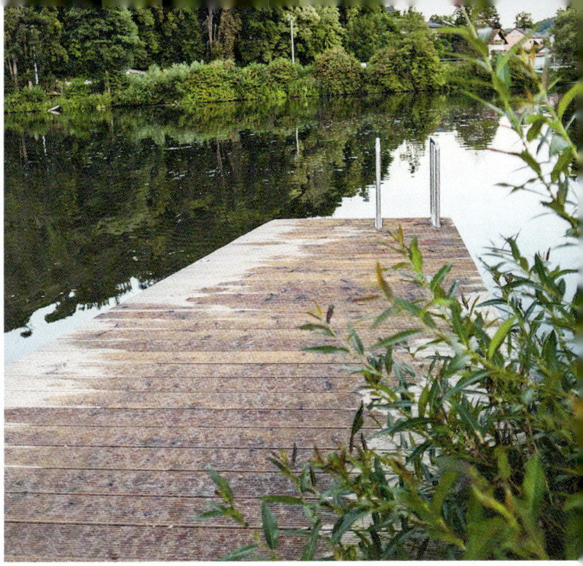

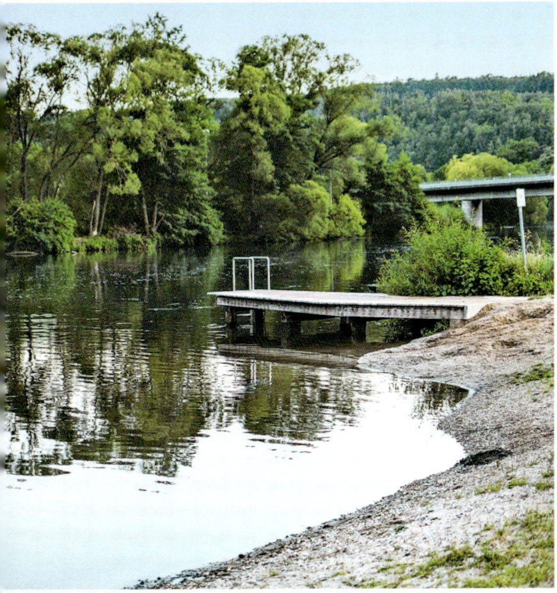

info

Anfahrtstipp Von Etterzhausen kommend, befinden sich nach der Naabbrücke auf der linken Seite Parkplätze am Straßenrand.

GPS-Daten 49.035791, 11.991758

Beste Badezeit Juni bis August

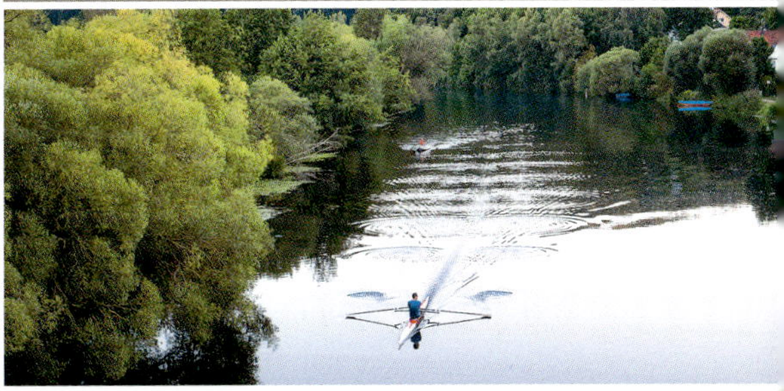

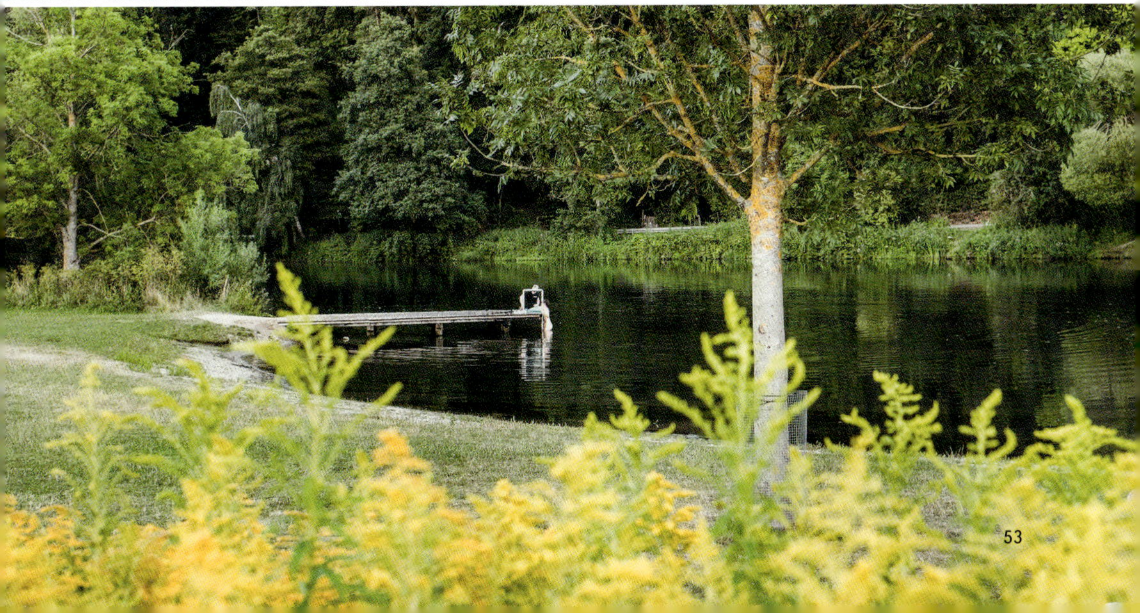

★ Wildnisfaktor

★★ Familienfreundlichkeit

★★★ Erreichbarkeit

14 Regen im Regen

REGEN, REGENSBURG, OBERPFALZ

Zur schnellen Erfrischung nach dem Stadtbummel, um ein paar Züge zu schwimmen oder auf einen Feierabendplausch lädt der Abschnitt des Regen an der Oberen Regenstraße im Stadtgebiet von Regensburg ein. Besonders schön ist es hier während der Abendstunden, wenn die Sonne langsam hinter den Bäumen verschwindet und das Regenufer in ein goldenes Licht getaucht wird. Der Flussverlauf ist hier schmal, das Wasser fließt träge, fast ohne Strömung – ideal zum Schwimmen! Leider ist der Regen nicht der sauberste Fluss, aber für ein kurzes Badevergnügen reicht es allemal. Ein kleiner Wiesenstreifen, ein paar Steinstufen sowie ein bisschen Sandstrand machen das Verweilen und das Baden mit Kindern möglich.

Rechts: Das schön angelegte Steinufer des Regen im Norden von Regensburg.
Rechte Seite: Oben: Besonders lauschig wird es zu den Abendstunden.
Mitte: Der schmale, träge Flussverlauf lädt hier zum Schwimmen ein.
Unten: Wildbader, Kinder, Hundebesitzer, Fahrradfahrer und Spaziergänger schätzen diesen Abschnitt des Regen.

FAZIT Entspannung pur mitten in der Stadt.

Achtung Nicht bei Hochwasser, nach Starkregen oder in der Nähe von Schleusen und Wehren schwimmen (mindestens 100 Meter Abstand wahren). Auf gefährliche Unterströmungen achten. Kinder an Flussbadestellen stets beaufsichtigen.

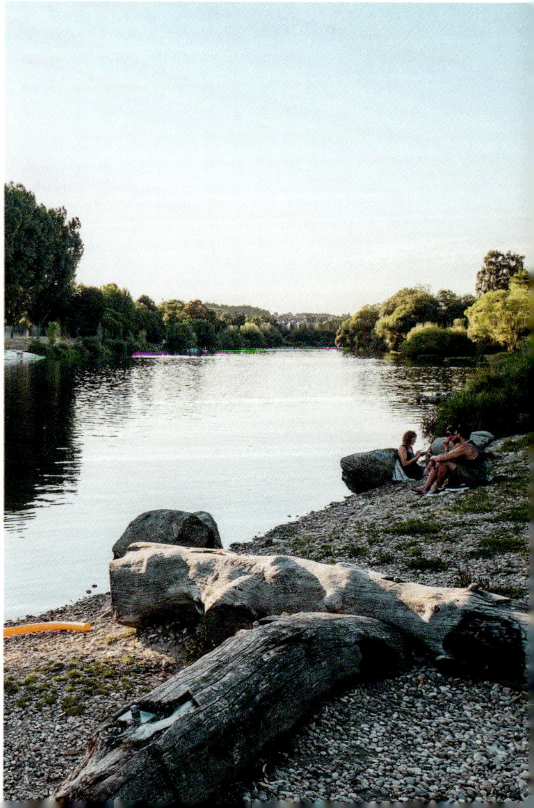

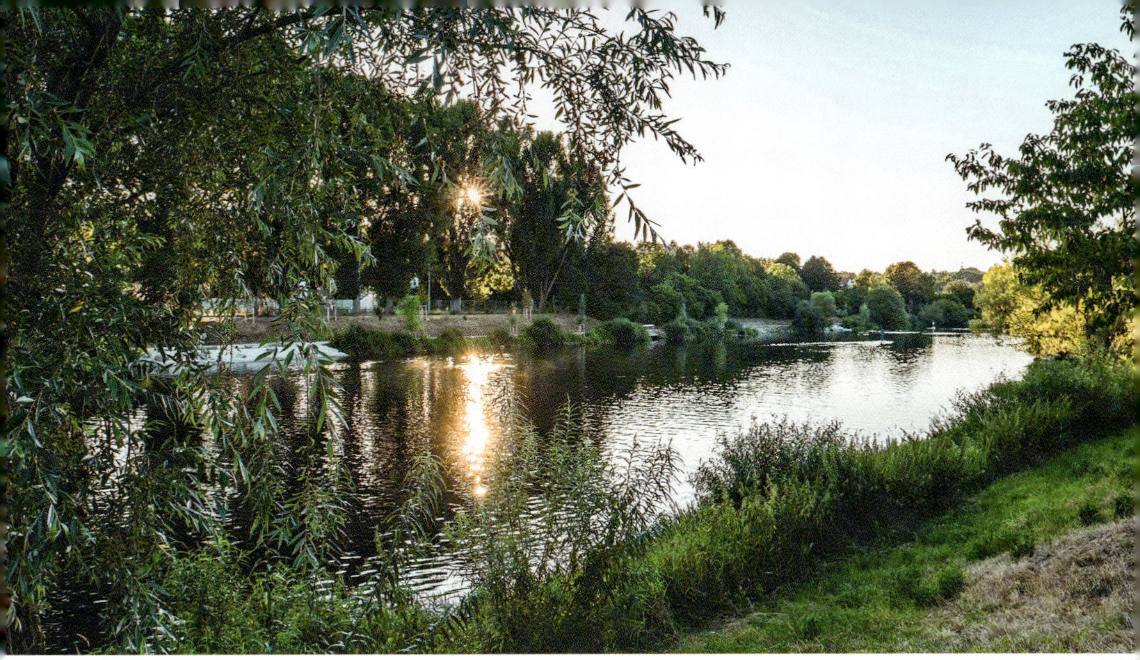

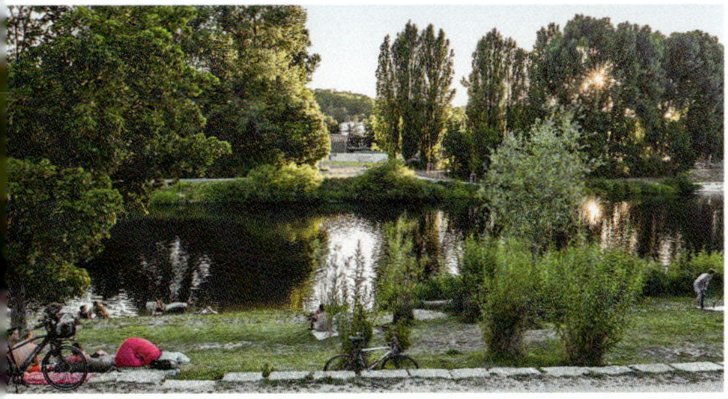

info

Anfahrtstipp Es gibt keinen öffentlichen Parkplatz, aber meist findet man in den Seitenstraßen, der Oberen Regenstraße oder der Uferstraße eine Parkmöglichkeit.

GPS-Daten 49.033544, 12.101799

Beste Badezeit Juni bis August

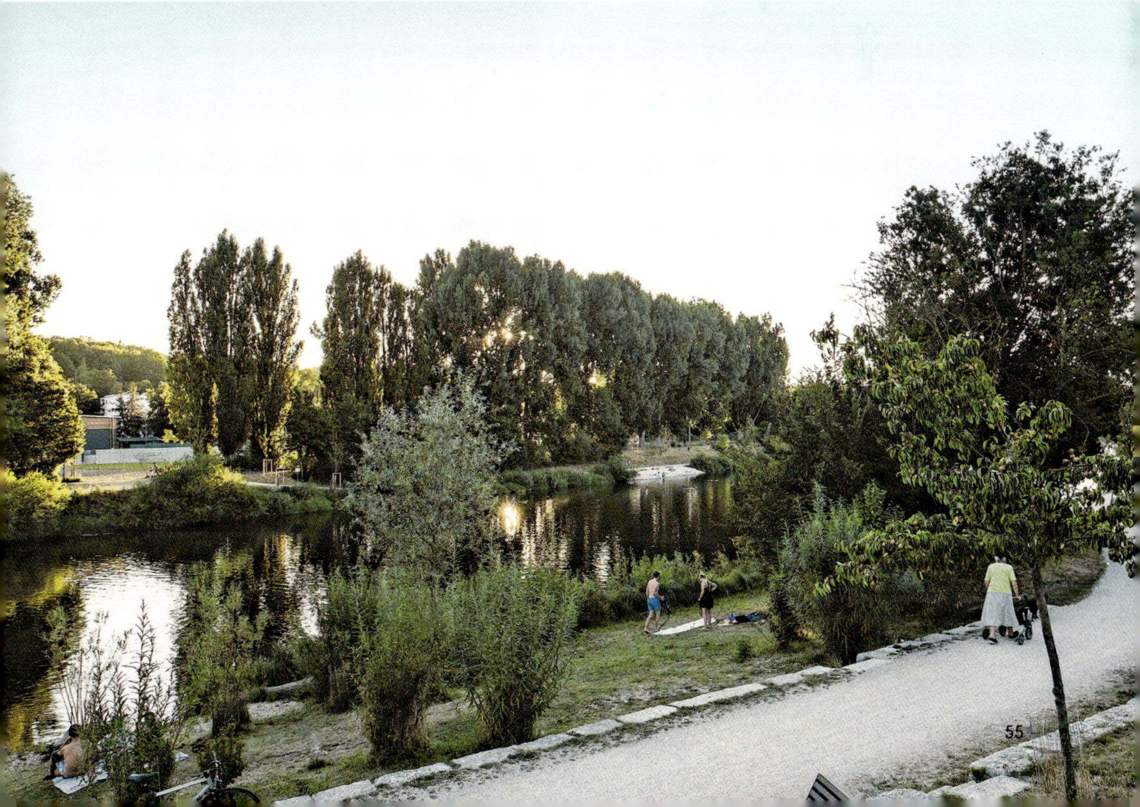

★★★ Wildnisfaktor

★★★ Familienfreundlichkeit

★★☆ Erreichbarkeit

15 Waldzauber erleben

BUCHWIESWEIHER, THURMANSBANG, NIEDERBAYERN

Versetzt in eine andere Welt, in der Feen und Elfen regieren, so fühlt man sich am Buchwiesweiher. Der kleine, runde Weiher liegt ganz friedlich in einer Senke, versteckt in einem Waldstück. Er ist nur durch eine etwa 20-minütige Wanderung erreichbar.
In idyllischer Atmosphäre kann man hier abschalten und durchatmen – auf einem schmalen Wiesenstreifen mit viel Schatten. Ein kleiner Steg und eine Brücke sind alles, was hier von Menschenhand errichtet wurde. Vom Buchwiesweiher aus kann man in etwa einer Stunde weiter bergauf zum Diebstein und zum bekannteren Dreiburgensee wandern.

FAZIT Die Magie des Waldes genießen. Durchatmen. Kraft tanken.

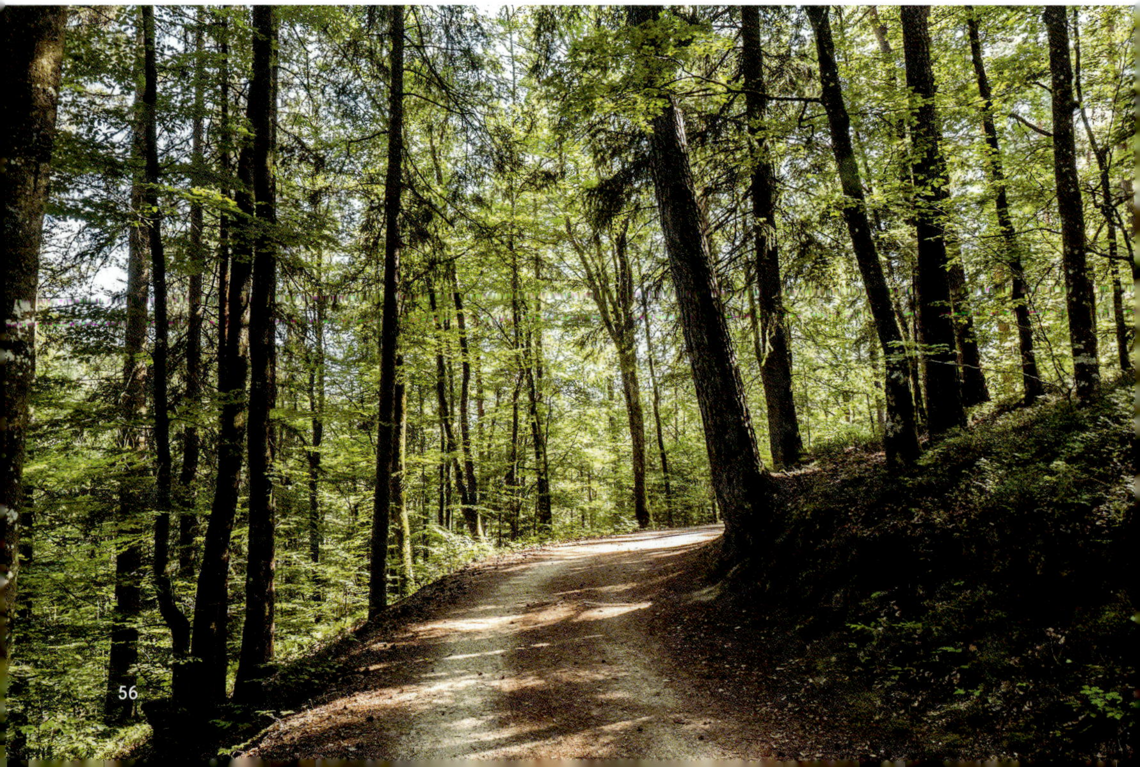

Linke Seite: Eine 20-minütige Wanderung führt zum idyllischen Buchwiesweiher.
Mitte: Der Weiher liegt friedlich in einer Senke, umringt von dichtem Wald.
Unten links: Ein kleiner Steg sorgt für Action am ruhigen See.
Unten rechts: Ringsherum gibt es genügend Liegefläche mit viel Schatten.

info

Anfahrtstipp Vom Parkplatz am Neuen Friedhof in Thurmansbang geht man durch die Unterführung und folgt der Beschilderung zum Buchwiesweiher.

GPS-Daten 48.765243, 13.328947

Beste Badezeit Mai bis September

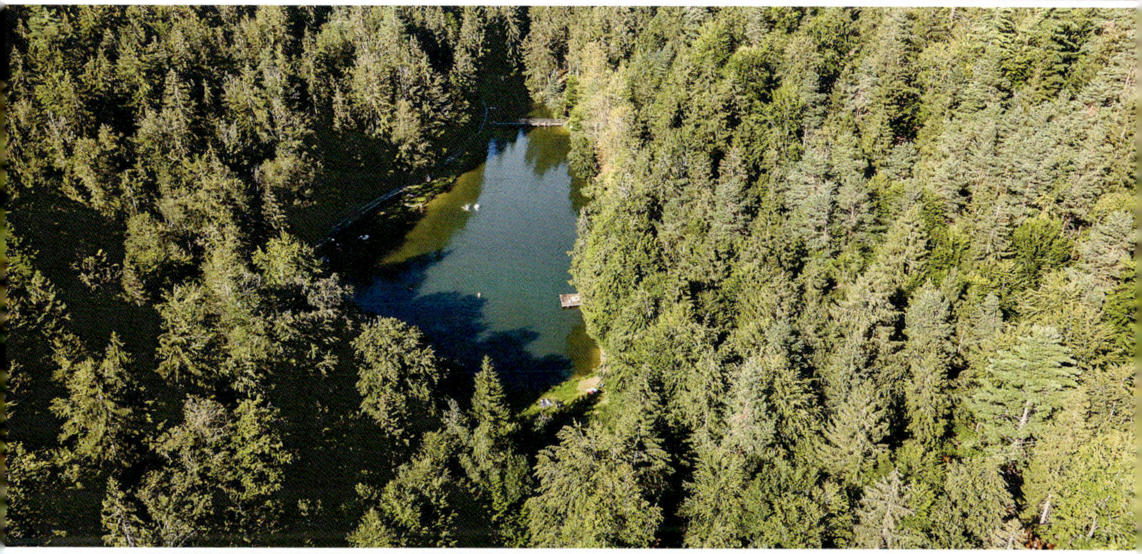

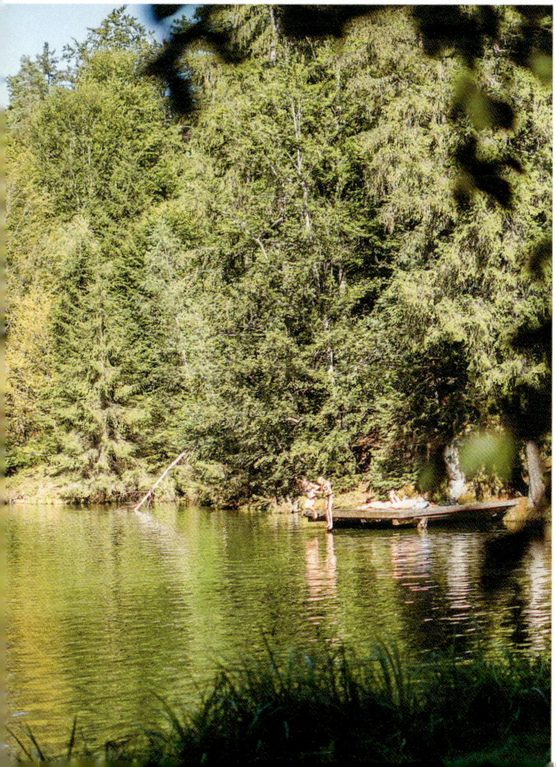

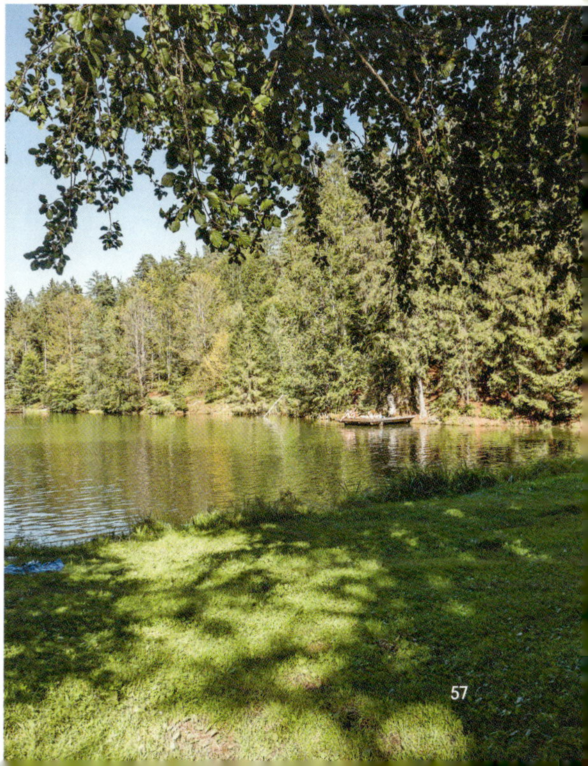

★★★ Wildnisfaktor

★★ Familienfreundlichkeit

★★ Erreichbarkeit

16 Schwarze Perle

ILZ, FISCHHAUS IN RUDERTING, NIEDERBAYERN

Ein schwarzer Fluss schlängelt sich ganz ruhig und sanft durch die wilde Natur, gesäumt von einem Meer aus farbenfrohen Wildblumen. Umringt von Wald wartet eine saftig grüne Wiese auf Badegäste. An dieser wunderschönen Badestelle an der Ilz kann man sich eine kurze Erfrischung gönnen, sich langsam von der sanften Strömung mitziehen lassen oder sogar ein paar Bahnen schwimmen.

Die Wiese befindet sich in der Nähe des Ortsteils Fischhaus in Ruderting. Ein paar Felsbrocken erleichtern den Einstieg in den Fluss, zudem gibt es Umkleidekabinen und eine mobile Toilette. Am Anfang der Wiese befindet sich ein kleiner Fitnessparcours, der von Kindern auch gerne zum Spielen benutzt wird. Die dunkle Farbe hat die Ilz übrigens nicht, weil sie dreckig ist, sondern aufgrund

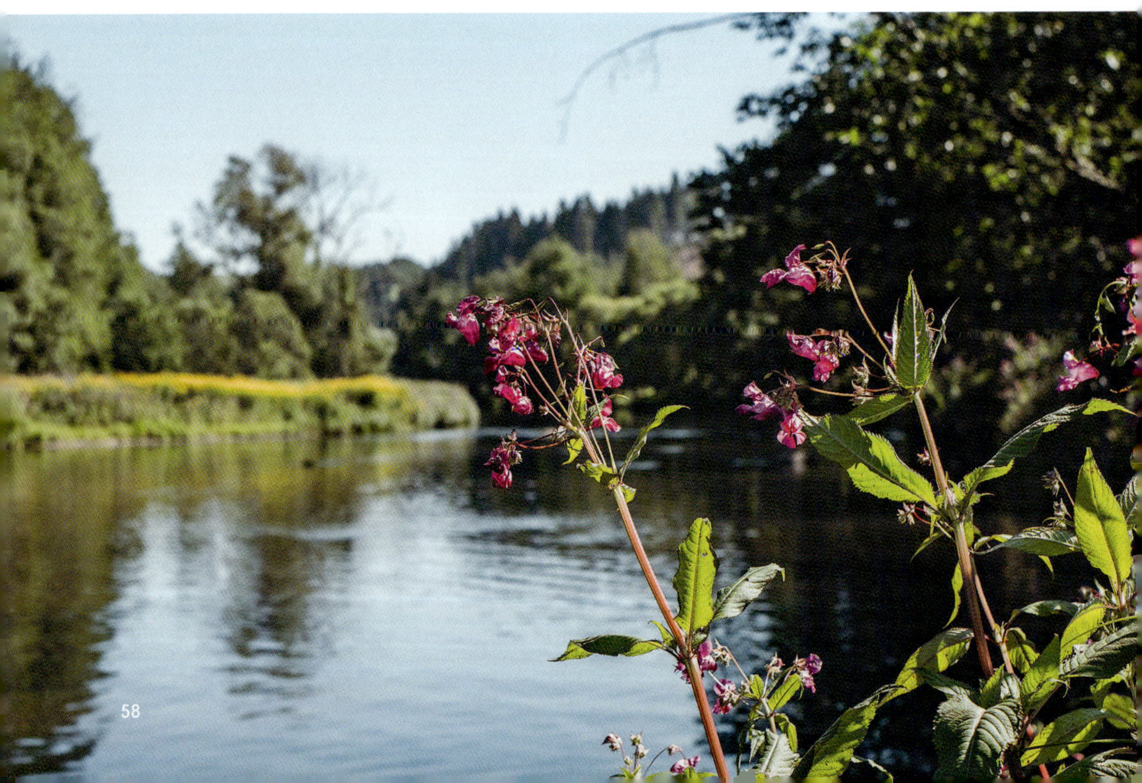

der Moor- und Humusböden, die sie von ihrem Ursprung im Bayerischen Wald Richtung Süden überquert.

FAZIT Ein verstecktes und wildromantisches Flussbad, das fast nur Einheimische kennen.

Achtung Nicht bei Hochwasser, nach Starkregen oder in der Nähe von Schleusen und Wehren baden. Auf gefährliche Unterströmungen achten. Kinder sind an Flussbadestellen stets zu beaufsichtigen

info

Anfahrtstipp In Fischhaus befindet sich am Bahngleis ein kleiner Wanderparkplatz. Direkt am Flussbad gibt es einen weiteren Parkplatz, der sich jedoch schnell füllt.

GPS-Daten 48.660656, 13.438225

Beste Badezeit Juni bis August

Linke Seite: Bei Ruderting schlängelt sich die Ilz sanft durch die wilde Natur.
Rechts: Hierher kommen meist nur Einheimische und genießen die angenehme Wassertemperatur.
Unten links: Die sanfte Strömung lässt es sogar zu, ein paar Bahnen zu schwimmen.
Unten rechts: Die kleine Liegewiese ist durch ein Blumenmeer und dichten Wald von jeglichem Trubel abgeschottet.

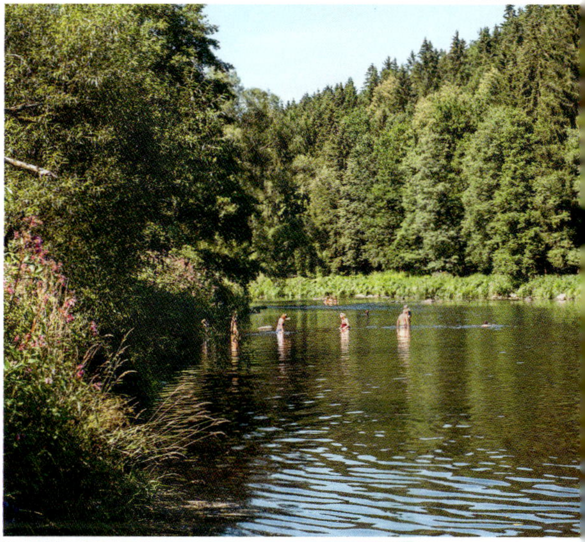

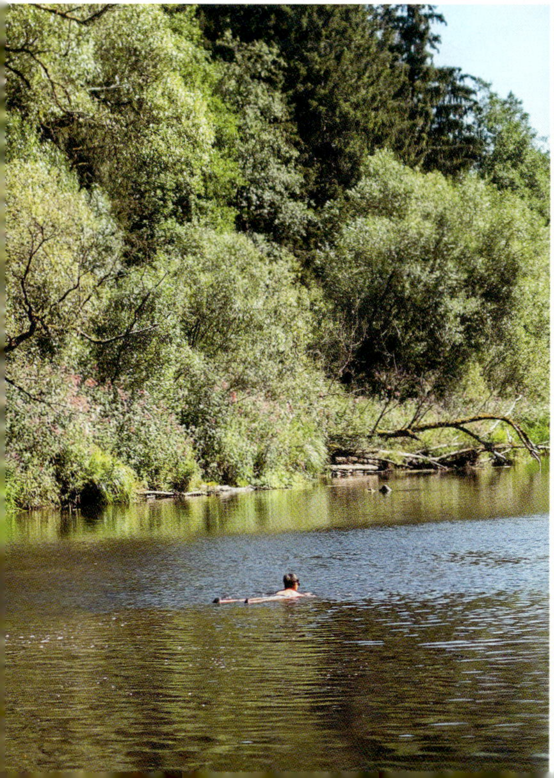

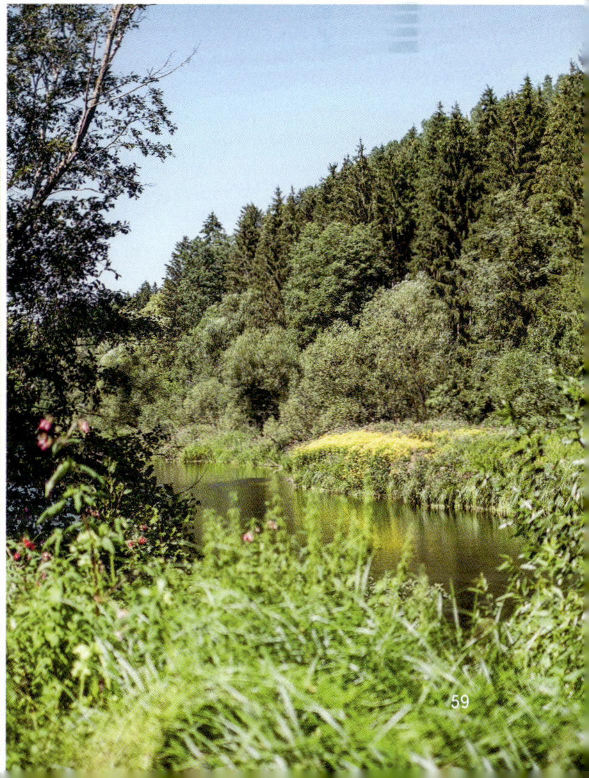

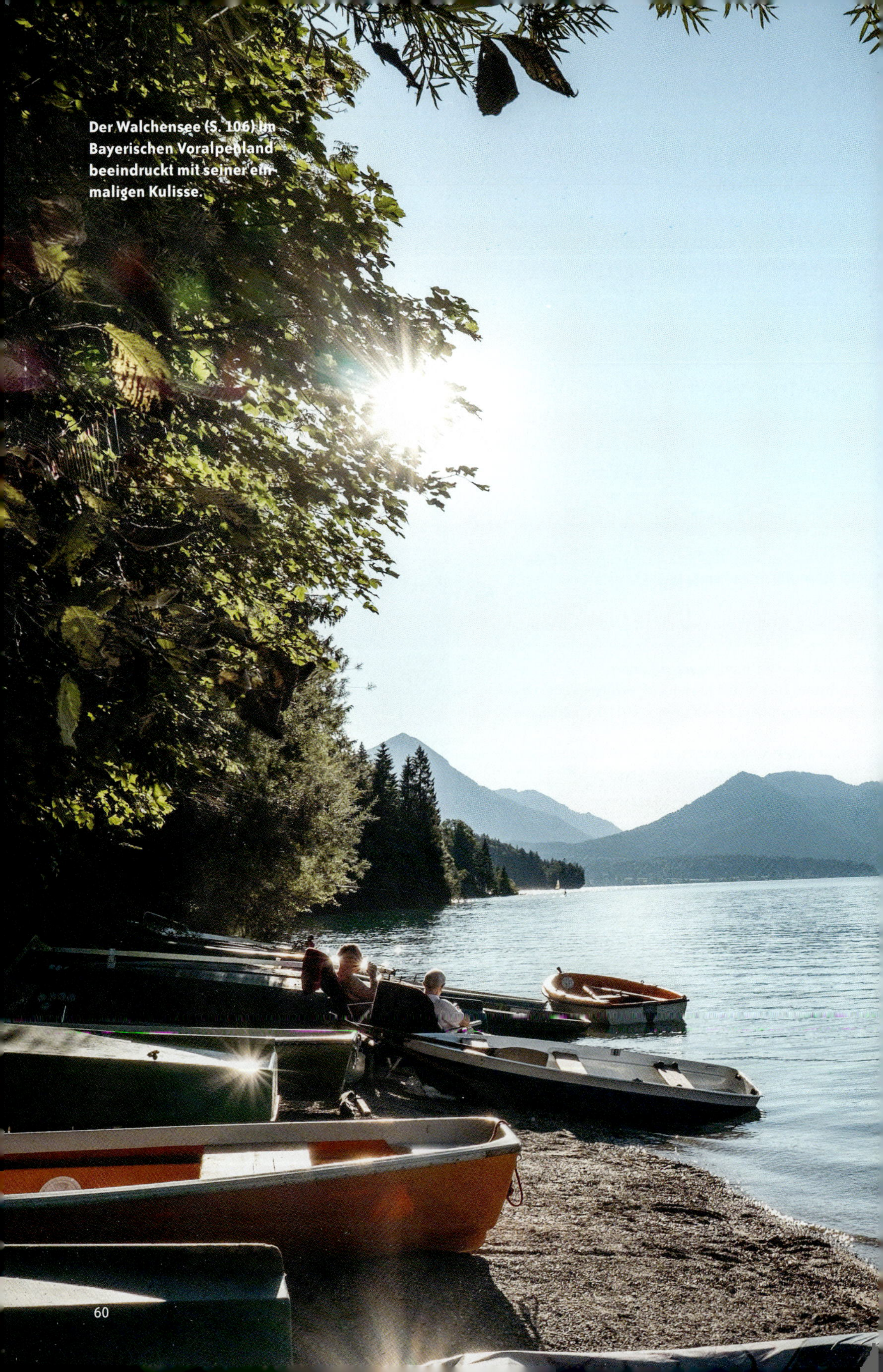

Der Walchensee (S. 106) im Bayerischen Voralpenland beeindruckt mit seiner einmaligen Kulisse.

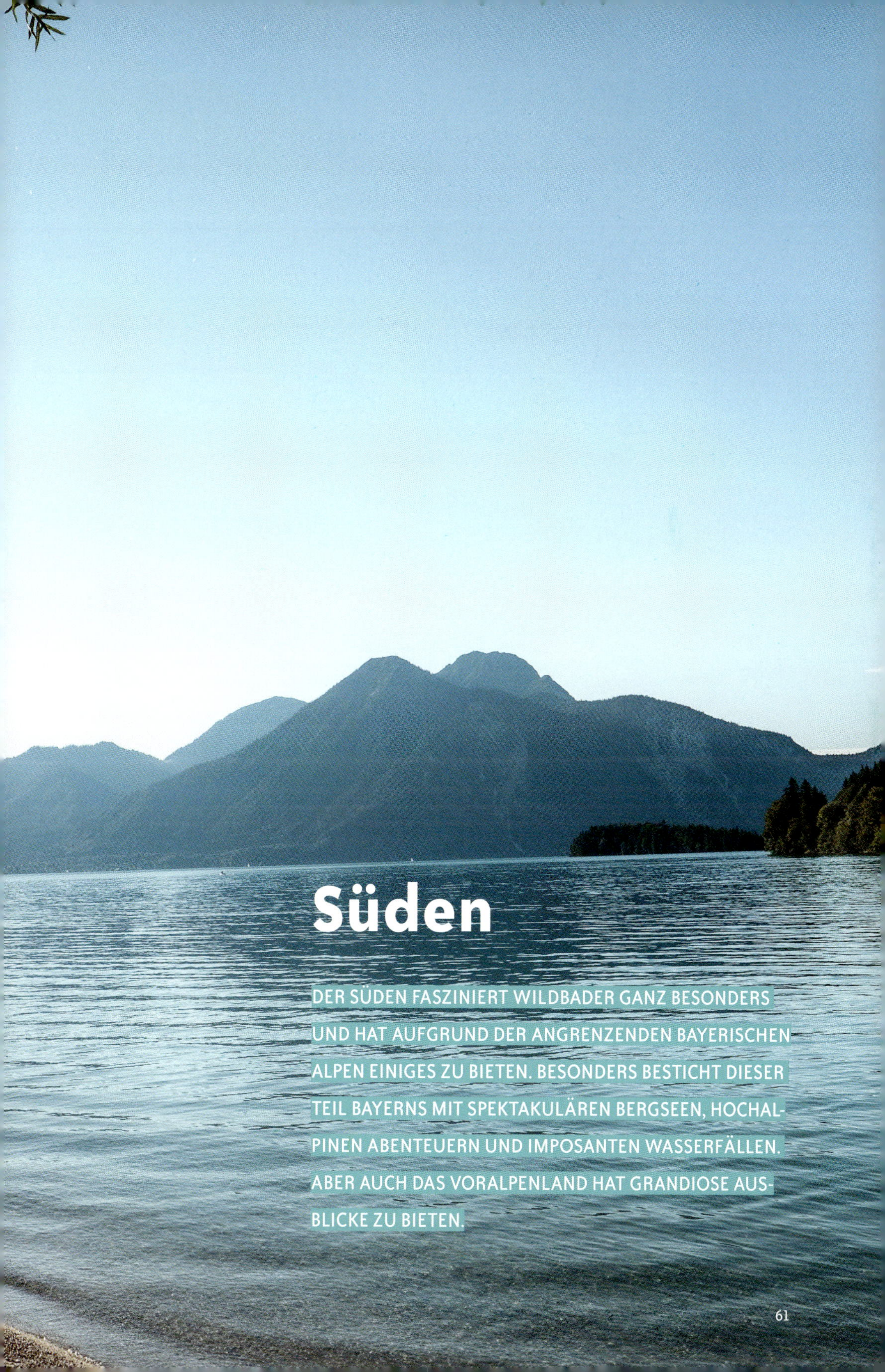

Süden

DER SÜDEN FASZINIERT WILDBADER GANZ BESONDERS UND HAT AUFGRUND DER ANGRENZENDEN BAYERISCHEN ALPEN EINIGES ZU BIETEN. BESONDERS BESTICHT DIESER TEIL BAYERNS MIT SPEKTAKULÄREN BERGSEEN, HOCHALPINEN ABENTEUERN UND IMPOSANTEN WASSERFÄLLEN. ABER AUCH DAS VORALPENLAND HAT GRANDIOSE AUSBLICKE ZU BIETEN.

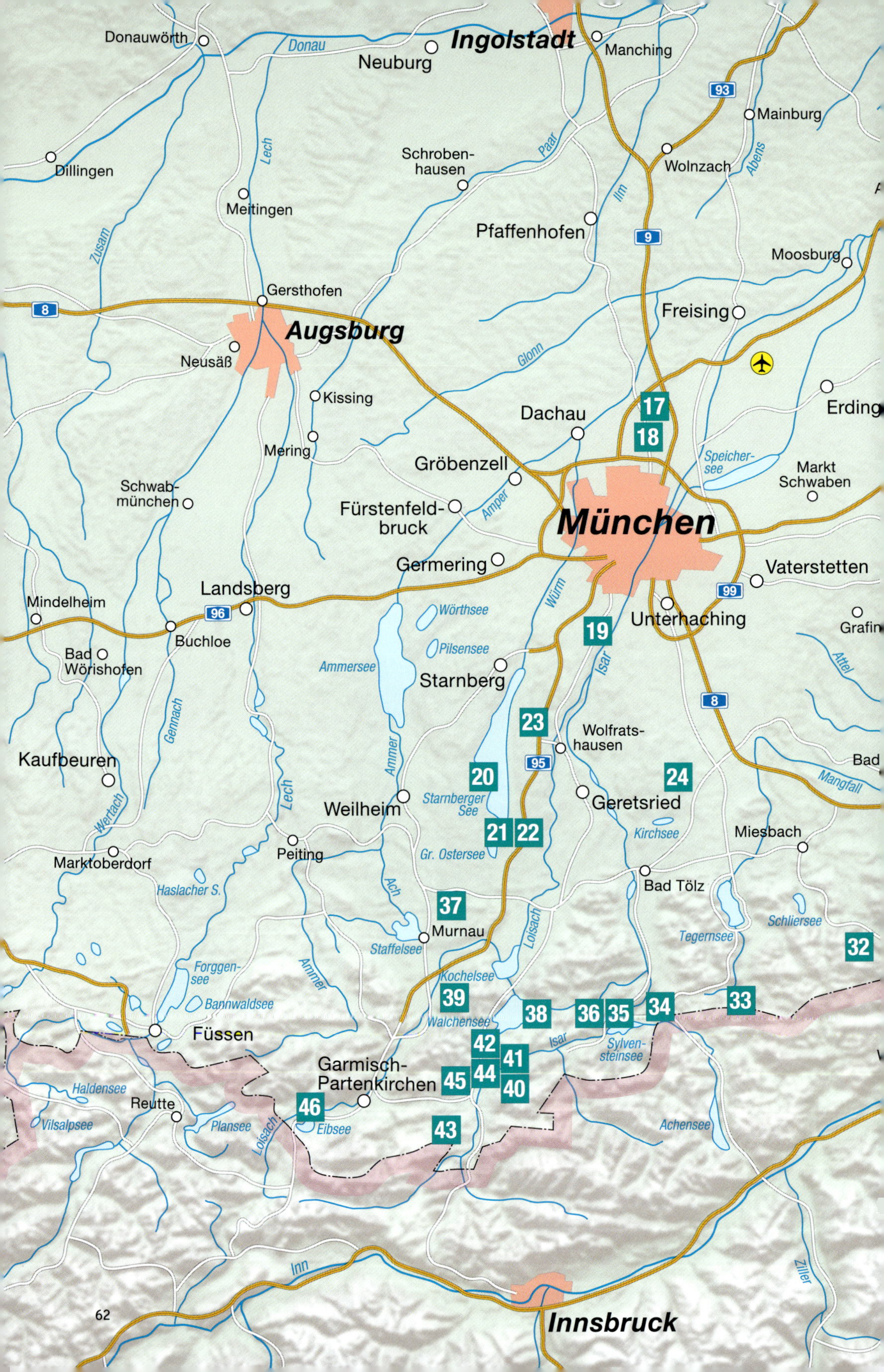
Donauwörth
Donau
Neuburg
Ingolstadt
Manching
93
Mainburg
Dillingen
Lech
Schroben-
hausen
Paar
Wolnzach
Abens
Meitingen
Ilm
Pfaffenhofen
9
Zusam
Moosburg
Gersthofen
8
Freising
Augsburg
Neusäß
Glonn
Kissing
17
18
Erding
Dachau
Mering
Gröbenzell
Speicher-
see
Markt
Schwaben
Schwab-
münchen
Fürstenfeld-
bruck
Amper
München
Germering
Vaterstetten
Landsberg
Würm
99
Mindelheim
96
Wörthsee
Unterhaching
Grafing
Buchloe
19
Bad
Wörishofen
Pilsensee
Ammersee
Starnberg
Isar
Attel
Gennach
8
23
Wolfrats-
hausen
Kaufbeuren
Ammer
20
95
24
Bad
Mangfall
Lech
Wertach
Weilheim
Starnberger
See
Geretsried
Kirchsee
Miesbach
21
22
Marktoberdorf
Peiting
Gr. Ostersee
Bad Tölz
Haslacher S.
Ach
37
Loisach
Schliersee
Murnau
Tegernsee
32
Staffelsee
Forggen-
see
Ammer
Kochelsee
39
Bannwaldsee
38
36
35
34
33
Walchensee
Füssen
42
41
Isar
Sylven-
steinsee
Garmisch-
Partenkirchen
45
44
40
Haldensee
Reutte
46
Vilsalpsee
Plansee
Loisach
Eibsee
43
Achensee
Inn
Ziller
Innsbruck

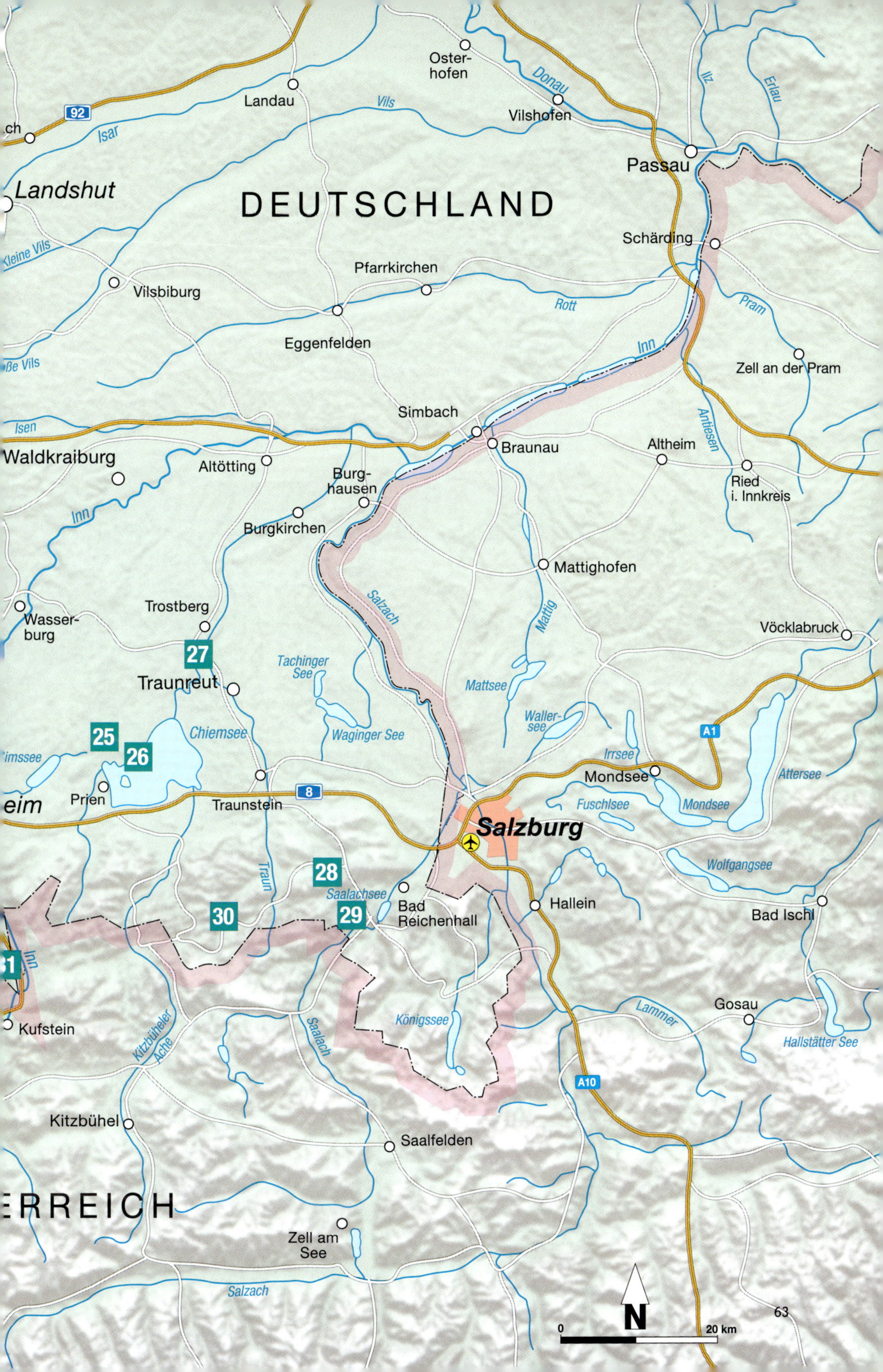

DEUTSCHLAND
ERREICH
Landshut
Landau
Osterhofen
Vilshofen
Passau
Donau
Ilz
Erlau
Isar
Vils
Kleine Vils
Vilsbiburg
Pfarrkirchen
Eggenfelden
Rott
Schärding
Pram
Zell an der Pram
Inn
Simbach
Braunau
Altheim
Antiesen
Ried i. Innkreis
Isen
Waldkraiburg
Altötting
Burghausen
Burgkirchen
Mattighofen
Salzach
Mattig
Wasserburg
Trostberg
Traunreut
Tachinger See
Waginger See
Mattsee
Wallersee
Vöcklabruck
Chiemsee
Chiemsee
Prien
Traunstein
Irrsee
Mondsee
Attersee
Fuschlsee
Salzburg
Wolfgangsee
Traun
Saalachsee
Bad Reichenhall
Hallein
Bad Ischl
Kufstein
Königssee
Lammer
Gosau
Hallstätter See
Kitzbüheler Ache
Saalach
Kitzbühel
Saalfelden
Zell am See
92
8
A1
A10
25
26
27
28
29
30
0
20 km
N

★ Wildnisfaktor

★ Familienfreundlichkeit

★★★ Erreichbarkeit

17 Neu für die Münchner

HOLLERNER SEE, ECHING, OBERBAYERN

Mit viel Platz und Grün verzaubert dieses riesige neue Naherholungsgebiet die Münchner. Sogar demonstriert und gekämpft wurde für die natürliche Erhaltung dieses Ortes. Und statt mit neuen Betonbauten entzückt der Hollerner See nun mit weitläufigen Ufern und türkisem, klarem Wasser.
Der Baggersee liegt zwischen Unterschleißheim und Eching und entstand nach großflächigen Kiesarbeiten. Heute ist er mit 90 Hektar Fläche das zweitgrößte Naherholungsgebiet im Kreis München. Am Hollerner See gibt es Uferbereiche mit etwas mehr Infrastruktur wie Kiosk, Wasserwacht und Toiletten, aber auch noch viele naturbelassene Badestellen etwas abseits. Andere Teile des Ufers dienen als wichtige Vogelnistplätze und dürfen nicht betreten werden.
Naturliebhaber und Ruhesuchende legen sich am besten an die Süd- oder Westseite

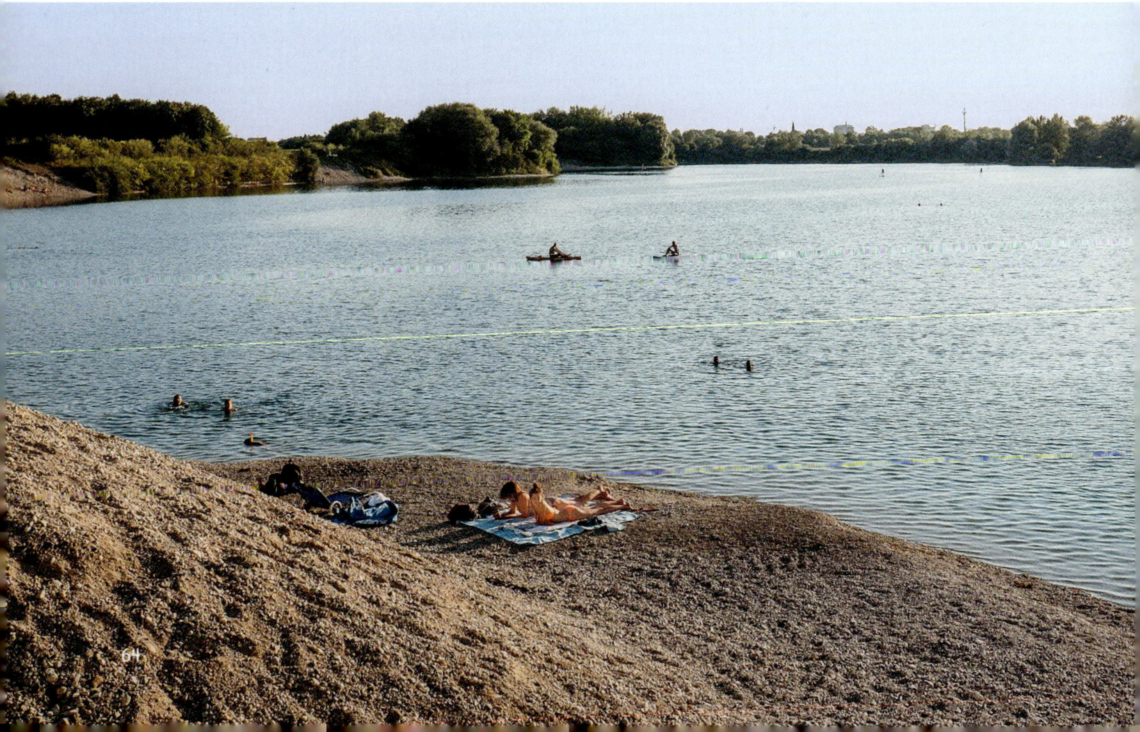

des Sees. Aufgrund seiner Größe lädt der See zum ausgiebigen Schwimmen, Stand-up-Paddeln oder zu langen Spaziergängen ein. Von der Gemeinde gibt es seit Jahren viele Pläne zum Ausbau des Sees. Bis jetzt ist er jedoch noch natürlich gehalten. Abzuwarten ist die Entwicklung in den nächsten Jahren.

FAZIT Viel Grün für die Münchner.

Achtung An der Süd- und Westseite fällt das Ufer teilweise mehrere Meter nach unten – mit Kindern muss man hier sehr vorsichtig sein.

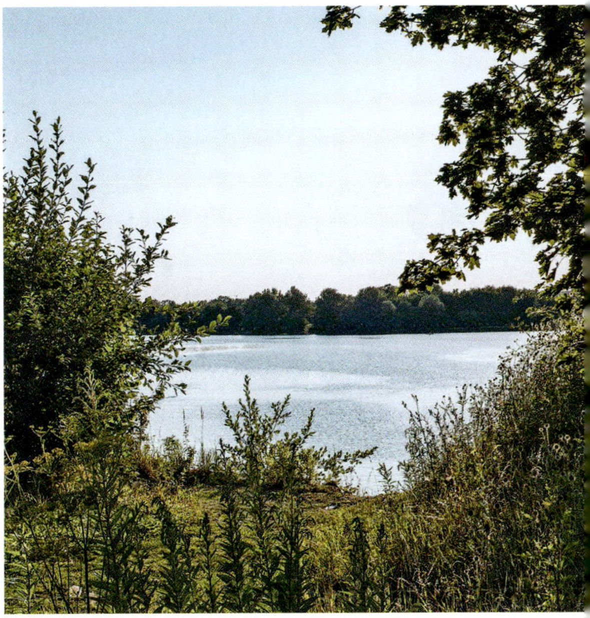

Linke Seite: Kiesbänke rund um den Baggersee bieten ausgiebig Platz für viele Badegäste.
Oben: Der Hollerner See ist sehr natürlich gehalten und dient als wichtiger Nistplatz für Vögel.
Unten links: Der weitläufige See lädt zum ausgedehnten Stand-up-Paddeln oder Schwimmen ein.
Unten rechts: Der Hollerner See ist das zweitgrößte Naherholungsgebiet im Großraum München.

info

Anfahrtstipp Am Ostufer gibt es einen großen Parkplatz an der Staatsstraße 2053.

GPS-Daten 48.283421, 11.605165

Beste Badezeit Juni bis September

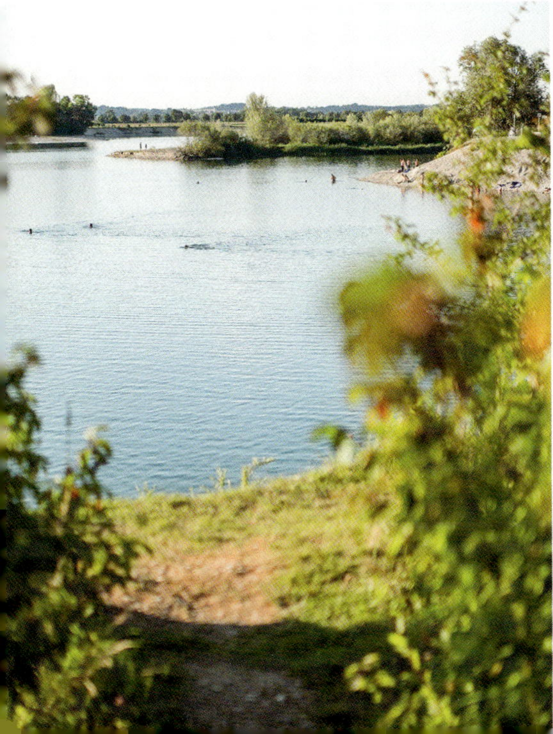

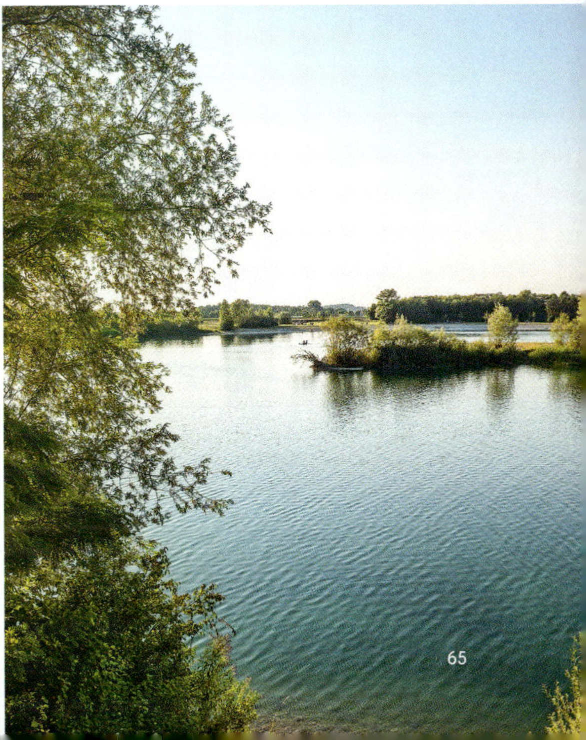

★ Wildnisfaktor

★★ Familienfreundlichkeit

★★★ Erreichbarkeit

18 Badespaß mit Vierbeinern

MALLERTSHOFER SEE, UNTERSCHLEISSHEIM, OBERBAYERN

Der Mallertshofer See ist wahrlich ein Paradies für Hund und Besitzer. Denn hier dürfen die Vierbeiner nach Lust und Laune frei herumtoben und sogar im Wasser schwimmen, plantschen und Stöckchen holen.
Der See ist etwas versteckt inmitten eines Forstes gelegen. Das Wasser ist klar und der See leuchtet wunderschön türkis. Es gibt einen kleinen Sandstrand, an dem sich gerne Familien mit kleinen Kindern niederlassen, eine großzügige Wiese, auf der man auch an heißen Sommerwochenenden einen Platz findet, sowie viele schattige Abschnitte unter den Bäumen am Südufer. Diejenigen, die mehr Ruhe suchen, können dem kleinen Trampelpfad um den See folgen, um ihre ganz persönliche Badebucht zu finden. Wer Hunde nicht so gerne hat, sollte lieber an den nahegelegenen Hollerner See (S. 64) fahren.

FAZIT Was für ein Spaß für Familien mit Vierbeinern!

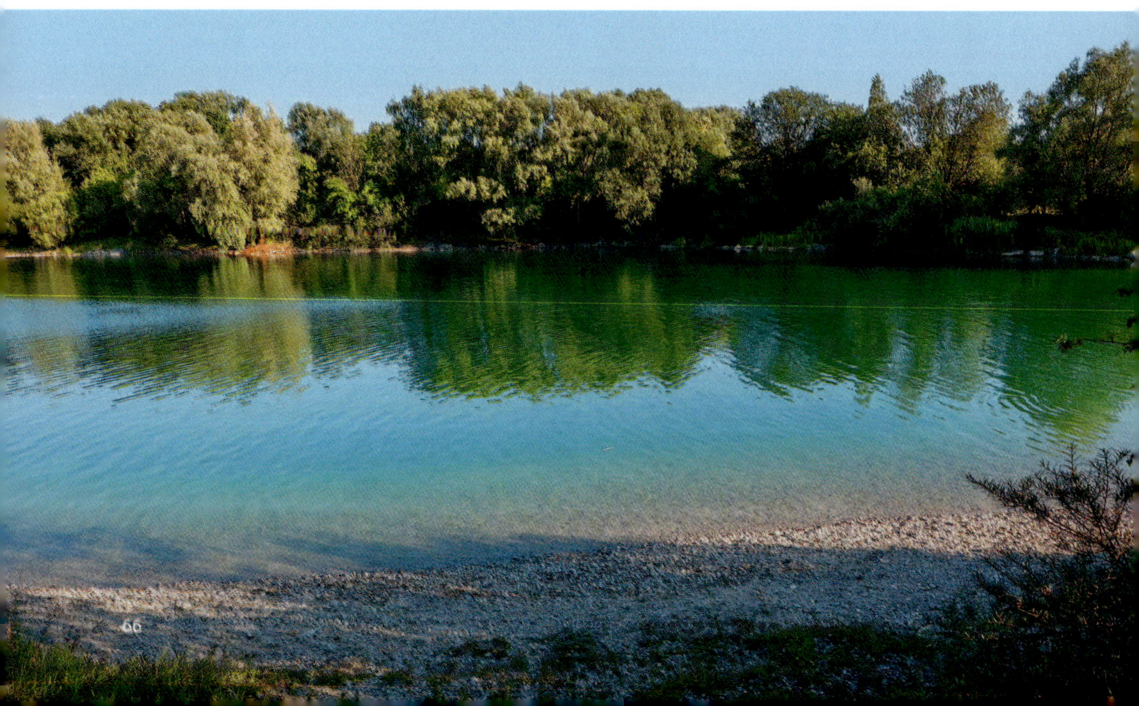

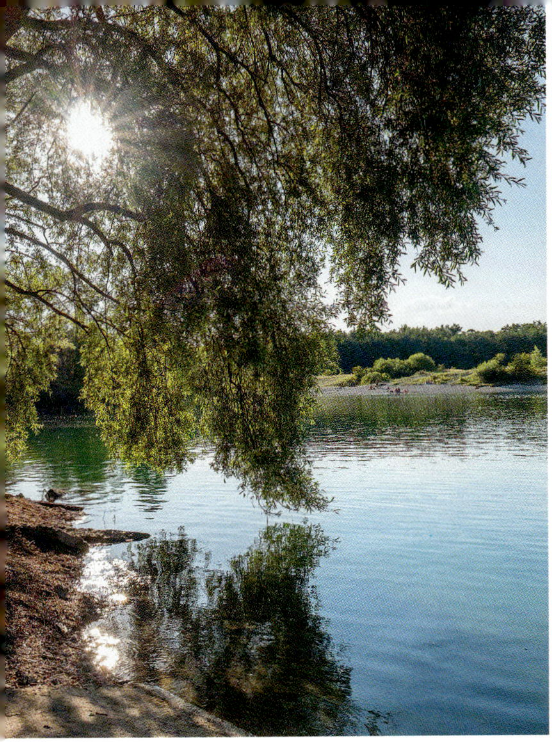

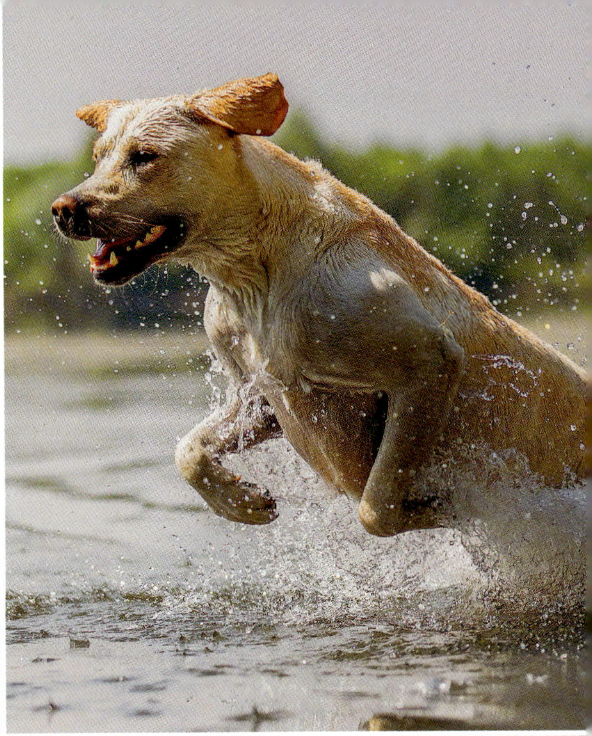

Linke Seite: Das Wasser des Mallertshofer Sees leuchtet beeindruckend türkis.
Oben links: Ein kleiner Trampelpfad macht die ruhigeren Badebuchten am Südufer zugänglich. Oben rechts: Hunde dürfen hier nach Lust und Laune herumtoben und ins Wasser.
Unten links: Der See ist versteckt inmitten eines Forstes gelegen. Unten rechts: Am Sandstrand können Kinder unbesorgt herumtoben und plantschen.

info

Anfahrtstipp Etwa 10 Gehminuten vom See entfernt befindet sich eine Parkbucht an der Staatsstraße 2053. Aufgrund der sehr begrenzten Parkmöglichkeiten kommt man am besten mit dem Fahrrad.

GPS-Daten 48.263615, 11.600005

Beste Badezeit Mai bis September

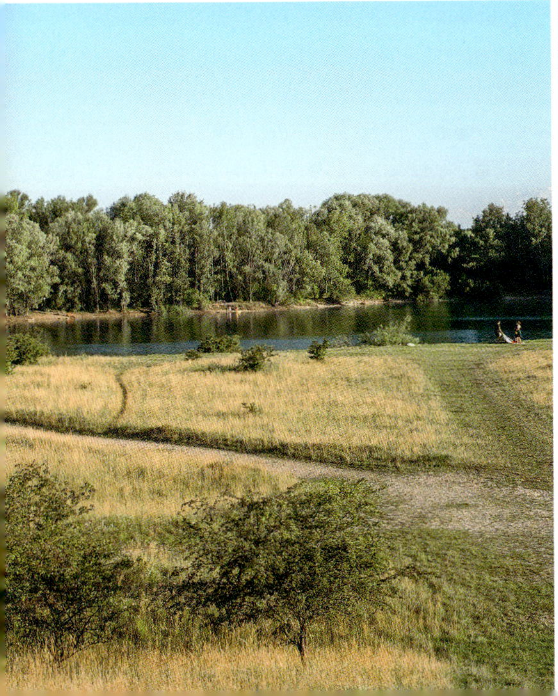

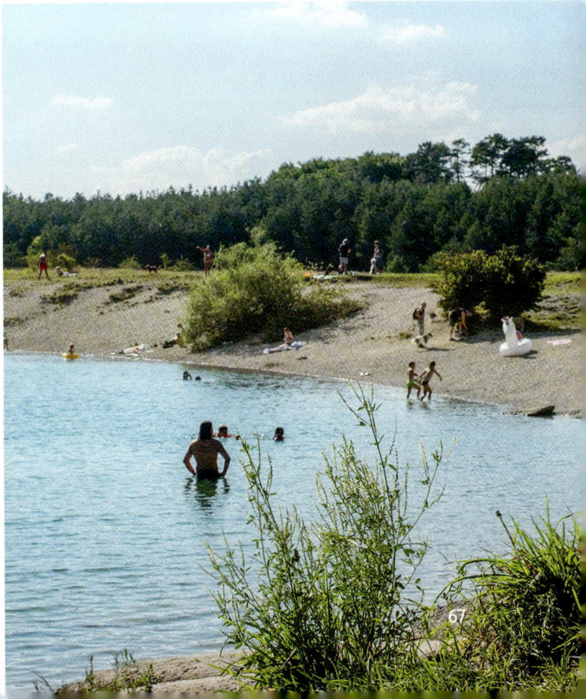

★★★ Wildnisfaktor

★ Familien-freundlichkeit

★ Erreichbarkeit

19 Klippenspringen für Abenteuerlustige

ISAR, GEORGENSTEIN BEI BAIERBRUNN, OBERBAYERN

Klippenspringen in der Umgebung von München? Ja, Sie haben richtig gelesen. Inmitten der Isar thront der Georgenstein, ein rund fünf Meter hoher Felsen, der Abenteuerlustige zum Hinunterspringen animiert. Zunächst vor allem bei den Baierbrunner Jugendlichen beliebt, hat sich der Georgenstein inzwischen bis zu dem ein oder anderen unternehmungslustigen Münchner durchgesprochen.
Ob zum Klippenspringen oder nur zum Baden und Zuschauen, der Georgenstein in der Isar ist ein wunderbarer Ort, um dem hektischen Stadtleben für einen Nachmittag zu entfliehen. Ein kleiner Kiesstrand mit direktem Blick auf den Felsen ermöglicht das Plantschen im zunächst flach abfallenden Flussbett, ein ausgiebiges Sonnenbad oder ein gemütliches Picknick. Ein Erlebnis ist es allemal, den Waghalsigen beim Rückwärtssalto vom Georgenstein zuzuschauen.

FAZIT Ein echtes Abenteuer – ob nur zum Zuschauen oder zum selbst Springen!

Achtung Nur sehr sichere Schwimmer sollten den Sprung in die Isar wagen, denn der Fluss weist an dieser Stelle zu jedem Wasserstand eine starke Strömung auf. Bei Hochwasser sollte man auf keinen Fall springen.

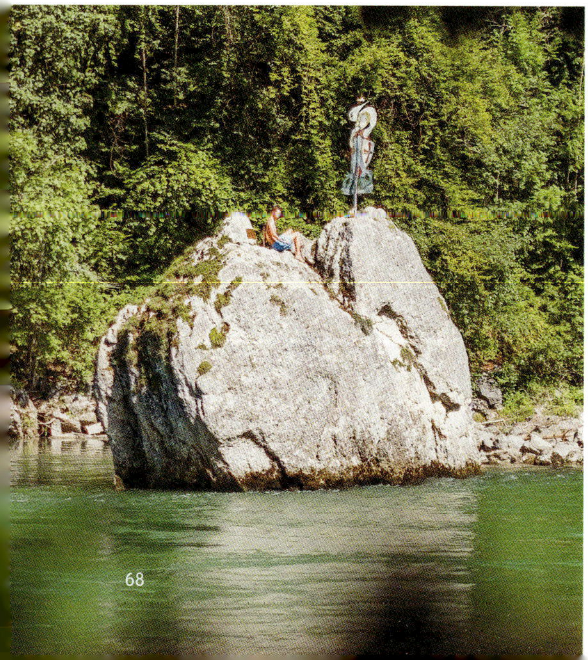

**Links: Der Georgenstein thront inmitten der Isar südlich von München.
Rechte Seite: Oben links: Eine Kiesbank auf der gegenüberliegenden Seite bietet den besten Blick auf die waghalsigen Springer. Oben rechts: Hierher kommt man nur mit dem Fahrrad oder zu Fuß. Unten links: Die Isar ist der perfekte Ort, um dem Stadtleben zu entfliehen. Unten rechts: Natur pur ist, was den Fluss ausmacht.**

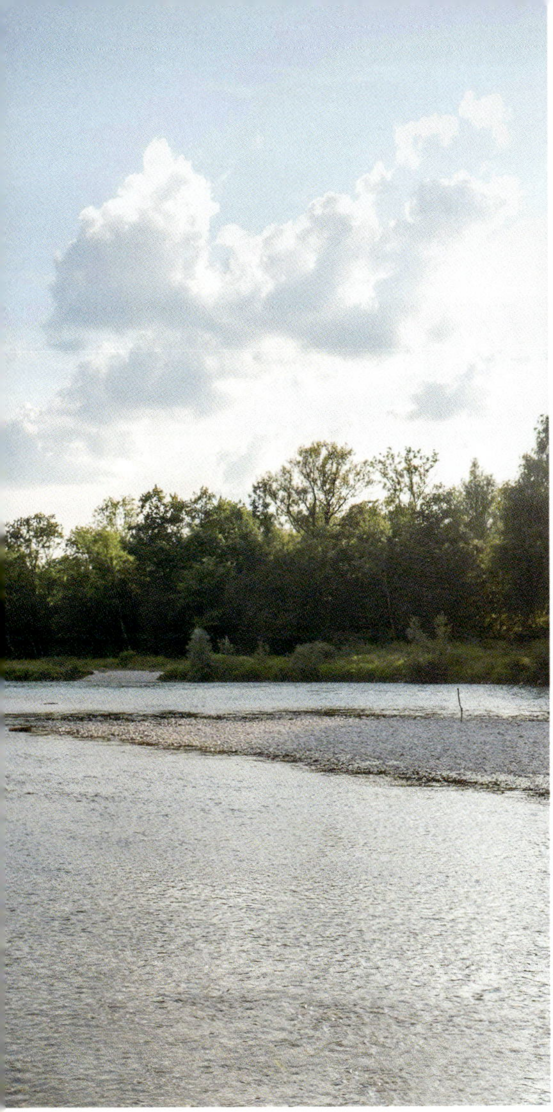

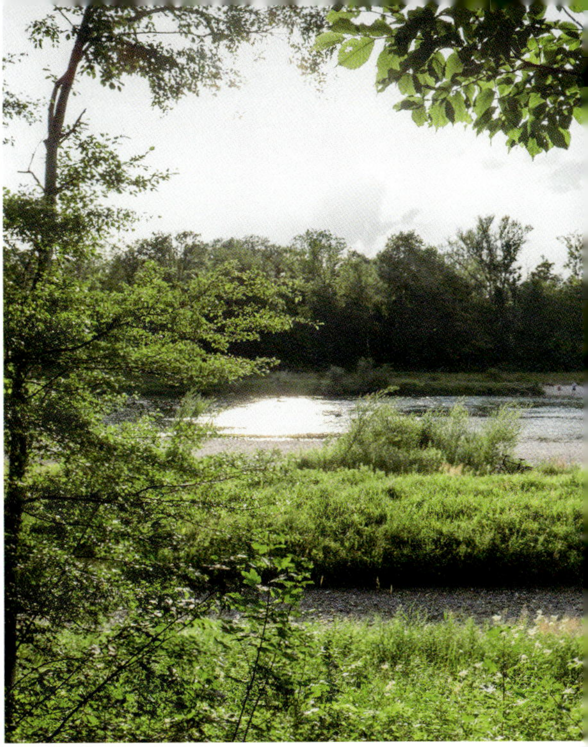

info

Anfahrtstipp Den Georgenstein erreicht man nicht mit dem Auto, sondern nur zu Fuß oder mit dem Fahrrad. Man kann beispielsweise an der Thalkirchner Brücke beim Tierpark in München starten und am Westufer stets flussaufwärts in etwa 45 Minuten bis zum Georgenstein fahren.

GPS-Daten 48.023055, 11.496123

Beste Badezeit Juli bis August

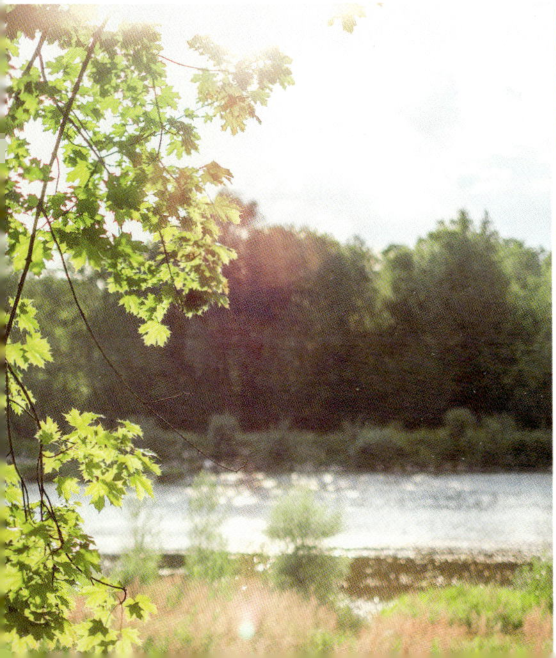

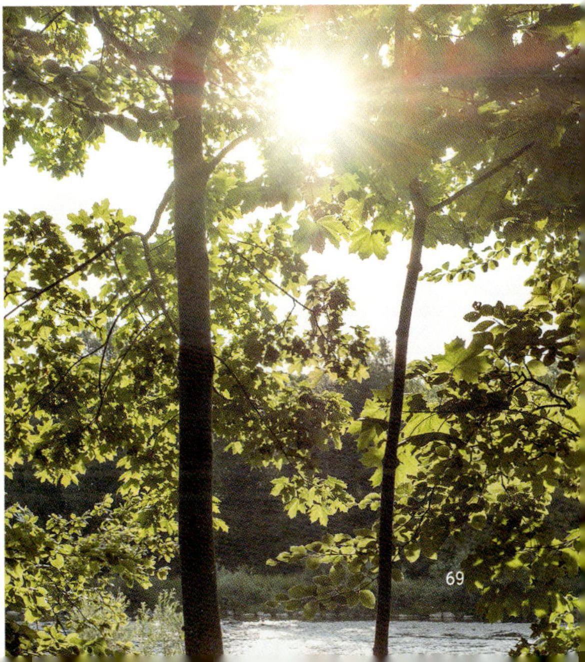

★★★ Wildnisfaktor

★★★ Familienfreundlichkeit

★★☆ Erreichbarkeit

20 Unglaublich ruhig

STARNBERGER SEE, BERNRIED, OBERBAYERN

Der Starnberger See ist eines der beliebtesten und schönsten Reiseziele Deutschlands. Er bietet unzählige Freizeitmöglichkeiten und zieht Tausende Besucher in seinen Bann. Umso erstaunlicher ist es, wie ruhig es am Westufer im Bernrieder Park ist. Der Park selbst ist bereits unglaublich friedlich und weitläufig, schnell hat man hier alle Alltagssorgen vergessen.

Aber das Beste kommt erst noch: Entlang der gesamten Parkanlage reiht sich eine wilde Badebucht an die nächste. Die weitläufigen Wiesen des Parks lassen jeden seinen bevorzugten Platz finden: direkt am Wasser oder etwas abseits von den anderen Gästen. Auch kleine Gruppen finden hier problemlos einen Platz. Das Wasser ist flach abfallend und der Untergrund erst steinig und dann sandig –

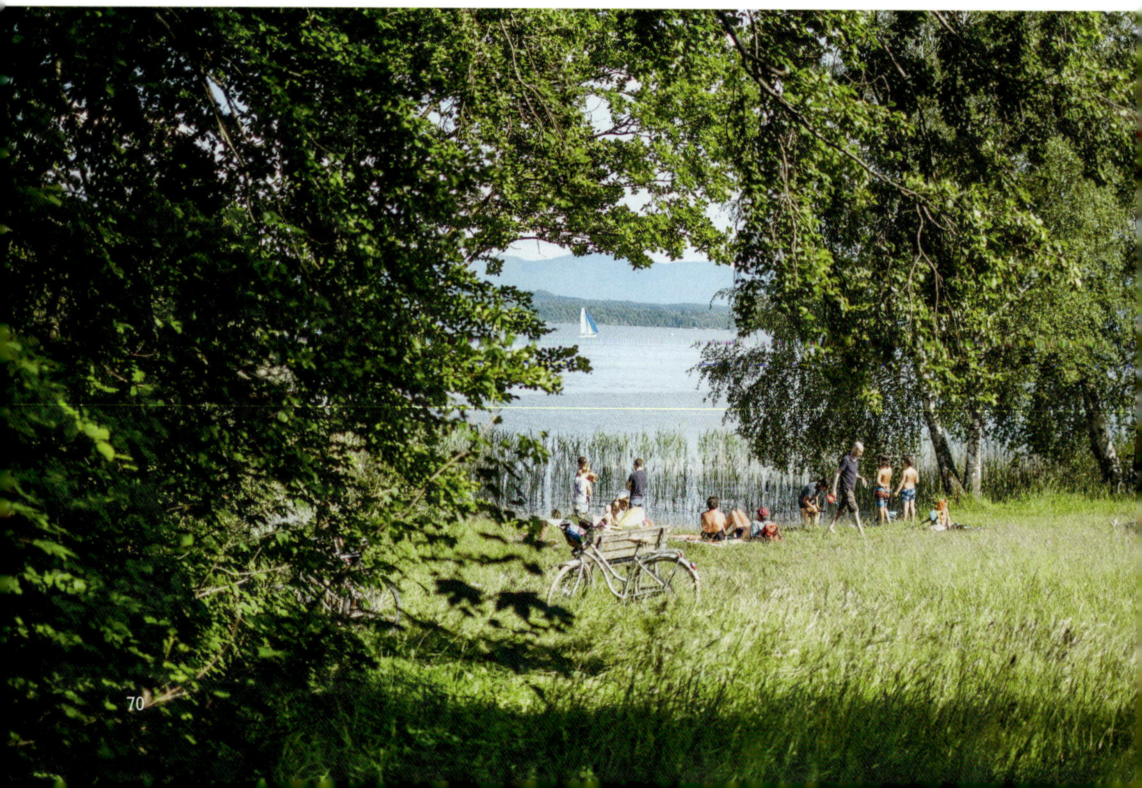

Badespaß pur! Der Bernrieder Park ist kein Strandbad und es gibt weder Toiletten noch einen Kiosk oder Ähnliches. Wer etwas mehr Infrastruktur sucht, kann die Fischerei Hubl besuchen, die ein kleines Strandbad betreibt. Sie befindet sich am Anfang des Parks.
Die Wasserqualität des Starnberger Sees wird seit Jahren durch die EU mit »ausgezeichnet« bewertet.

FAZIT Nicht top secret, aber abseits der Standardziele am Starnberger See.

info

Anfahrtstipp Es gibt keine offiziellen Parkplätze am Bernrieder Park. Man kann gut mit dem Zug zum Bernrieder Bahnhof fahren und von dort zum See laufen oder eine Fahrradtour am See planen.

GPS-Daten 47.859586, 11.301381

Beste Badezeit Juni bis September

Linke Seite: Der Bernrieder Park ist ein friedlicher, von Wiesen überzogener Abschnitt des Starnberger Sees.
Rechts: Der Weg zur Badestelle ist ideal für Fahrradfahrer.
Unten links: Eine naturbelassene Badebucht reiht sich an die nächste.
Unten rechts: Das Wasser ist flach abfallend, klar und sauber.

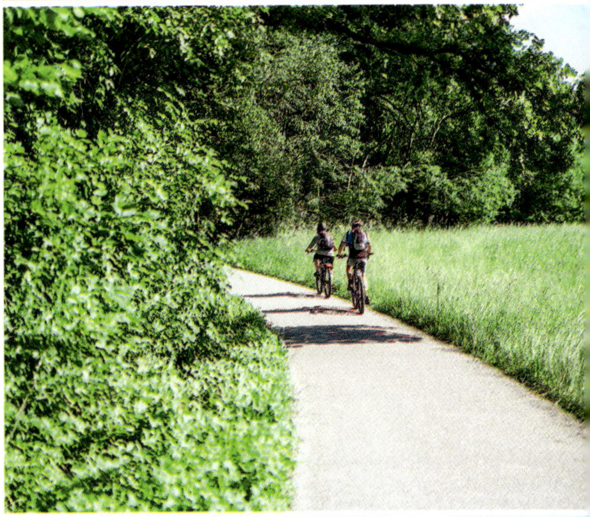

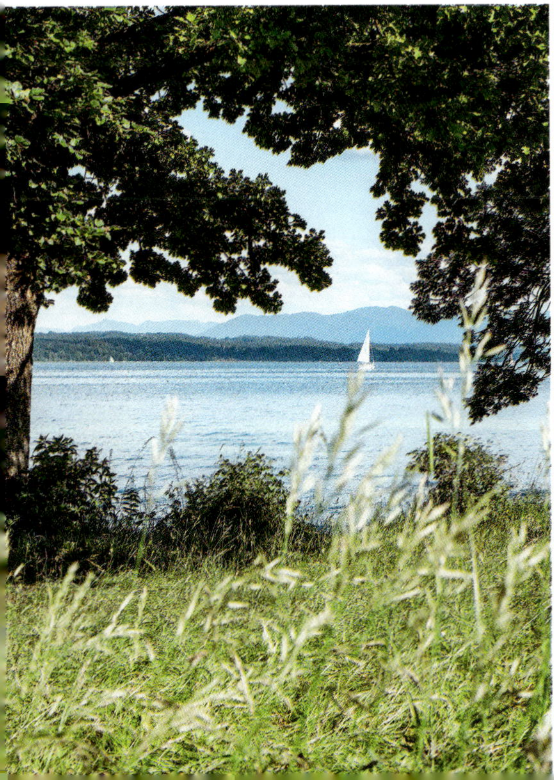

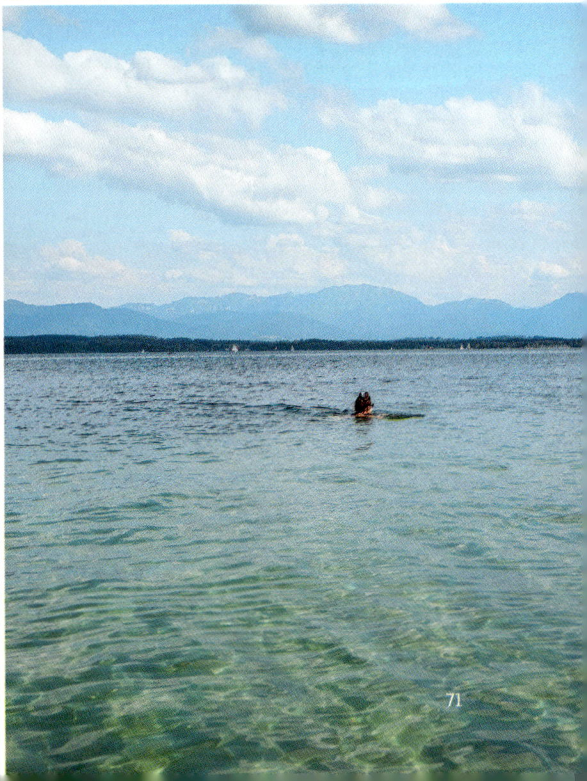

★★☆ Wildnisfaktor

★★★ Familienfreundlichkeit

★★★ Erreichbarkeit

21 Ein wahres Juwel

FOHNSEE, IFFELDORF, OBERBAYERN

Wenn man auf das türkise Wasser blickt, könnte man fast denken, man sei am Meer. Dann hebt man seinen Blick, sieht die Berge und denkt, man sei am Gardasee. In Wirklichkeit befindet man sich aber nur unweit des Starnberger Sees. Nur wenige kennen die südlicher gelegenen Osterseen, doch hier tut sich ein wahres Paradies abseits des Trubels auf. Die Osterseen liegen in einem Landschaftsschutzgebiet und Baden ist nur an zwei Seen an ausgewiesenen Stellen erlaubt. Eine davon liegt am Fohnsee, einem kleinen See mit türkisblauem, sehr sauberem Wasser – was die EU mit der Einstufung »ausgezeichnet« bestätigt. Der Badestrand ist an einem kleinen Campingplatz gelegen. Im Sommer ist der Parkplatz zwar schnell voll, aber jeder findet einen Platz. Am besten sucht man sich einen Platz am Ende der Wiese unter dem Schatten der Bäume, etwas abgelegen von den restlichen Badegästen.
FKK-Freunde sind mit der weitläufigen Wiese an der zweiten ausgewiesenen Badestelle am Großen Ostersee gut beraten.

FAZIT Eigentlich unglaublich, welch ein Naturparadies sich nur unweit von München auftut.

Rechts: Auch der angrenzende Große Ostersee ist lohnenswert – vor allem für FKK-Begeisterte.
Rechte Seite: Oben links: Stand-up-Paddeln mit Panoramablick auf die Alpen
Oben rechts: Das Wasser des Fohnsees leuchtet so türkis wie so mancher Karibikstrand.
Unten: Der Seerundweg eröffnet einmalige Ausblicke.

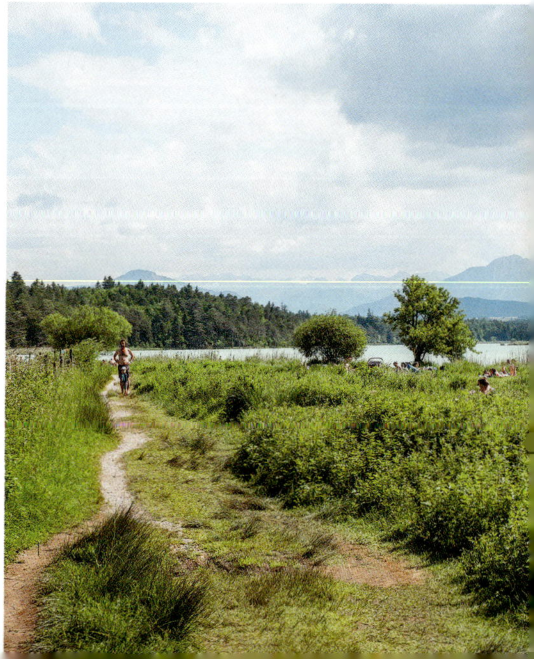

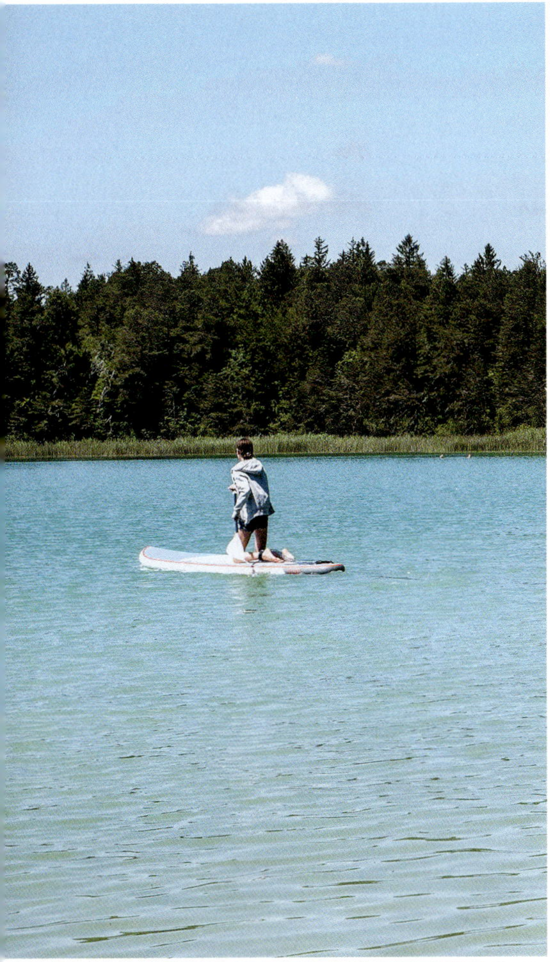

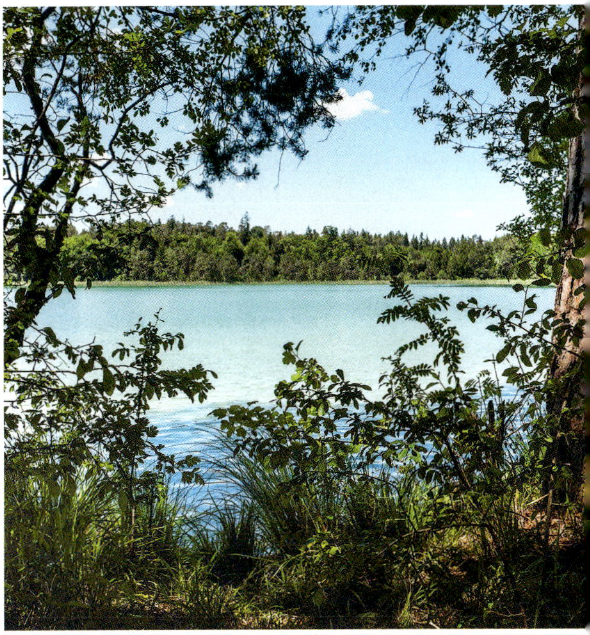

info

Anfahrtstipp Ein größerer Parkplatz befindet sich am Ortsrand der Gemeinde Iffeldorf. Direkt an der Badestelle am Campingplatz gibt es ebenfalls einen Parkplatz, der jedoch im Sommer schnell voll ist.

GPS-Daten 47.780267, 11.316143

Beste Badezeit Mai bis September

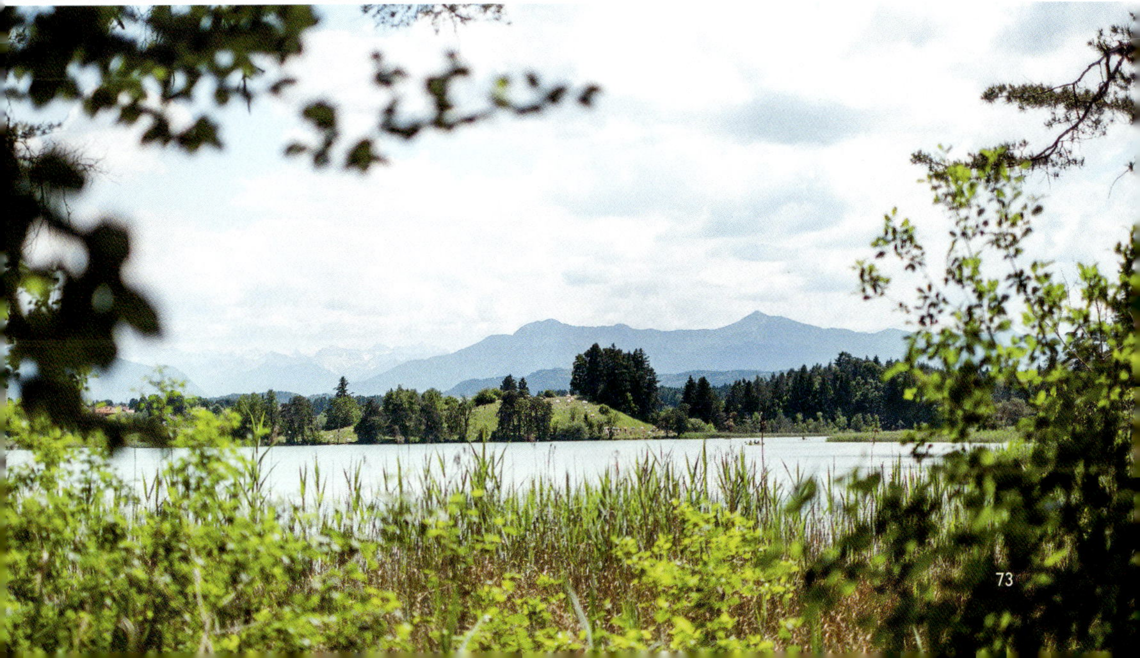

★☆☆ Wildnisfaktor

★★★ Familienfreundlichkeit

★★★ Erreichbarkeit

22 Wildromantischer Moorsee

EITZENBERGER WEIHER, IFFELDORF, OBERBAYERN

Umringt von Wald, eingezäunt von Schilf und Wildblumen liegt der Eitzenberger Weiher am beschaulichen Ortsrand von Iffeldorf. Eine ganz besondere Stimmung herrscht hier in den Abendstunden, wenn die meisten Badegäste wieder nach Hause gefahren sind. Dann wird es ruhig, die Sonne verschwindet langsam hinter den Bäumen und taucht die Umgebung in ein entzückendes rotes Licht. Vom Steg aus kann man in dieser herrlichen Atmosphäre baden.

Für die Badegäste gibt es hier etwas mehr Infrastruktur als an den meisten Wildbadeorten: eine kleine Liegewiese mit Sitzgelegenheit, Umkleidekabine, einen kleinen Kiosk und zwei Stege. Trotzdem wirkt der Weiher sehr natürlich. Und wie in allen Moorseen ist die Wassertemperatur bereits im Frühsommer angenehm warm.

Der See lässt sich direkt mit dem Auto anfahren und kann aus diesem Grund an heißen Sommertagen gut besucht sein.

FAZIT Die Mischung macht's – etwas Infrastruktur, ansonsten Natur pur!

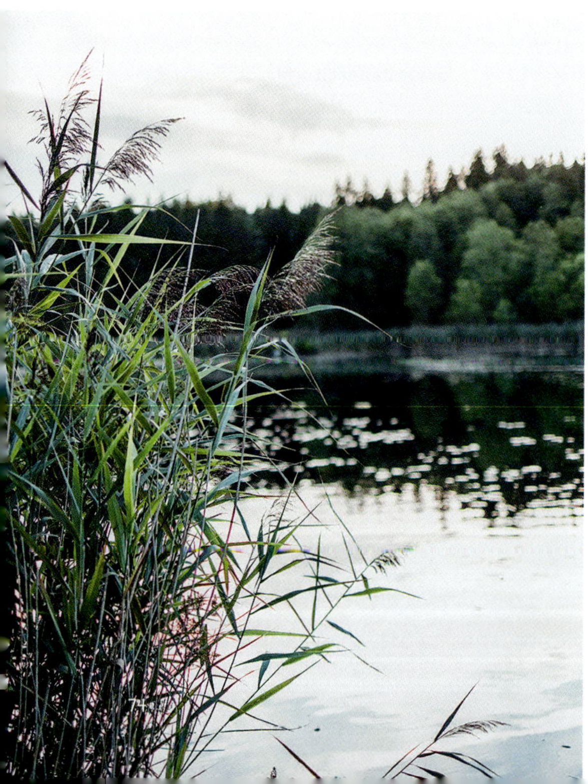

Links: Wildromantisch, umrahmt von Wald und Schilf, zeigt sich der Eitzenberger Weiher.
Rechte Seite: Oben: Ein kleiner Moorsee mit etwas mehr Komfort als an anderen Wildbadeorten
Mitte links: Der Eitzenberger Weiher liegt beschaulich am Ortsrand von Iffeldorf. Mitte rechts: Besonders romantisch wird es, wenn die Sonne hinter den Bäumen verschwindet. Unten: Zwei lange Stege stehen zum Sonnen, Hineinspringen oder Betrachten des Sonnenuntergangs bereit.

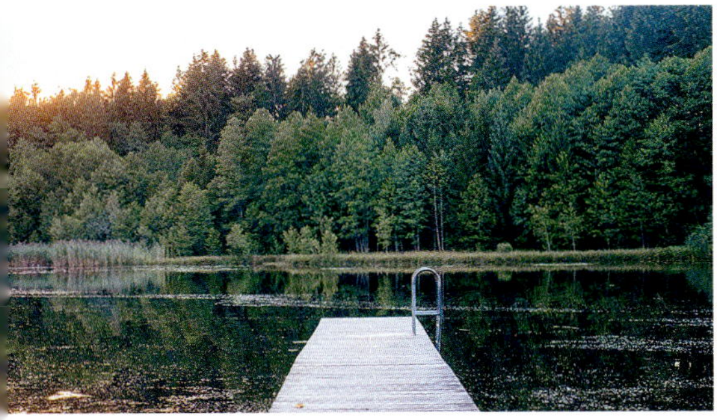

info

Anfahrtstipp Oberhalb der Bundesstraße, die von Eitzenberg zum Weiher führt, befindet sich ein kostenpflichtiger Parkplatz.

GPS-Daten 47.784956, 11.362923

Beste Badezeit Mai bis September

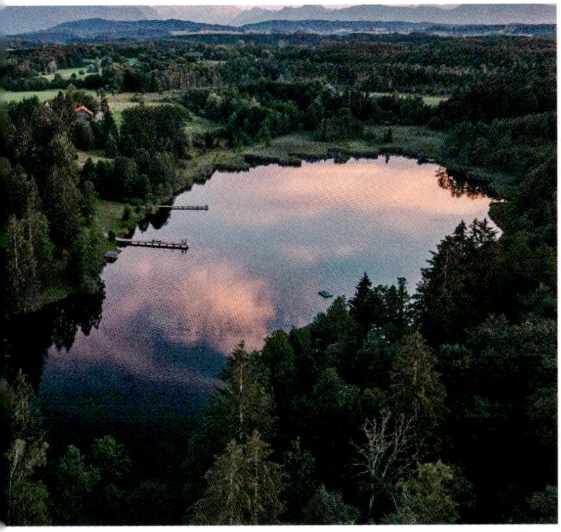

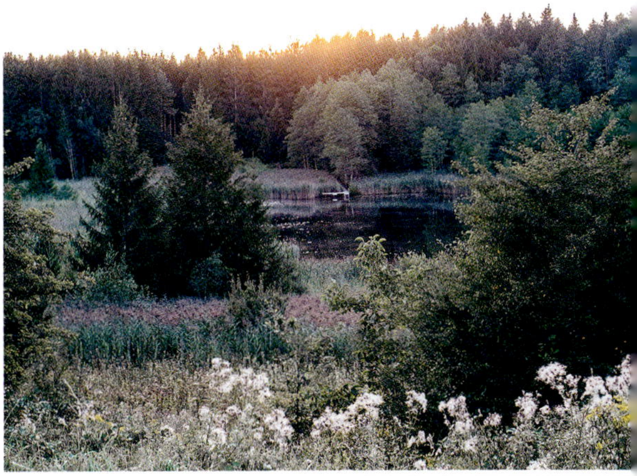

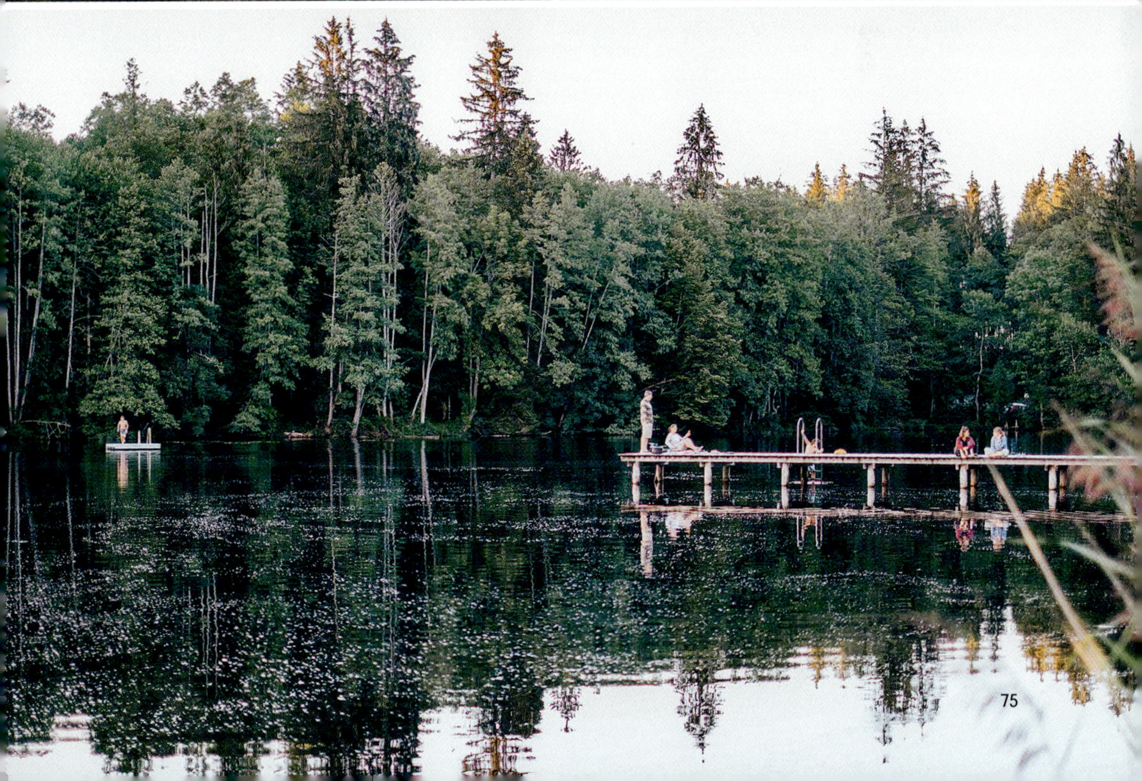

★★★ Wildnisfaktor

★★★ Familienfreundlichkeit

★★★ Erreichbarkeit

23 Kleiner Geheimtipp

BUCHSEE, MÜNSING, OBERBAYERN

Wenn man hier seine Bahnen zieht, denkt man, man sei ganz allein in dem dunklen, angenehm temperierten Moorsee. Denn dieser ist fast komplett mit Schilf und Bäumen umringt und etwas von der Liegewiese abgeschottet. So kann man jeden Zug vollends genießen.

Während die meisten Badegäste an heißen Sommertagen an den wenige Kilometer entfernten Starnberger See fahren, kennen den kleinen Buchsee bei Münsing nur wenige. Er liegt auf dem Privatgrund eines Bauern, der Badegäste gegen eine kleine Gebühr auf seinem Grund baden und entspannen lässt. Ein Besuch lohnt besonders unter der Woche zu den Abendstunden, wenn sich nur ganz wenige Badegäste hierher verirrt haben – Mückenspray nicht vergessen!

FAZIT Ein versteckter, kleiner Moorsee – was braucht man mehr, um nach der Arbeit zu entspannen?

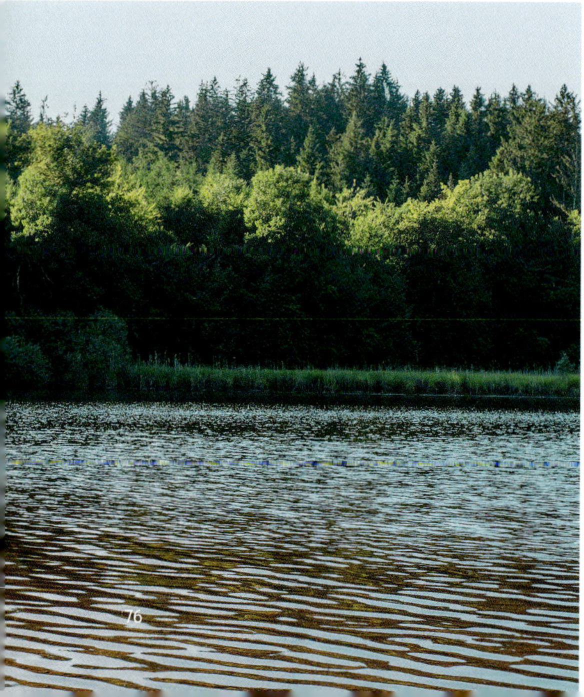

Links: Der kleine Moorsee liegt malerisch inmitten von Wiesen und Wald.
Rechte Seite: Oben: Der Bauer stellt Badegästen eine großzügige Wiese zur Verfügung.
Unten links: Unter der Woche zu den Abendstunden ist es hier besonders ruhig.
Unten rechts: Der See ist fast komplett mit Schilf umrahmt, der als wichtige Brutstätte für Vögel dient.

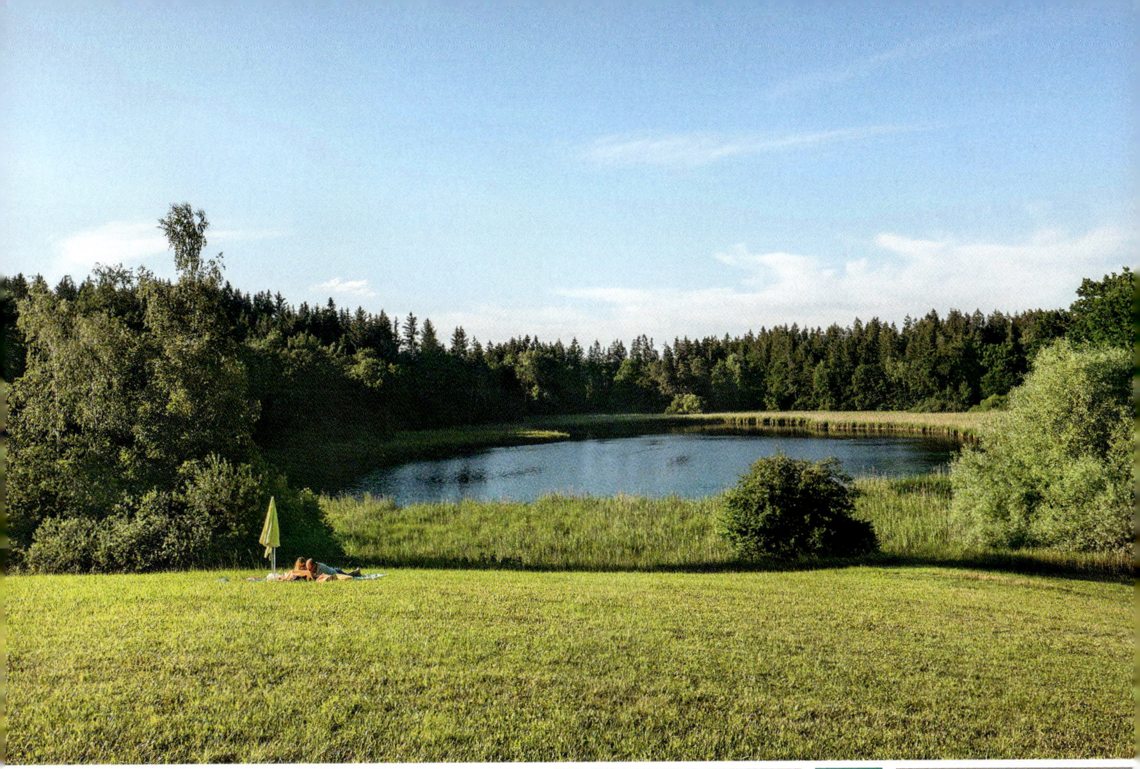

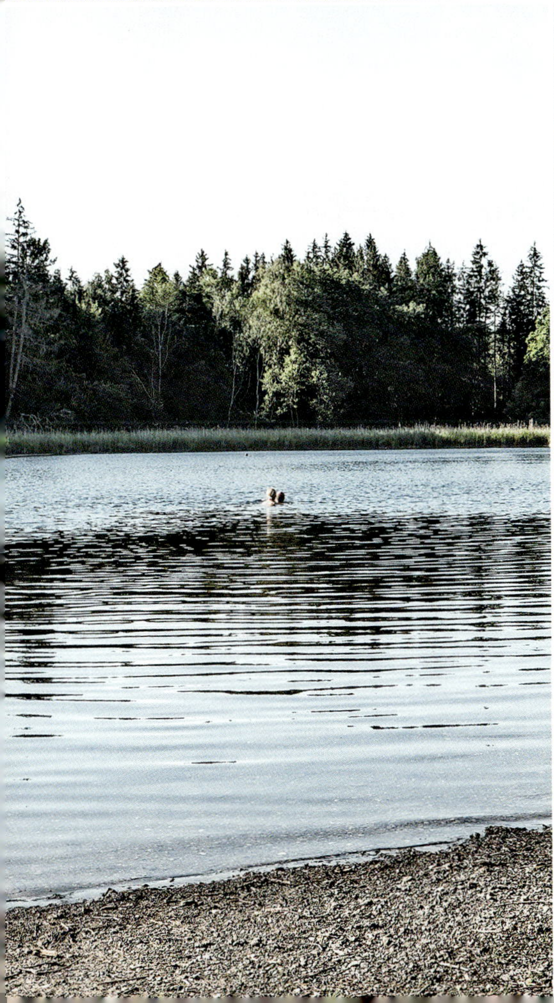

info

Anfahrtstipp Der Bauer, in dessen Besitz der See ist, hat einen kleinen Parkplatz vor seinem Hof abgetrennt, auf dem kostenlos geparkt werden kann.

GPS-Daten 47.920813, 11.377133

Beste Badezeit Mai bis September

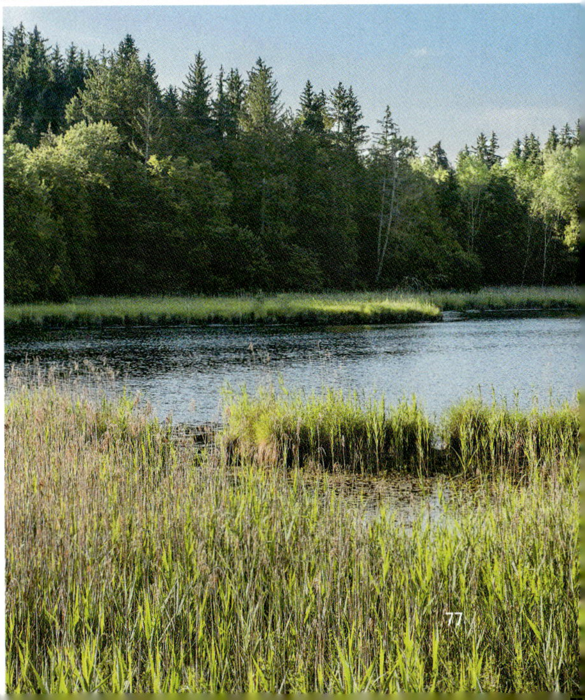

★★★ Wildnisfaktor

★★ Familienfreundlichkeit

★ Erreichbarkeit

24 Wild und ungezähmt

HACKENSEE, HOLZKIRCHEN, OBERBAYERN

Wilde Natur findet man am komplett naturbelassenen Moorsee bei Holzkirchen. Umgefallene Bäume, morsche Stege und wilde Seerosen schaffen eine herrlich verlassene Stimmung. Für die einen ist der Hackensee vielleicht sogar zu naturbelassen, für die anderen ist er genau der richtige Ort, um Kraft zu tanken und die Ruhe zu genießen, die sie gesucht haben.

Die Liegewiese, die von der Gemeinde regelmäßig gemäht wird, zu finden, ist bereits ein Abenteuer. Wenn man aber konsequent am Südufer bis zum westlichsten Zipfel entlangläuft, führen die meisten der nicht gekennzeichneten Trampelpfade in etwa 30 Minuten zur großzügigen Liegewiese inmitten des Waldes. Ein Steg vereinfacht den Einstieg ins Wasser. Und wer Glück hat, kann hier ganz allein den Wald und die Idylle genießen.

Der See ist nur bis zu drei Meter tief und deswegen schon früh im Jahr warm. Aus diesem Grund kann es aber auch leicht zu Begegnungen mit Wasserpflanzen und Fischen kommen. Natur pur eben!

FAZIT Mehr Natur gibt es im Münchener Umland nicht.

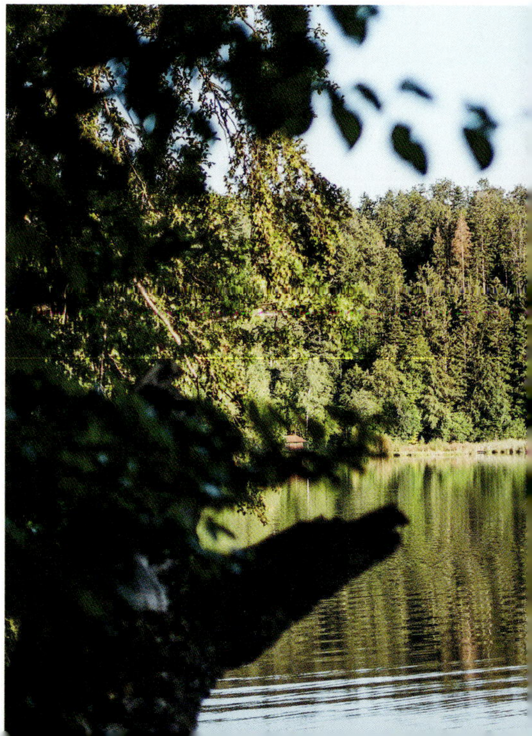

Rechts: Natur pur macht den Hackensee bei Holzkirchen aus.
Rechte Seite: Oben links: Die geringe Tiefe und der moorige Untergrund färben den See ganz dunkel.
Oben rechts: Abgeschieden vom Rest der Welt fühlt man sich auf der versteckten Wiese am See.
Unten rechts: Leicht zerfallene Stege schaffen eine herrlich verlassene Stimmung

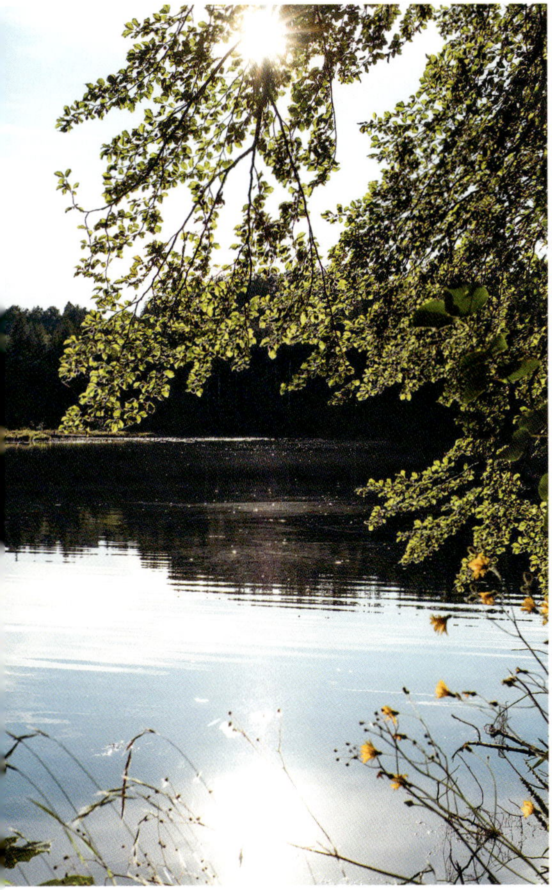

info

Anfahrtstipp In der Straße Sonnleiten 9 im Ortsteil Kleinhartpenning befindet sich ein kleiner Parkplatz. Von dort führt ein Forstweg in etwa 30 Minuten zum See.

GPS-Daten 47.848579, 11.639458

Beste Badezeit Mai bis September

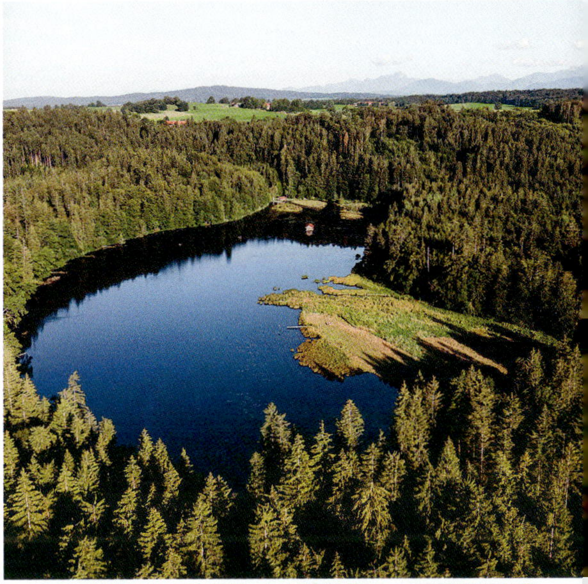

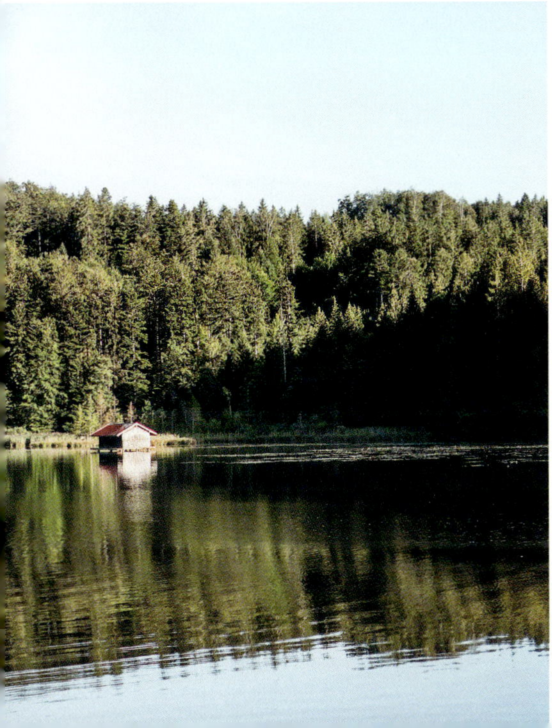

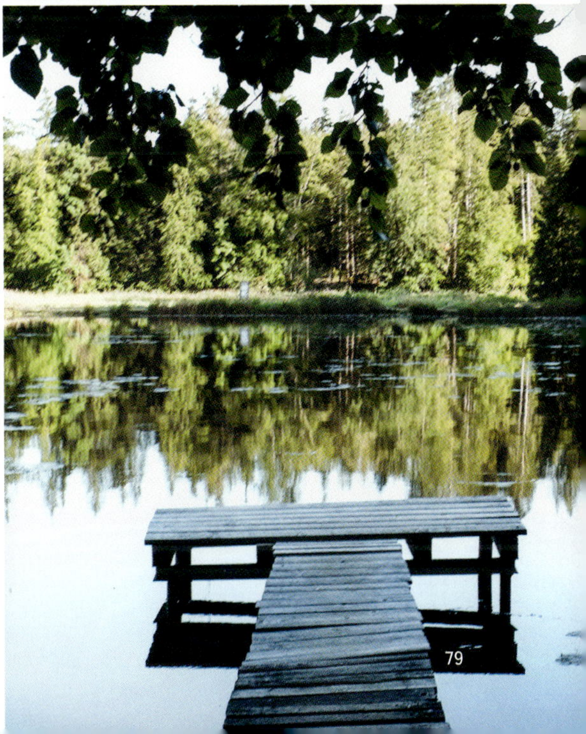

★★★ Wildnisfaktor

★★☆ Familienfreundlichkeit

★☆☆ Erreichbarkeit

25 Zug für Zug

LANGBÜRGNER SEE, BREITBRUNN AM CHIEMSEE, OBERBAYERN

Der »Langi«, wie er von den Einheimischen genannt wird, wird vor allem wegen seiner einsamen und natürlichen Umgebung und dem sehr klaren und sauberen Wasser von Besuchern geschätzt. Der einen Quadratkilometer große See lädt zu ausgiebigen Schwimmeinheiten ein, und man kann Zug für Zug die Ruhe genießen. Er ist Teil eines Landschaftsschutzgebietes und fast komplett naturbelassen. Es gibt diverse Einstiegsstellen rund um den See. Aber aufgrund mangelnder Liegemöglichkeiten am Ufer laden die meisten nicht zu einem längeren Aufenthalt ein. Eine Ausnahme bildet die kleine Wiese im Ortsteil Stock, die zwischen einer Kuh- und Schafweide für Badegäste zur Verfügung gestellt wird. Hierhin kommt man nicht direkt mit dem Auto. Deswegen baden hier meist

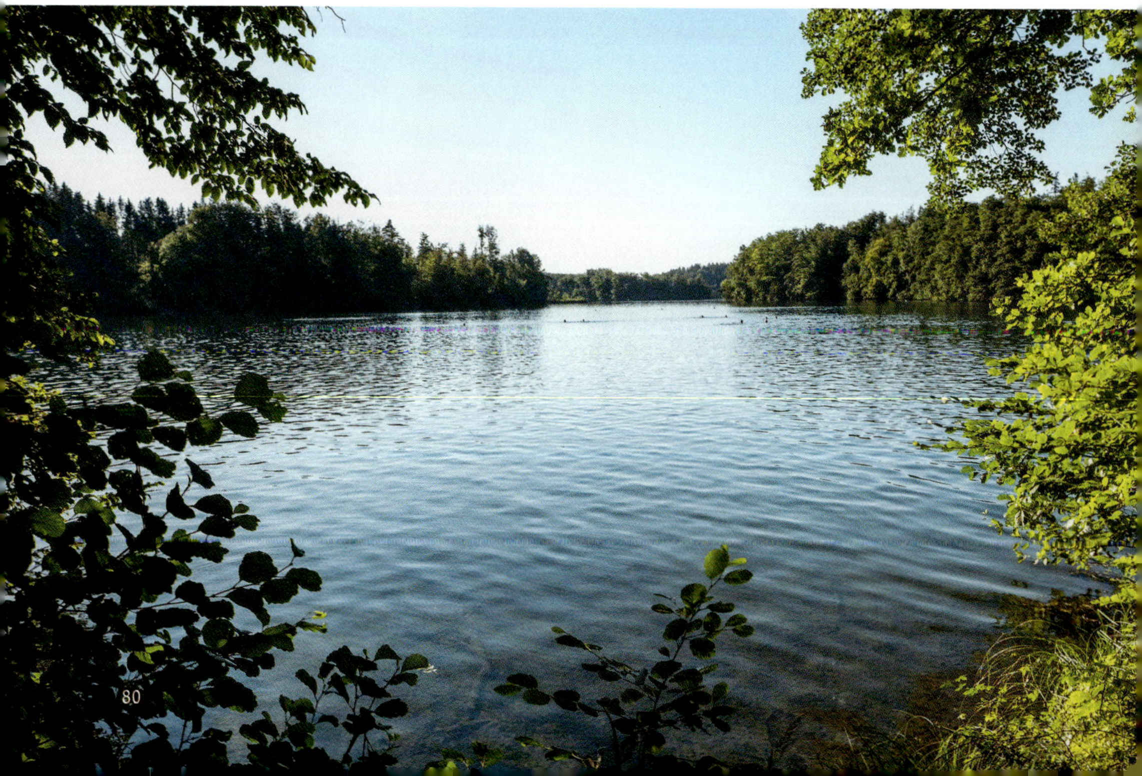

nur die Einheimischen und es geht sehr ruhig und beschaulich zu.
Zwei Leitern erleichtern den Einstieg in den See und ein Schwungseil sorgt für ein bisschen Action. Außerdem machen viele schattenspendende Bäume den Aufenthalt an heißen Sommertagen sehr angenehm. Boote oder Surfbretter dürfen nicht auf den See.

FAZIT Entspannen, wo sich Kühe und Schafe gute Nacht sagen.

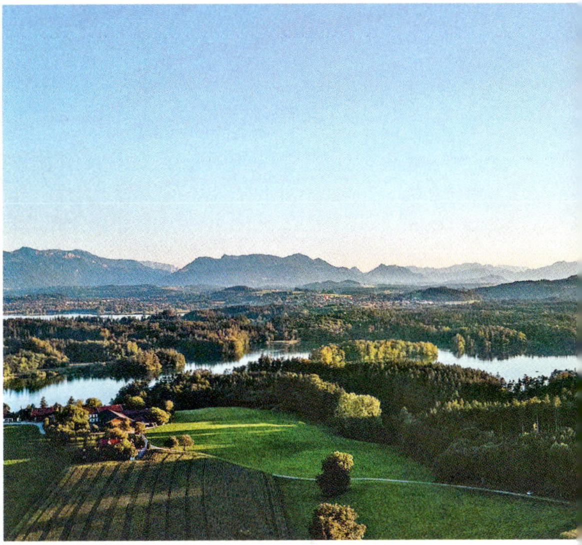

Linke Seite: Das Naturschutzgebiet besticht mit seinen endlosen Weiten.
Oben: Am ein Quadratkilometer großen See gibt es viele kleine Einstiegsstellen.
Unten links: Schwimmer schätzen hier vor allem das klare und saubere Wasser.
Unten rechts: Eine kleine Wiese wurde im Ortsteil Stock inmitten von Kühen und Schafen für Badegäste abgetrennt.

info

Anfahrtstipp Hierher kommt man am besten mit dem Fahrrad.

GPS-Daten Badestelle mit direkter Parkmöglichkeit: 47.895219, 12.361709; Liegewiese: 47.903535, 12.362200

Beste Badezeit Juni bis August

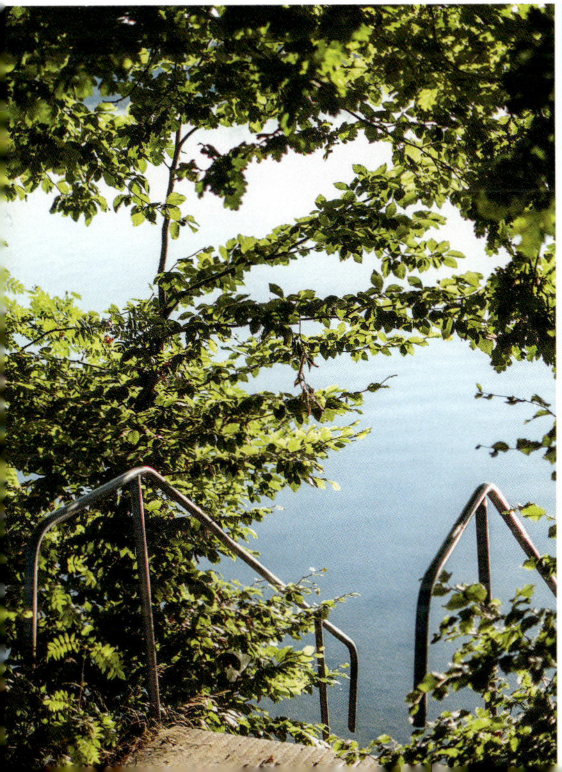

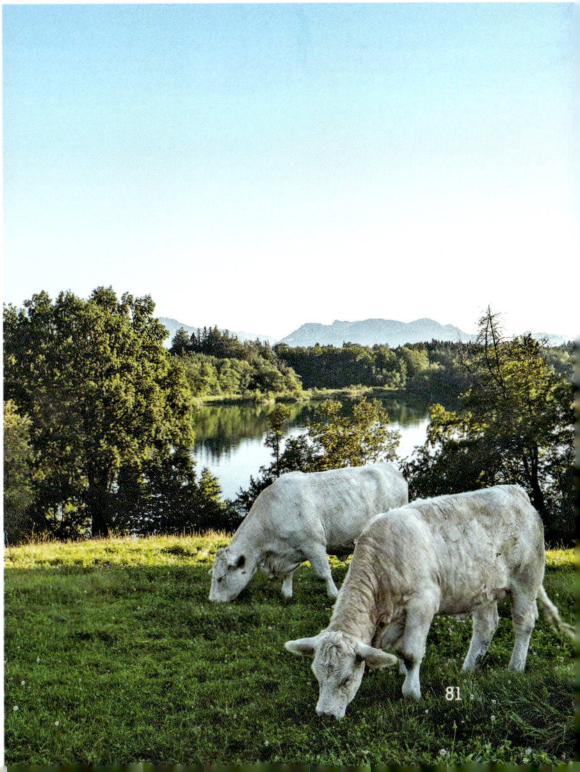

★★★ Wildnisfaktor

★★☆ Familienfreundlichkeit

★☆☆ Erreichbarkeit

26 Reif für die Insel

CHIEMSEE, KRAUTINSEL, GSTADT, OBERBAYERN

Das Bayerische Meer, wie die Bayern den größten See des Freistaates nennen, ist allseits beliebt und gut besucht – nicht ohne Grund, denn der Chiemsee ist stets erfrischend, bietet Panoramaausblicke und viele Strandbäder mit diversen gastronomischen Angeboten. Naturbelassene Fleckchen um den See sind jedoch rar. Aber auf dem See gibt es noch ein Stück unberührte Natur. Dort liegt, den meisten unbekannt, die Krautinsel zwischen der Herren- und der Fraueninsel. Diese Insel wird weder mit dem Schiff angefahren noch ist sie bevölkert. Das Einzige, was man hier findet, ist viel Ruhe – und ein paar Schafe.

Schwimmen zur Krautinsel ist etwas zu weit, aber mit einem fahrbaren Untersatz, wie einem Stand-up-Paddle-Board, einem Ruder- oder einem Tretboot, das vor Ort gemietet werden kann, ist die Insel in etwa 45 Minuten von Gstadt aus erreicht. Sie ist zwar unspektakulär, birgt aber ein paar kleine Badebuchten mit Sand und eine große Wiese zum Niederlassen und Sonnen. Nur mit den Schafen muss man sich die Idylle teilen. Besonders schön ist es, den Sonnenuntergang hier zu genießen.

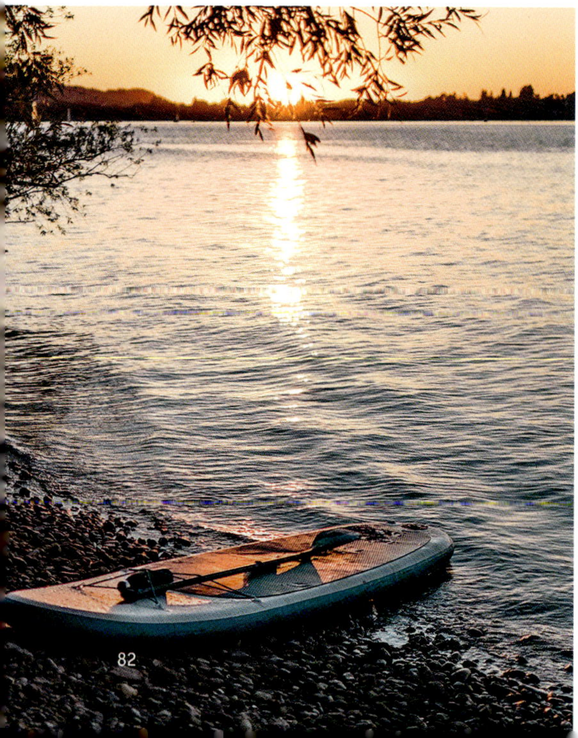

FAZIT Hier wird unspektakulär zu einmalig.

Links: Ein besonderes Highlight ist der Sonnenuntergang auf der Krautinsel.
Rechte Seite: Oben links: Die Insel muss man sich meist nur mit ein paar Schafen teilen. Oben rechts: Die Krautinsel kann mit einem SUP oder Ruderboot in ca. 45 Minuten erreicht werden. Unten: Von der Krautinsel hat man einen herrlichen Blick auf die weltbekannte Fraueninsel.

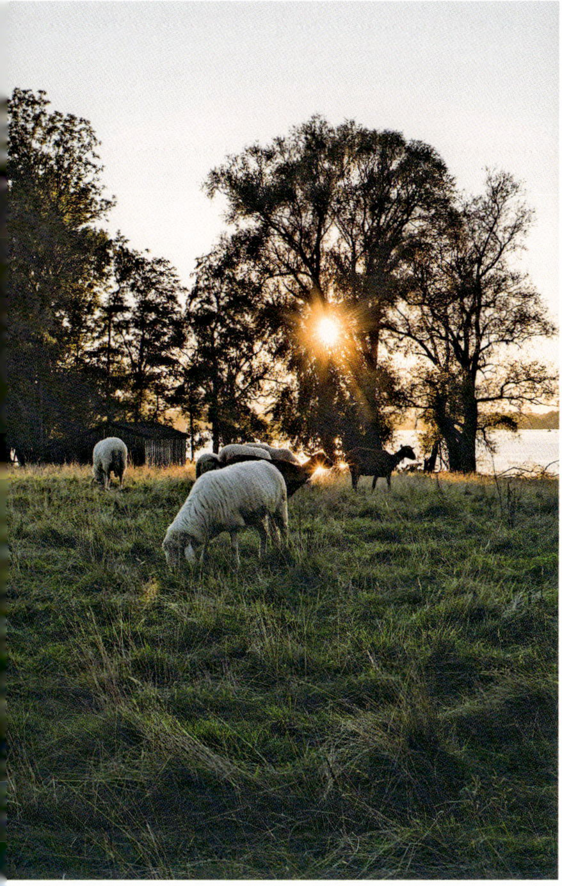

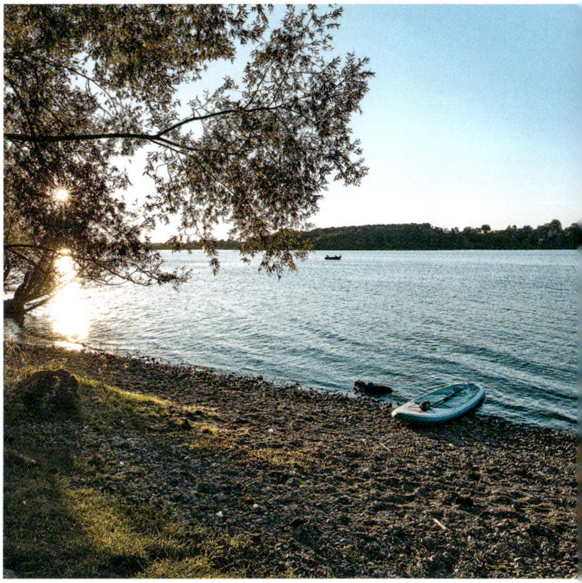

info

Anfahrtstipp Man parkt auf einem der kostenpflichtigen öffentlichen Parkplätze in Gstadt. Von dort ist der Weg zur Krautinsel am kürzesten.

GPS-Daten 47.867776, 12.416748

Beste Badezeit Mai bis September

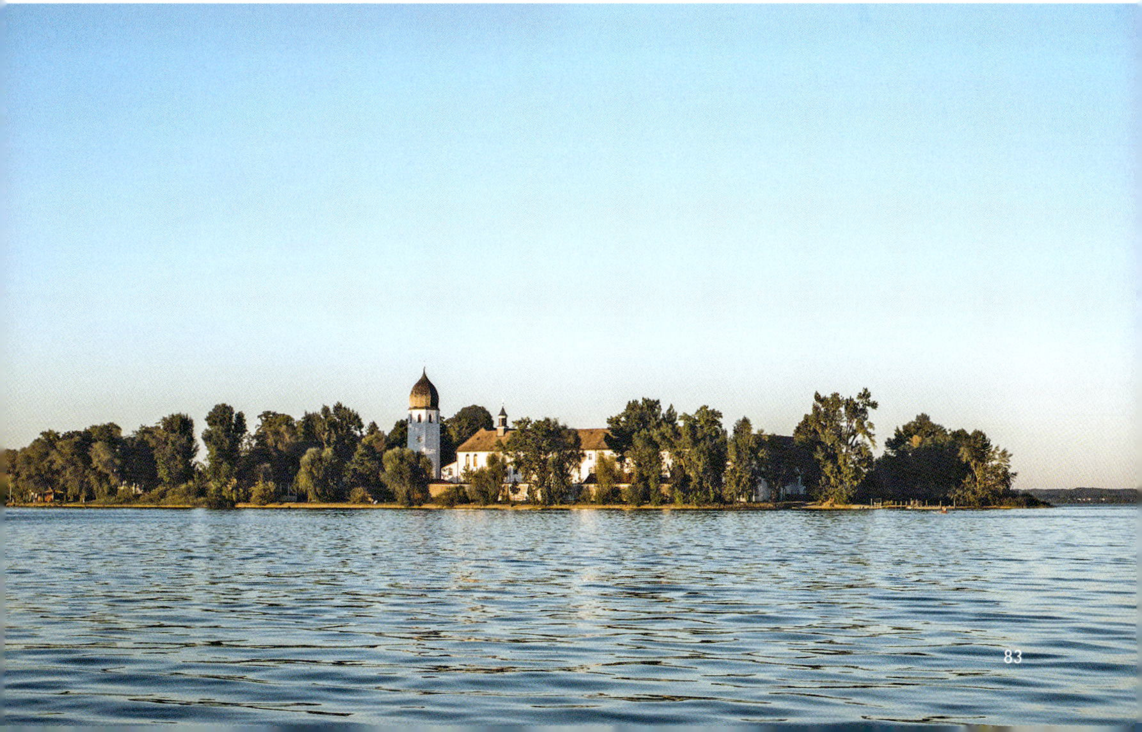

Wildnisfaktor ★☆☆

Familienfreundlichkeit ★★☆

Erreichbarkeit ★★★

27 Treiben lassen

ALZ, LAUFENAU IN ALTENMARKT, OBERBAYERN

Einiges an Action ist in Altenmarkt geboten – denn hier kann man sich nach Lust und Laune in einem kleinen Bach oder Fluss des Naturschutzgebietes Laufenau treiben lassen.
Der Laufenauer Mühlbach hat einen schmalen Bachlauf. Hier springen vor allem Jugendliche gerne hinein und lassen sich vom Ursprung des Baches durch die Strömung ein paar Meter mitziehen. Aber auch an der Alz, die wesentlich breiter und reißender ist, steigen Mutige nach dem Laufenauer Wehr in die Fluten und lassen sich bis kurz vor der Brücke treiben. Je nach Wasserstand ist hier aber Vorsicht geboten.
Etwas konträr zu einem Naturschutzgebiet wirkt das Geschehen auf der großen Liegewiese. Denn statt Ruhe ist hier allerhand geboten: ein Volleyball-Feld, ein Kiosk und im Sommer viele Badegäste. Wem die Liegewiese zu voll ist, der kann sich an der Alz einen

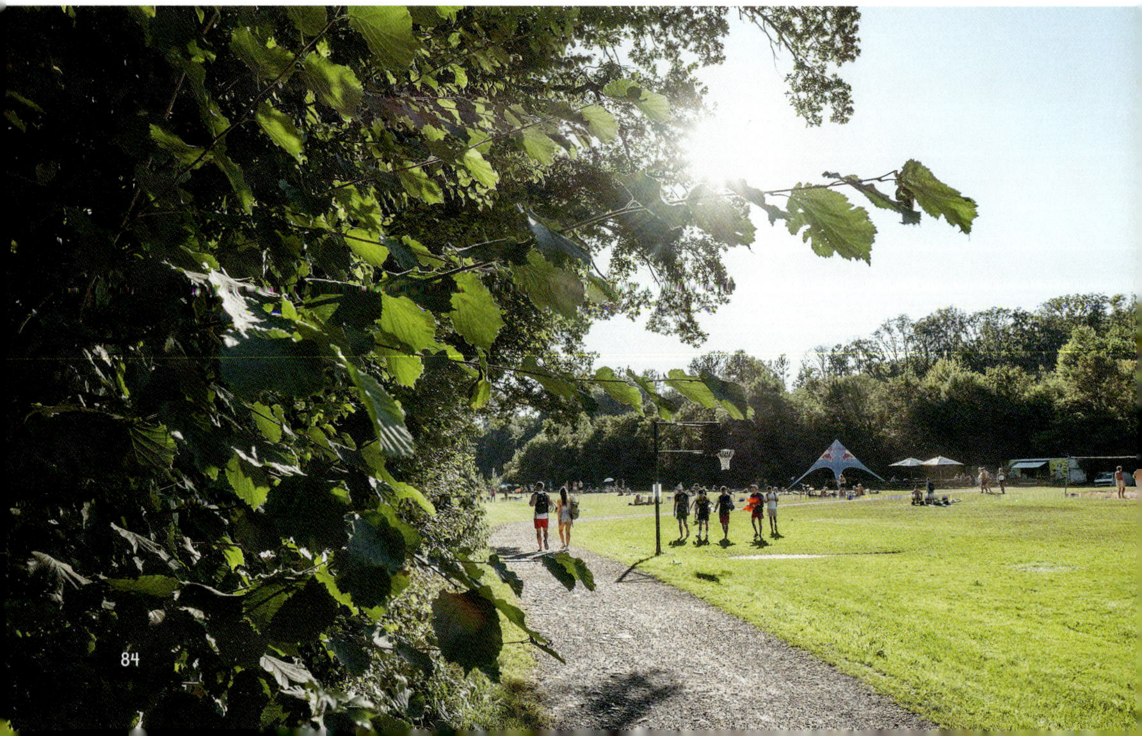

ruhigen Platz im Schatten der Bäume suchen – eigene kleine Badebucht inklusive.

FAZIT Nicht nur sich selbst, sondern auch den Alltagsstress kann man hier treiben lassen.

Achtung Nicht bei Hochwasser, nach Starkregen oder in der Nähe von Schleusen und Wehren schwimmen (mindestens 100 Meter Abstand wahren). Auf gefährliche Unterströmungen achten. Kinder an Flussbadestellen stets beaufsichtigen.

info

Anfahrtstipp Die Laufenauer Straße in Altenmarkt an der Alz führt zum Naturschutzgebiet und zu den Parkmöglichkeiten.

GPS-Daten 47.999377, 12.524247

Beste Badezeit Juni bis August

Linke Seite: Im Naturschutzgebiet Laufenau ist etwas mehr Action als an anderen Wildbadeorten geboten.
Rechts: Wer etwas mehr Ruhe sucht, kann sich an das Ufer der Alz legen.
Unten links: Viel Spaß hat man beim Treibenlassen im Laufenauer Mühlbach.
Unten rechts: Mutige trauen sich auch in die Alz, die weitaus reißender ist.

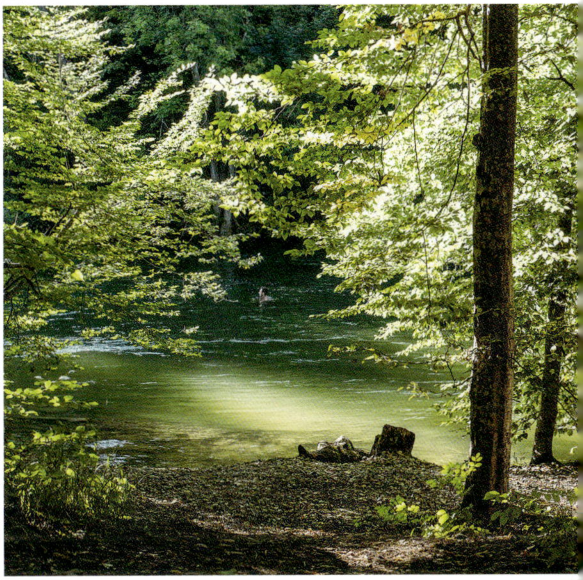

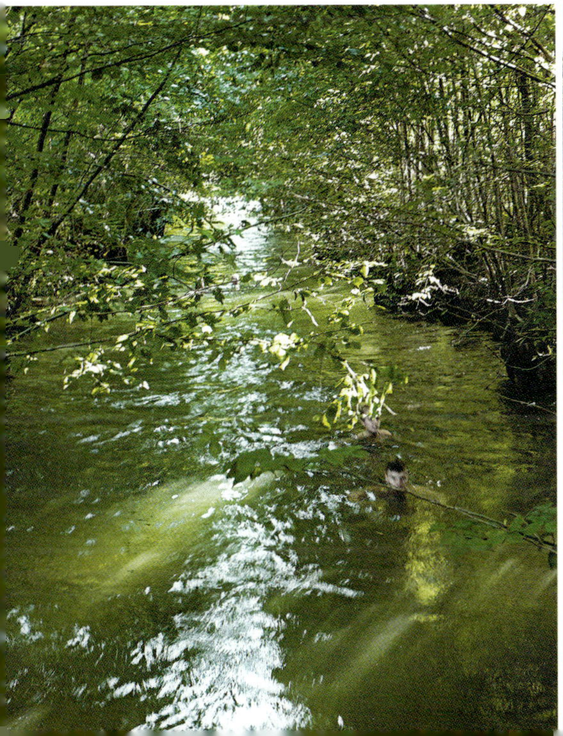

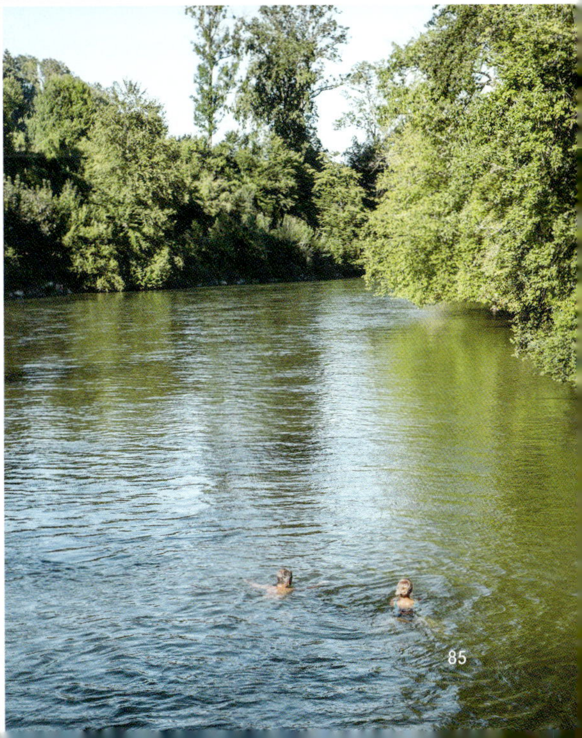

★★★ Wildnisfaktor

★★ Familienfreundlichkeit

★★ Erreichbarkeit

28 Versteckte Gumpe

WEISSBACH, SCHNEIZLREUTH, OBERBAYERN

In einem unscheinbaren Waldstück in der imposanten Umgebung der Chiemgauer Alpen versteckt sich eine Gumpe mit kleinem Wasserfall. Die meisten Wanderer und Mountainbiker übersehen diesen wundervollen Ort, und so kann man hier meist ganz alleine die Ruhe und Natur genießen.

Der eigentliche Besuchermagnet ist die Weißbachschlucht, die sich etwas weiter südlich spektakulär durch die Felsen der Chiemgauer Alpen windet. Doch was nur wenige wissen: folgt man dem Weißbach flussaufwärts Richtung Inzell, findet man in einer versteckten Waldlichtung eine große Gumpe, in die sich ein kleiner Wasserfall ergießt.

Das Wasser der Gumpe ist zwar eisig und nur Hartgesottene trauen sich hinein, der Ort selbst ist jedoch perfekt zum Herunterkommen und Krafttanken.

Am besten plant man hierfür einen Tagesausflug. Vom Hotel Mauthäusl in Schneizlreuth folgt man dem kleinen Pfad, der stets am

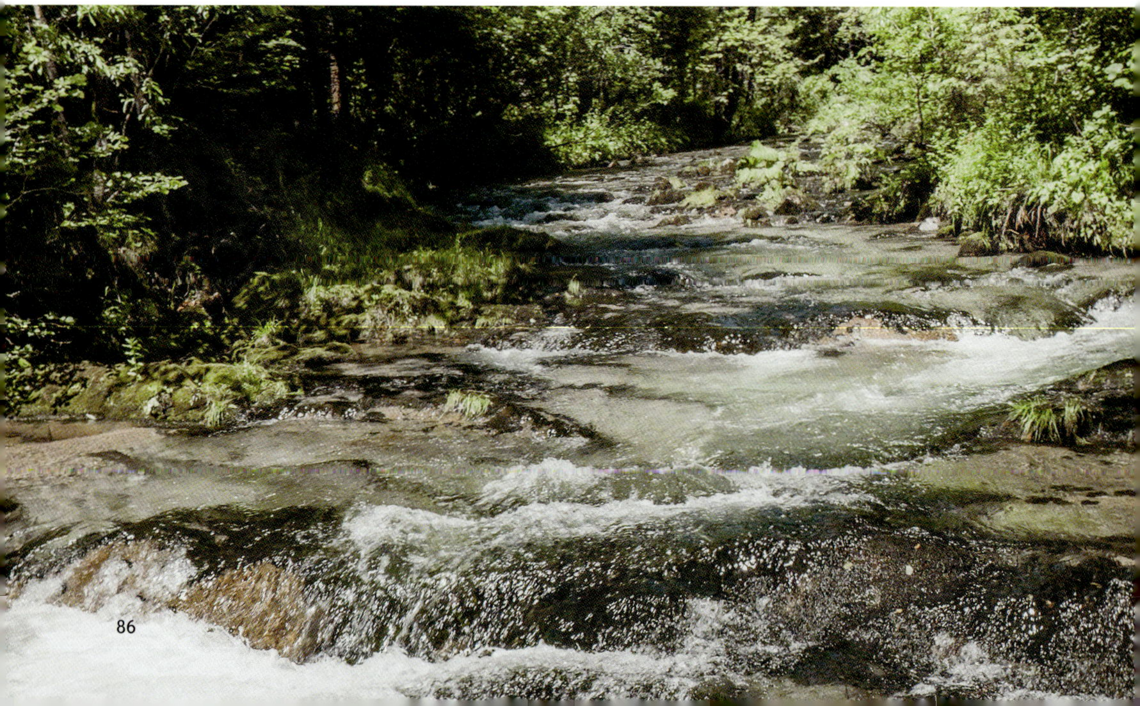

Weißbach entlang verläuft, bis man nach etwa vier Kilometern die Weißbach-Wasserfälle, in denen man nicht baden kann, erreicht hat. Nach einer kurzen Rast folgt man dem Weißbach etwa einen Kilometer weiter bis zur Gumpe an einer Abzweigung auf der rechten Seite.

FAZIT Ein schöner Tagesausflug mit einem unerwarteten Highlight.

Achtung Wasserfälle und Gumpen können lebensbedrohliche Unterströmungen aufweisen. Die Tiefe der Gumpen muss vor dem Baden überprüft werden. Nie bei Hochwasser baden.

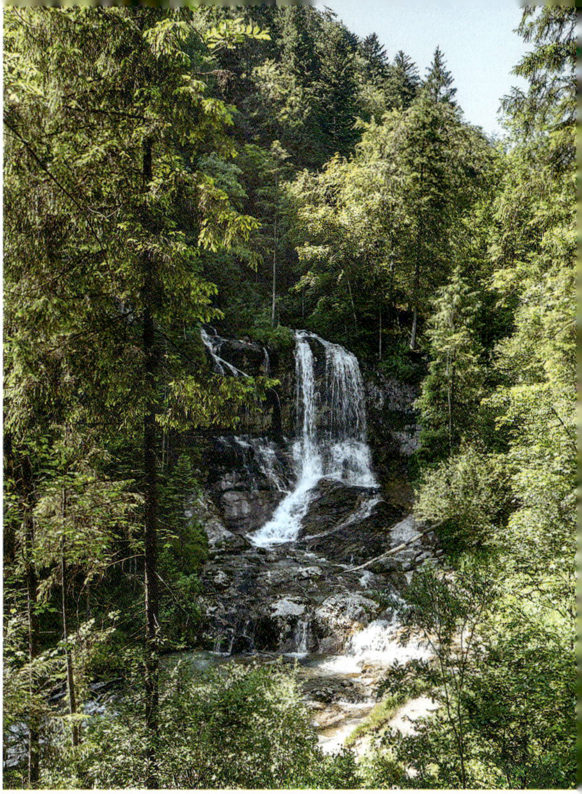

Linke Seite: Der Weißbach schlängelt sich meist gemächlich durch den Chiemgau.
Oben: Ein Highlight der Wanderung sind die Weißbachwasserfälle, in denen man aber nicht baden kann.
Unten links: Gut versteckt in einem unscheinbaren Waldstück, finden diese Gumpe nur Wenige.
Unten rechts: Wilde Blumen und Gräser sind ein ständiger Begleiter auf dieser Wanderung.

info

Anfahrtstipp Man parkt am Wanderparkplatz am Hotel Mauthäusl.

GPS-Daten 47.739717, 12.759796

Beste Badezeit Juli bis August

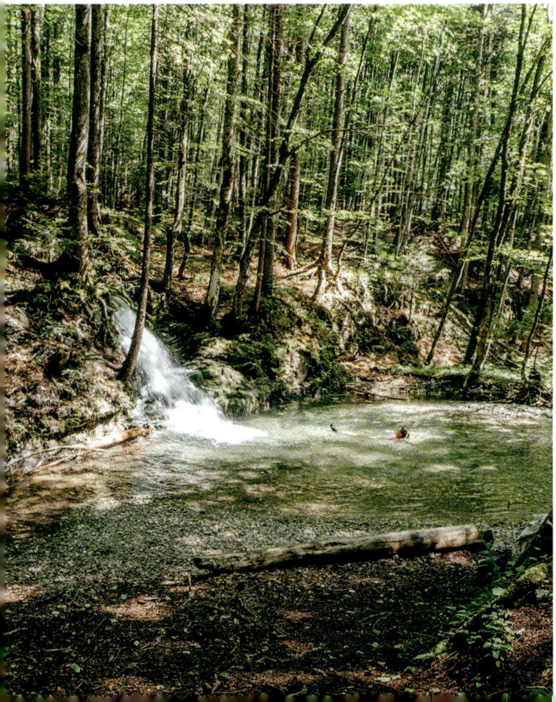

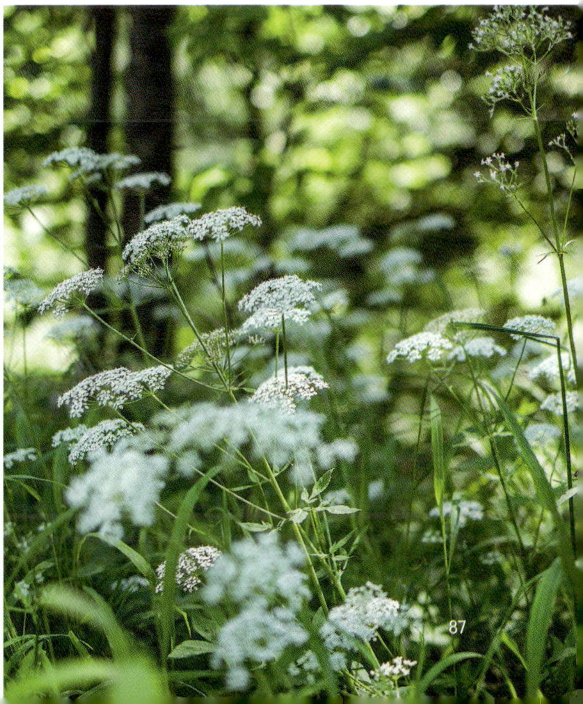

★★★ Wildnisfaktor

★★☆ Familienfreundlichkeit

★★☆ Erreichbarkeit

29 Bilderbuch-Wasserfall

MUSSBACHFALL, SCHNEIZLREUTH, OBERBAYERN

Es gibt wohl keinen so leicht erreichbaren und trotzdem so beeindruckenden Wasserfall in Bayern wie den Mußbachfall. Wie im Bilderbuch ergießt sich der etwa 500 Meter hohe Wasserfall in mehreren Kaskaden in ein perfekt rundes, grün leuchtendes Becken.
Ein kurzer Fußmarsch von 10 Minuten vom Gasthaus Schneizlreuth führt zum Mußbachfall. Die Gumpe bietet sich an heißen Tagen perfekt für eine schnelle Erfrischung an – auch wenn das Wasser sogar im Sommer ziemlich kalt ist. Durch den langsam abfallenden Kiesuntergrund kommt man hier leicht ins Wasser oder kann zumindest die Füße erfrischen. Auch Kinder können hier spielen, da die Gumpe sogleich in den sehr flachen Mußbach übergeht.
Eine kleine Bank lädt zur kurzen Rast am Wasserfall ein. Zum längeren Verweilen ist der Mußbachfall eher nicht geeignet. Man

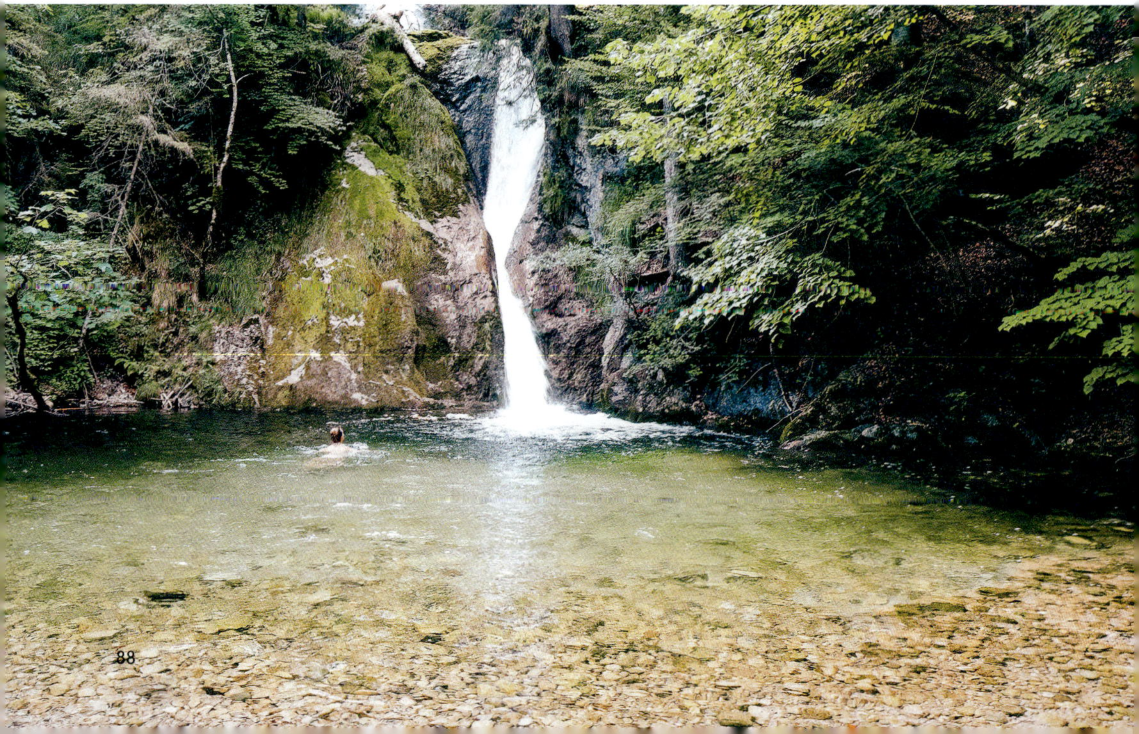

kann ein Bad im Wasserfall jedoch auch mit einer Wanderung in der Umgebung, zum Beispiel zum 600 Meter hohen Steinpass, verbinden.

FAZIT Erstaunlich, wie einfach man in diesen Wasserfall-Genuss kommt.

Achtung Wasserfälle und Gumpen können lebensbedrohliche Unterströmungen aufweisen. Die Tiefe der Gumpen muss vor dem Baden überprüft werden. Nie bei Hochwasser baden.

info

Anfahrtstipp Man parkt am Gasthaus Schneizlreuth – als Dank freuen sich die Gastgeber über eine Einkehr.

GPS-Daten 47.678882, 12.785309

Beste Badezeit Juli bis August

Linke Seite: Wie im Bilderbuch ergießt sich der Mussbachfall in mehreren Kaskaden in die Tiefe.
Rechts: Ein idyllischer Wanderweg führt zum Wasserfall.
Unten links: Am seichten Kiesufer können auch Kinder unbeschwert spielen.
Unten rechts: Nicht nur der Wasserfall, sondern auch das einmalige Chiemgauer Voralpenland beeindrucken.

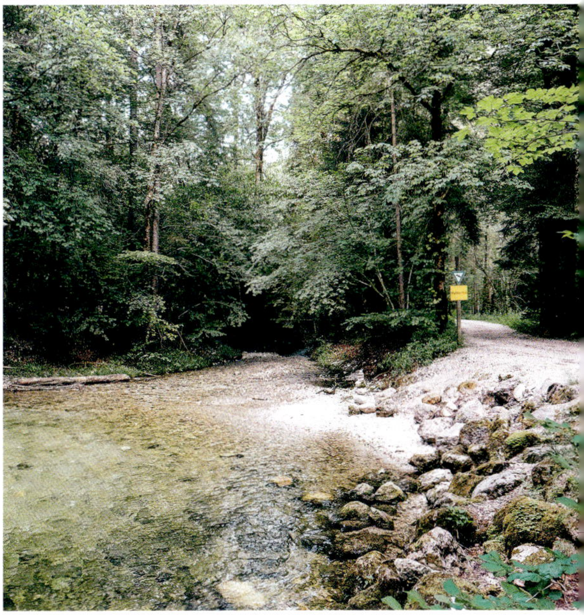

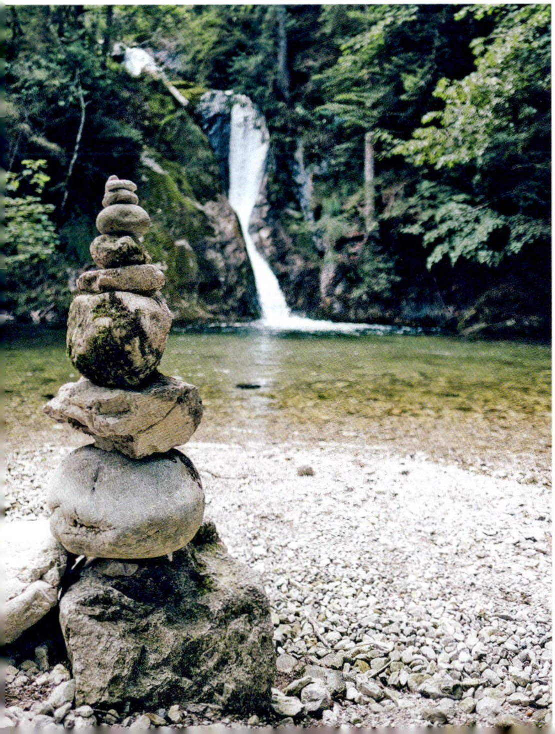

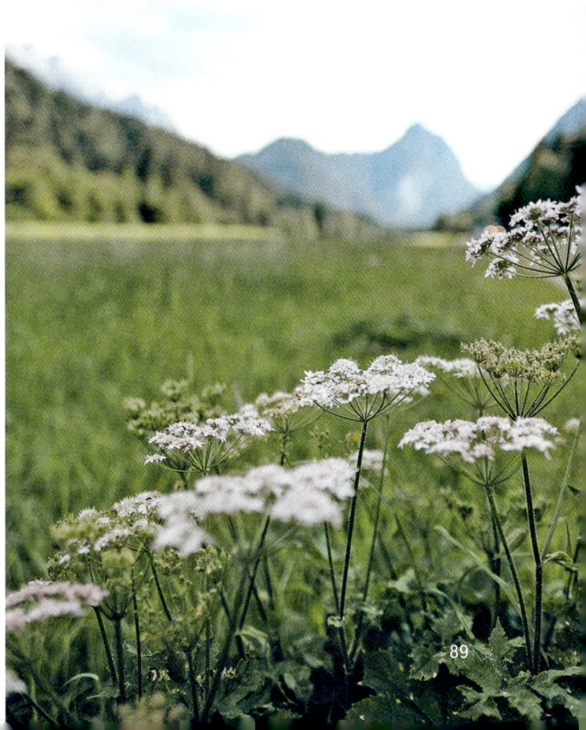

★★★ Wildnisfaktor

★★★ Familien-freundlichkeit

★★★ Erreichbarkeit

30 Warme Naturbadeseen

WEITSEE, MITTERSEE, LÖDENSEE, REIT IM WINKL UND RUHPOLDING, OBERBAYERN

Was gibt es schöneres, als schon im Frühling an einem der ersten warmen Tage des Jahres ein paar Züge im See zu schwimmen und die ersten Sonnenstrahlen aufzusaugen? Am Seen-Trio Weitsee, Mittersee und Lödensee ist dies möglich. Denn aufgrund der geringen Tiefe sind diese schon früh im Jahr relativ warm zum Baden.

Die Seen liegen malerisch eingebettet in den Chiemgauer Alpen zwischen Ruhpolding und Reit im Winkl. In dem Naturschutzgebiet ist das Baden an ausgewiesenen Stellen an allen drei Seen erlaubt. Sie sind komplett naturbelassen und bieten viel Platz zum ausgiebigen Baden, Sonnen, Picknicken und Entspannen. SUPs sind auch erlaubt. Zudem weisen die Seen eine hervorragende Wasserqualität auf. Der Weitsee ist mit seiner großen Liegewiese am östlichen Ufer der meistbesuchte der drei Seen. Etwas beschaulicher geht es meist am

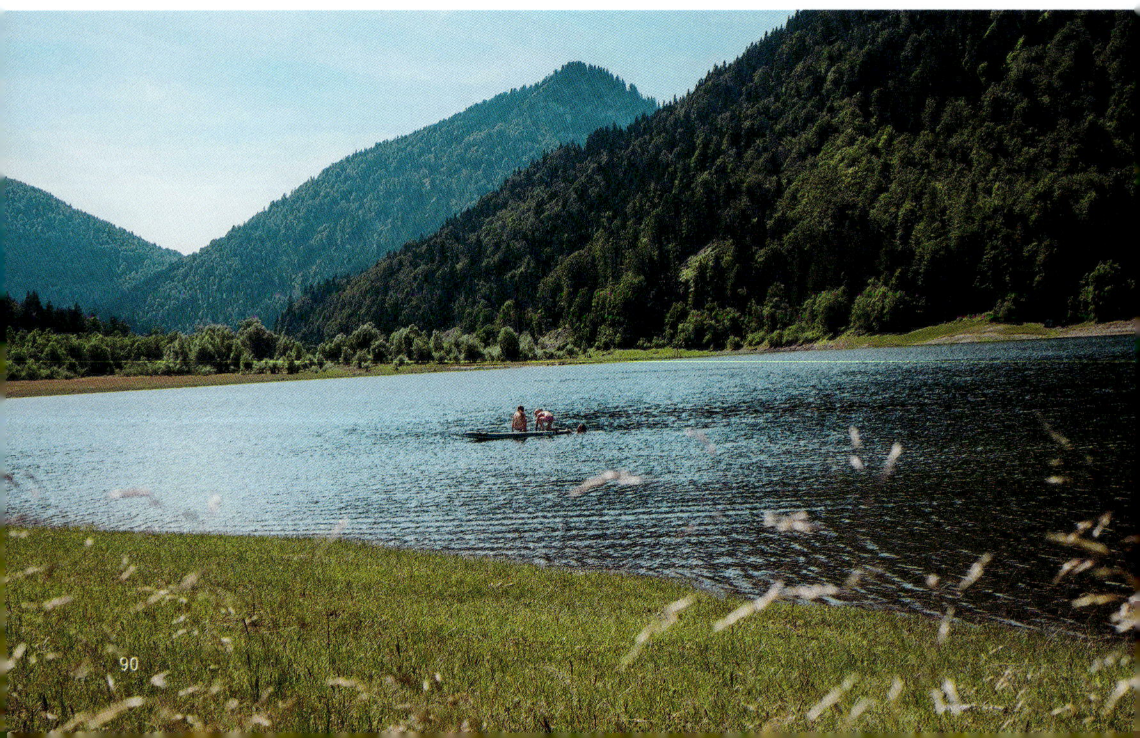

Mittersee und am Lödensee zu. Die Wiesen um diese beiden Seen, die miteinander verbunden sind, dienen im Sommer als Weidefläche für Kühe – diese fühlen sich aber von Badegästen nicht gestört.
Da die Parkmöglichkeiten an den drei Seen sehr begrenzt sind, kann man auch von Reit im Winkl über den Wanderweg Nr. 7 zu den Seen wandern.

FAZIT Was für ein beeindruckendes Seen-Trio!

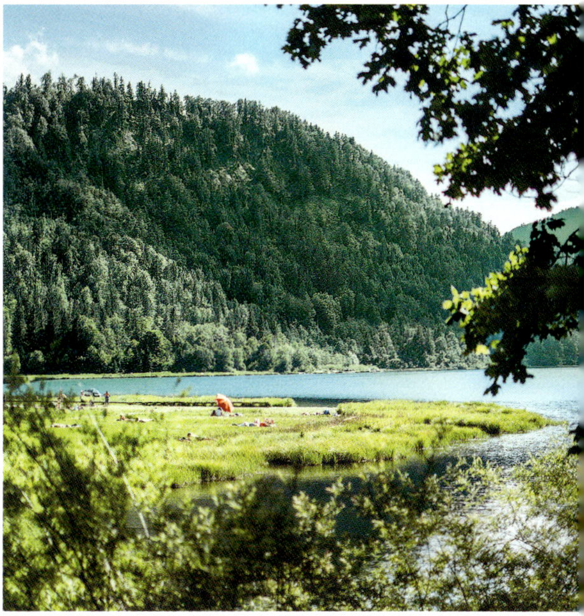

Linke Seite: Malerisch eingebettet in den Chiemgauer Alpen liegt das Seen-Trio Weitsee, Mittersee und Lödensee.
Oben: Der Weitsee ist mit seiner großen Liegewiese der meistbesuchte der drei Seen.
Unten links: Der Mittersee dient gleichzeitig als Weidefläche.
Unten rechts: Im klaren Zufluss des Weitsees kann man Fische, die scheinbar im Wasser stehen, beobachten.

info

Anfahrtstipp Entlang der B 305 gibt es mehrere Parkbuchten fußläufig von den Seen entfernt.

GPS-Daten 47.686990, 12.572745

Beste Badezeit Mai bis September

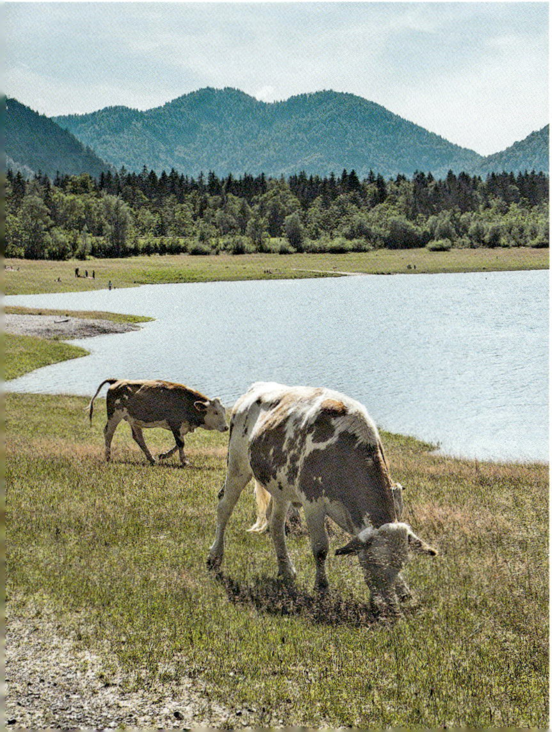

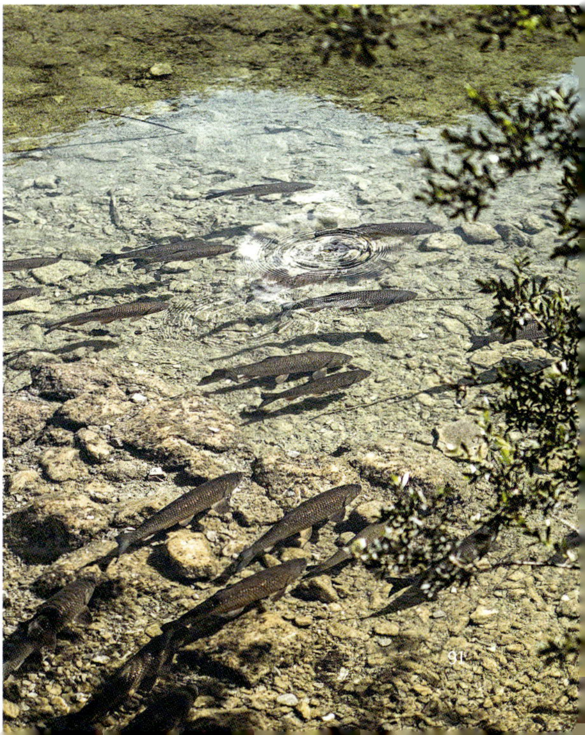

★★☆ Wildnisfaktor

★★★ Familienfreundlichkeit

★★★ Erreichbarkeit

31 Afterwork-Schwimmen

KREUTSEE, KIEFERSFELDEN, OBERBAYERN

Ruhig gelegen in der atemberaubenden Kulisse des Mangfallgebirges präsentiert sich der kleine, runde Baggersee in Kiefersfelden. Besonders schön wird es hier in den Abendstunden, wenn die Sonne langsam hinter den umliegenden Gipfeln verschwindet und das gesamte Tal mit dem See in eine ganz besondere Atmosphäre getaucht wird.
Die Wassertemperatur ist sehr angenehm und es gibt einen kleinen Wiesenstreifen um den See sowie eine Bank, die zum Verweilen und Ausspannen einladen.

Während Wassersport-Fans zum nahegelegenen Hödenauersee fahren, bleibt der Kreutsee meist den Ruhesuchenden überlassen. Der kleine Baggersee ist zwar unterhalb der Hauptstraße gelegen, von dem Straßenlärm bekommt man aber aufgrund des Baumbewuchses nicht viel mit. Dafür kann man direkt mit dem Auto hinfahren.

FAZIT Ein wunderbarer kleiner Baggersee.

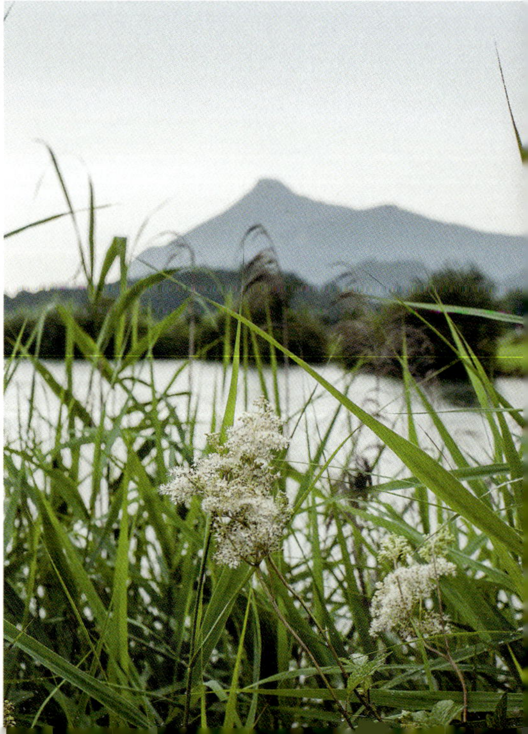

Rechts: Der Kreutsee ist von Wildblumen, Schilf und Büschen umrahmt.
Rechte Seite:
Oben links: Friedlich liegt der See inmitten der atemberaubenden Kulisse des Mangfallgebirges.
Oben rechts: Eine Bank lädt zum Verweilen und Ruhe genießen ein.
Mitte: Der runde Baggersee ist abseits von bekannteren Seen in der Umgebung gelegen.
Unten: Zu den Abendstunden bietet sich eine beeindruckende Spiegelung auf der Wasseroberfläche.

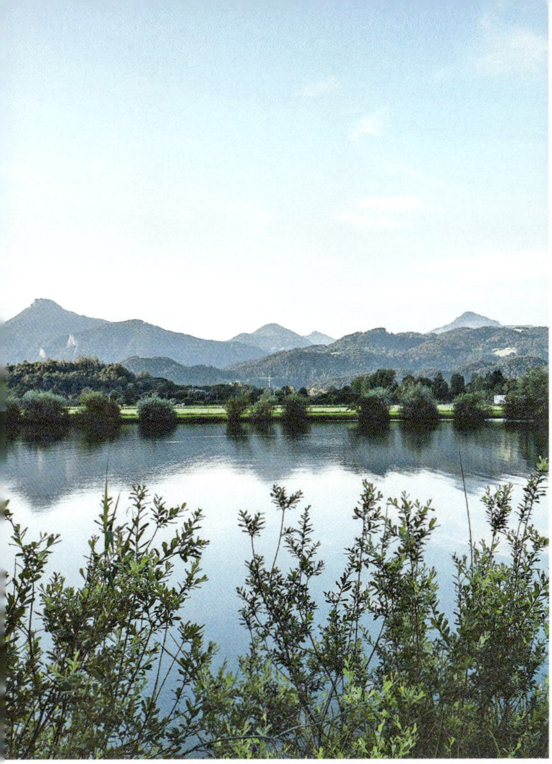

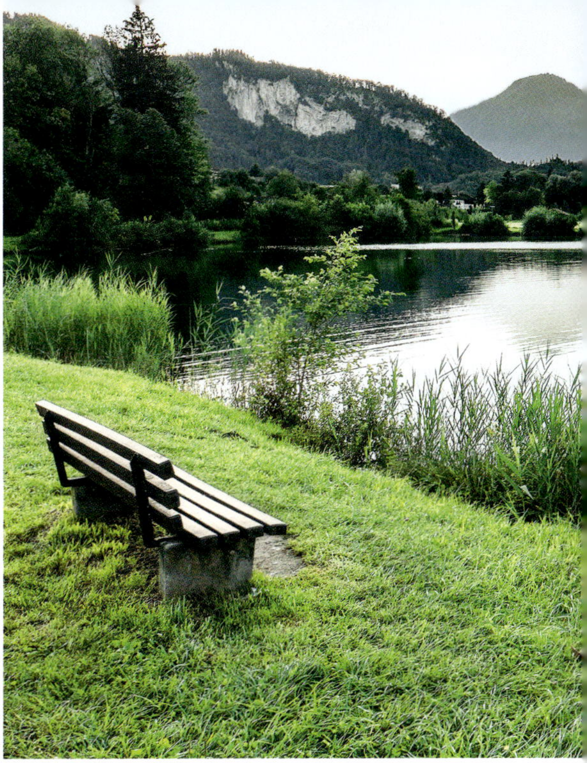

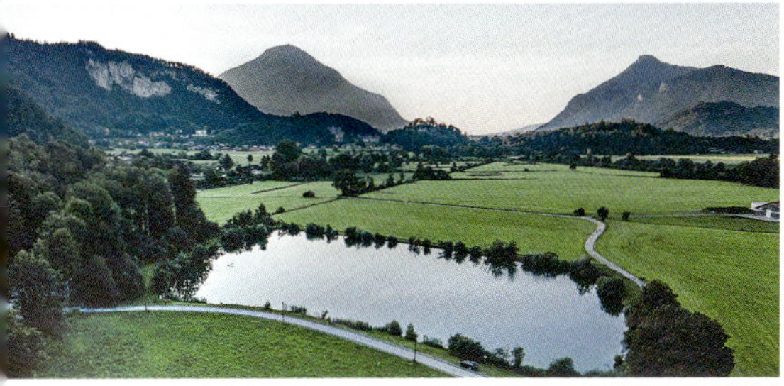

info

Anfahrtstipp Der Kreutsee kann direkt angefahren werden und bietet einen kleinen Parkplatz unten am Berg.

GPS-Daten 47.627099, 12.184136

Beste Badezeit Mai bis September

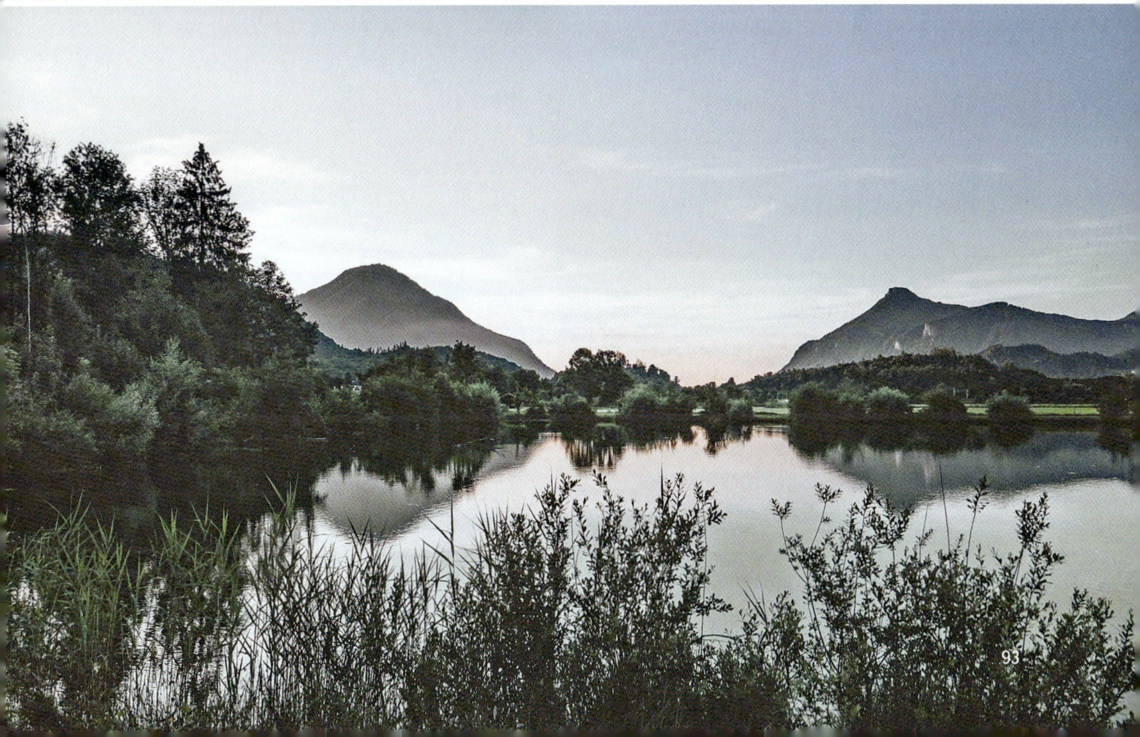

★★★ Wildnisfaktor

★★☆ Familienfreundlichkeit

★☆☆ Erreichbarkeit

32 Wanderglück pur

SOINSEE, BAYRISCHZELL, OBERBAYERN

Der Soinsee ist ein kleiner, spektakulär gelegener Bergsee auf knapp 1500 Metern Höhe im Mangfallgebirge. Hinter ihm ragen die Felswände der Ruchenköpfe imposant in die Höhe. Das Wasser des Sees ist zwar kalt, aber trotzdem lassen es sich viele Wanderer nicht nehmen, im Sommer hineinzuspringen.
Ein kleiner Wiesenstreifen entlang des Ufers sowie ein paar Felsbrocken laden zur gemütlichen Rast und an einem heißen Sommertag auch zum längeren Verweilen ein.
Man erreicht den See entweder über eine Wanderung von Bayrischzell über die Auerspitz, welche sehr empfehlenswert und abwechslungsreich ist. Oder etwas abgekürzt in etwa zwei Stunden auf einem Forstweg. Am Ende mündet dieser in einen kleinen Wanderpfad, der sich malerisch durch Wiesen und Felsen bis zum See schlängelt.

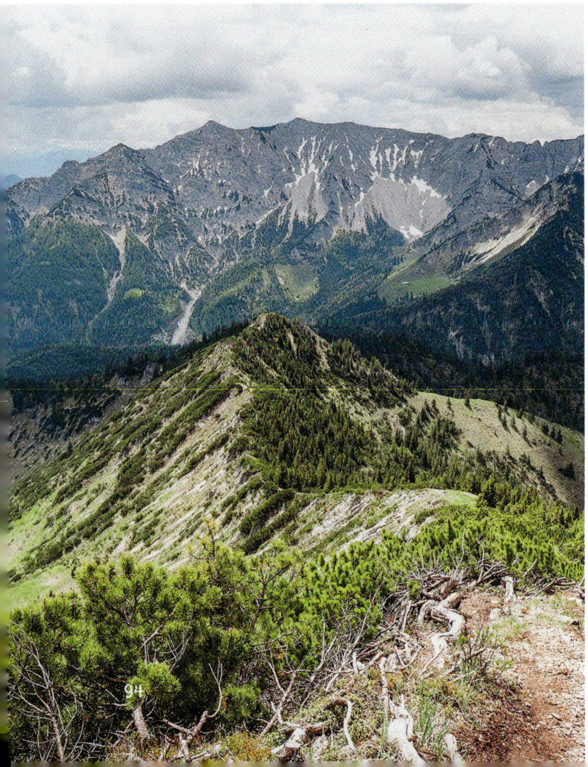

FAZIT Nicht nur der Bergsee, sondern auch die abwechslungsreiche Wanderung beeindrucken.

Links: Bereits der Ausblick von der Auerspitz auf dem Weg zum See versetzt einen ins Staunen.
Rechte Seite: Oben: Im Frühling begleiten der blaue Enzian und viele weitere Wildblumen den Weg.
Mitte links: Die Wanderung zum See ist herrlich abwechslungsreich.
Mitte rechts: Man passiert malerisch gelegene Almen und genießt atemberaubende Ausblicke.
Unten: Hinter dem kleinen Soinsee ragen die Ruchenköpfe imposant in die Höhe.

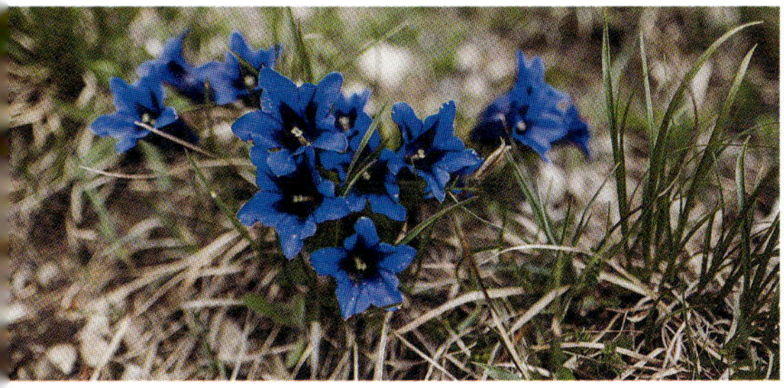

info

Anfahrtstipp Beide Wanderungen starten am Parkplatz des Sillberghauses in Bayrischzell.

GPS-Daten 47.650407, 11.958057

Beste Badezeit Juli bis August

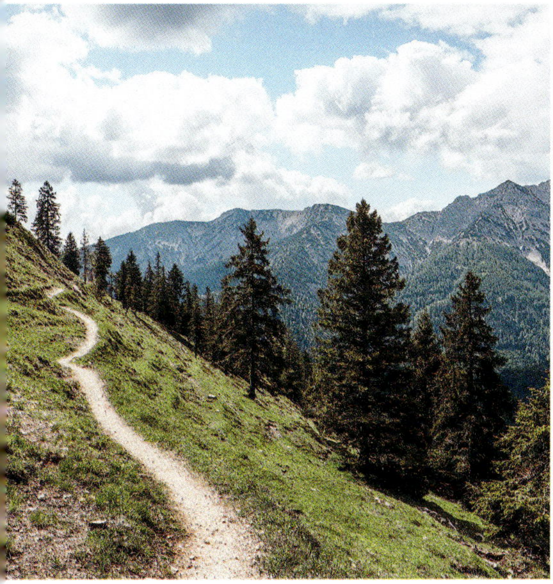

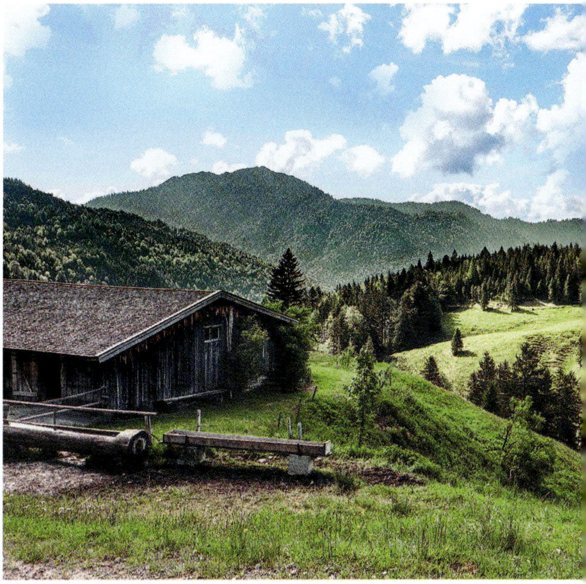

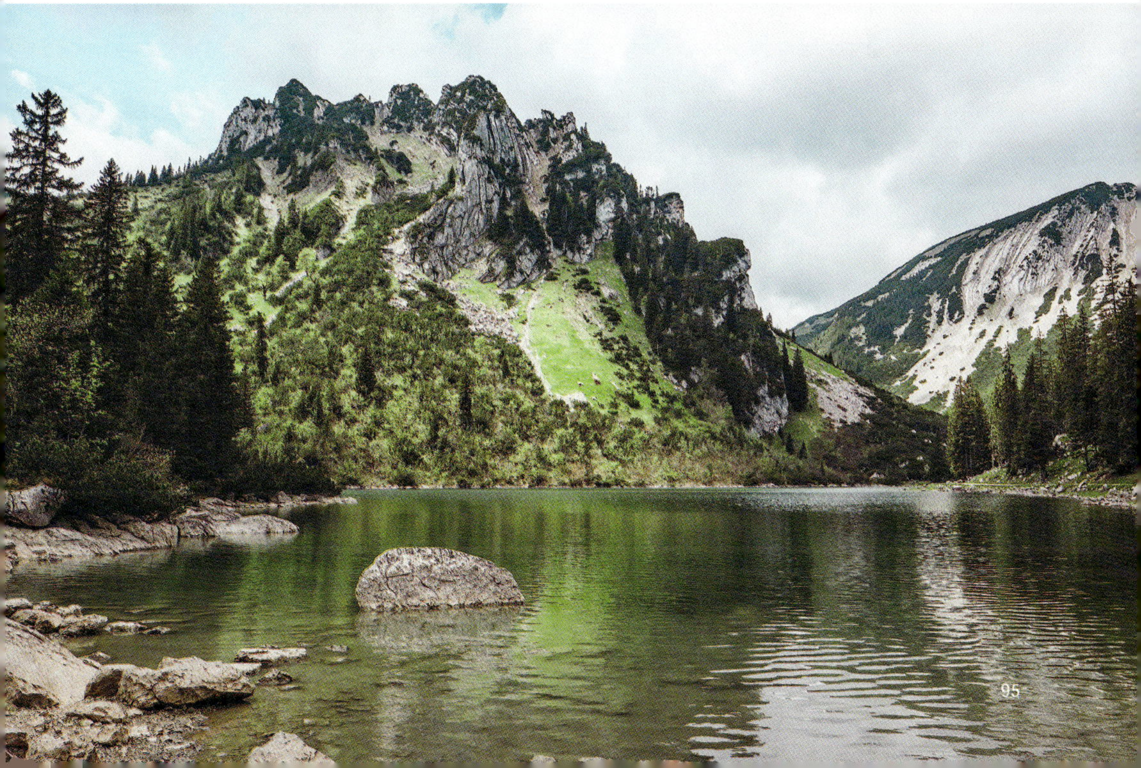

★★★ Wildnisfaktor

★★★ Familienfreundlichkeit

★★☆ Erreichbarkeit

33 Mit lautem Getöse

FELSWEISSACH, WOLFSSCHLUCHT BEI WILDBAD KREUTH, OBERBAYERN

Die Wolfsschlucht mit ihren zwei eindrucksvollen Wasserfällen ist wie ein großer Wassererlebnispark. Es gibt einiges zu entdecken. Die Wanderung durch die Schlucht ist ein echtes Abenteuer, denn man muss mehrmals die Felsweißach überqueren (unbedingt wasserfeste Wanderschuhe tragen!). Mal ist diese ganz flach und ruhig, mal formen sich große und kleine Gumpen. Doch das Highlight sind die beiden Wasserfälle am Ende der Schlucht, die sich in mehreren Kaskaden ins Tal stürzen.

An heißen Sommertagen bieten sich hier viele Möglichkeiten zur Erfrischung: Man kann die Füße in die Felsweißach tauchen, Mutige trauen sich unter die eiskalte Dusche des kleinen oder großen Wasserfalls und zudem bieten sich ein paar Gumpen für ein Eisbad an. Die Wolfsschlucht ist aufgrund der einfachen Erreichbarkeit und kurzweiligen

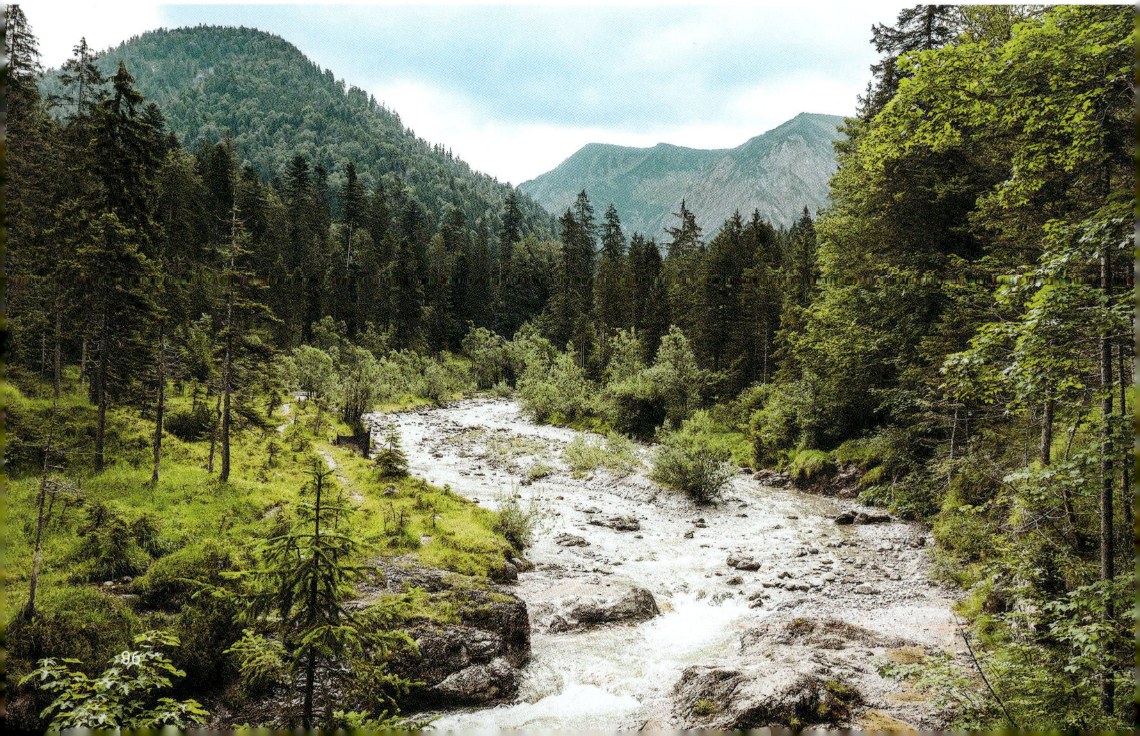

Wanderung zu den Wasserfällen zwar kein Geheimtipp mehr, bleibt aber dennoch ein Paradies für Wildbader und Wasserfall-Fans. Nach der Wanderung lädt die Almwirtschaft Siebenhütten zur Einkehr ein.

FAZIT Ein wilder Wassererlebnispark.

Achtung Wasserfälle und Gumpen können lebensbedrohliche Unterströmungen aufweisen. Die Tiefe der Gumpen muss vor dem Baden überprüft werden. Nie bei Hochwasser baden.

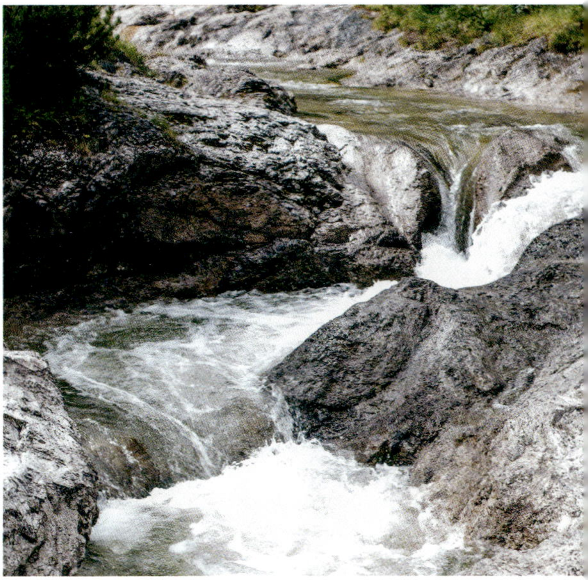

Linke Seite: Die Felsweissach windet sich atemberaubend durch die Wolfsschlucht.
Rechte Seite: Oben: Viele steinerne Badewannen laden zur Erfrischung ein.
Unten links: Das Highlight sind die beiden Wasserfälle am Ende der Schlucht.
Unten rechts: Das Wasser ist zwar eiskalt, aber an heißen Sommertagen eine willkommene Abkühlung.

info

Anfahrtstipp Man parkt am kostenpflichtigen Siebenhüttenparkplatz in Kreuth. Zu den Wasserfällen wandert man etwa 45 Minuten.

GPS-Daten 47.594517, 11.742786

Beste Badezeit Juli bis August

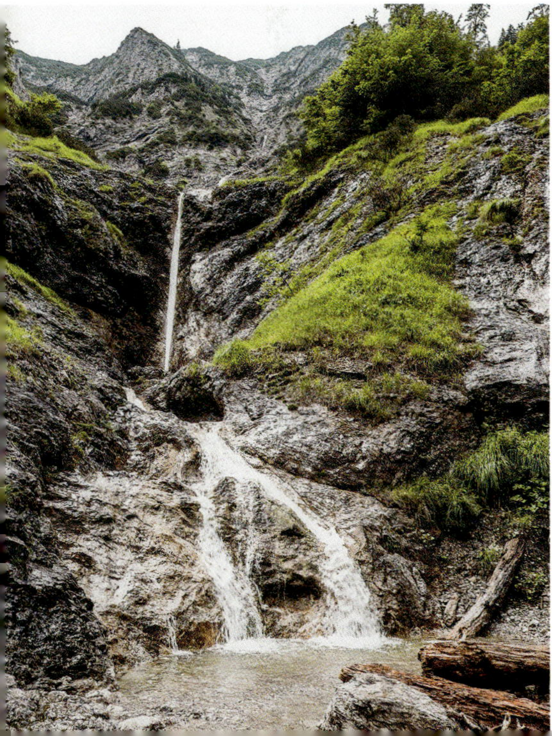

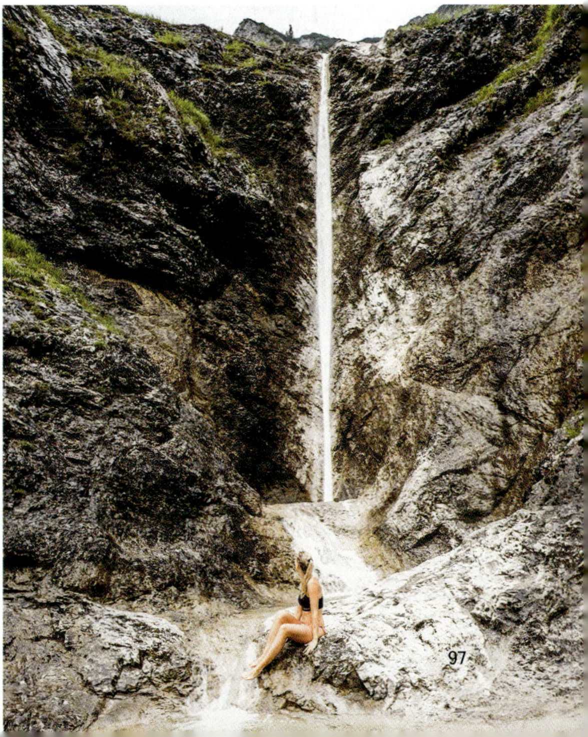

★★★ Wildnisfaktor

★ Familienfreundlichkeit

★★ Erreichbarkeit

34 Kleine Ruheoase

WALCHEN, LENGGRIES, OBERBAYERN

Eine Oase der Ruhe, eine einmalige Landschaft und klares Wasser zum Treibenlassen oder Schwimmen warten in der Nähe des Sylvensteinspeichers vor der Walchenklamm. Die Walchenklamm selbst ist tosend, reißend und windet sich spektakulär durch die Felsen. Hier zu schwimmen wäre lebensgefährlich und ist verboten. Aber nur wenige Hundert Meter vor der Klamm gibt es eine kleine Lichtung, die so ganz anders ist, als was darauf folgt. Eine kleine Oase mit einem Kiesstrand steht zum Baden, Plantschen oder Sonnen bereit. Aber auch für Bahnenschwimmer ist diese Badestelle interessant. Unmittelbar nach der Oase folgt ein tiefer, ruhiger Abschnitt der Walchen, der Markgraben, der einem See ähnelt und ausgiebiges Schwimmen zulässt. Man sollte jedoch unbedingt auch die Klamm selbst besuchen. Von der Oase aus läuft man über die Fußgängerbrücke über die Walchen

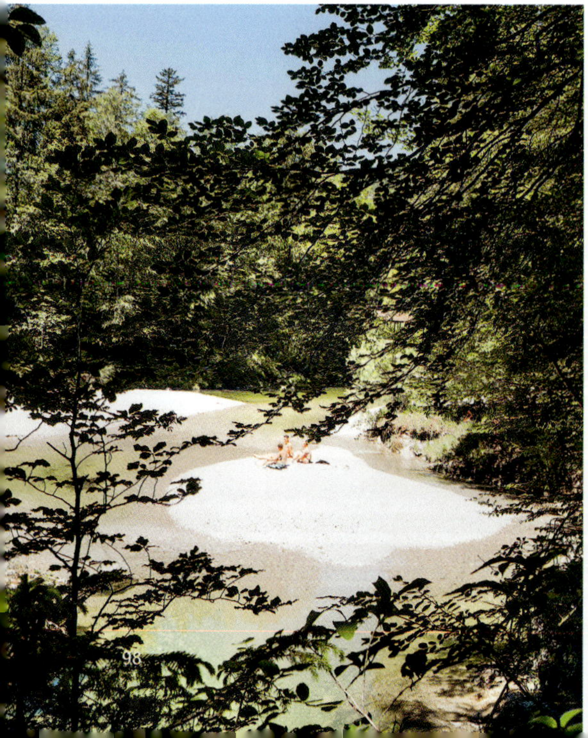

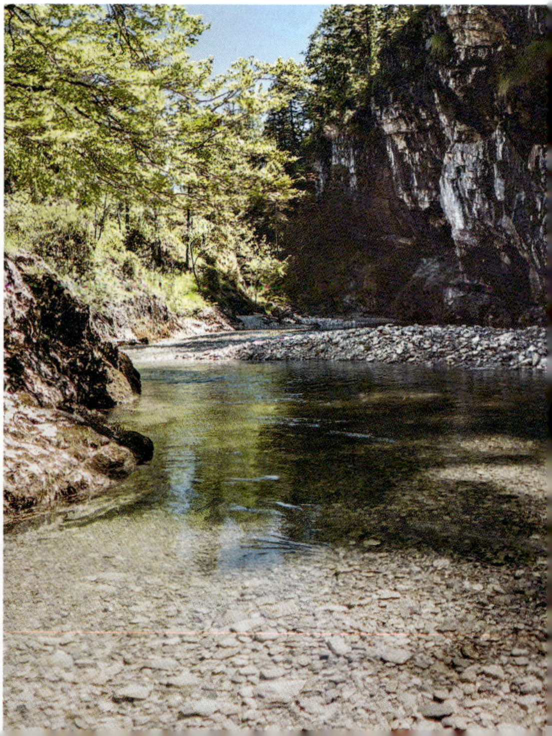

und wandert etwa 20 Minuten zur Walchenklamm.

FAZIT Was für ein idyllischer Ort, den die meisten nur passieren.

Achtung Nicht bei Hochwasser, nach Starkregen oder in der Nähe von Schleusen und Wehren schwimmen (mindestens 100 Meter Abstand wahren). Auf gefährliche Unterströmungen achten. Kinder an Flussbadestellen stets beaufsichtigen.

Linke Seite: Links: Nur unweit der Straße tut sich eine einmalige Oase mit Kiesstrand und seichtem, türkisem Wasser auf.
Rechts: Glasklar und sanft fließt der Walchen durch die kleine Oase.
Diese Seite: Rechts: Lohnenswert ist auch der Besuch der spektakulären Walchenklamm, in der man jedoch nicht baden kann.
Unten: Gleich neben der Oase kann man im tieferen Wasser seine Bahnen ziehen.

info

Anfahrtstipp An der B 307 nach dem Sylvensteinspeicher befindet sich ein Parkplatz auf der rechten Seite. Der Weg zur Walchenklamm startet hinter einer Schranke mit der Beschilderung Richtung Demeljoch.

GPS-Daten 47.583255, 11.601762

Beste Badezeit Juni bis August

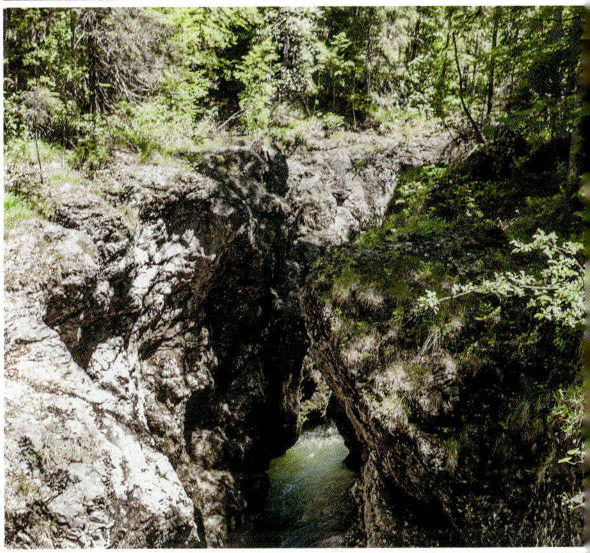

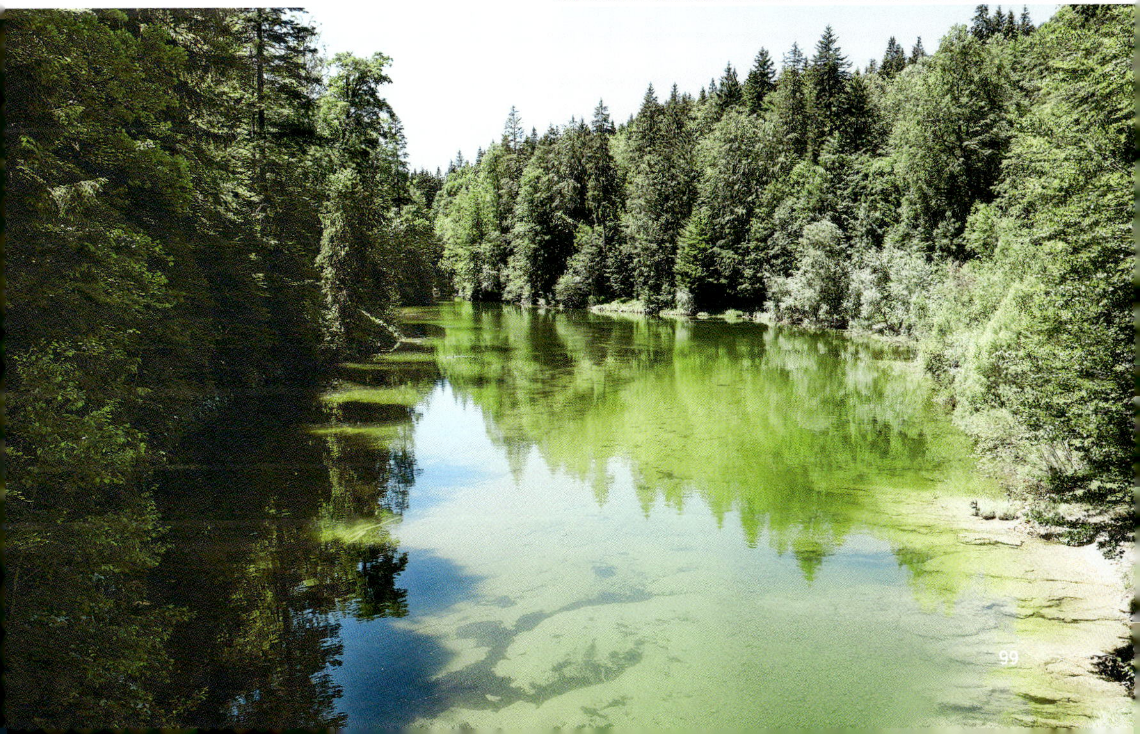

★★★ Wildnisfaktor

★★★ Familien-freundlichkeit

★★☆ Erreichbarkeit

35 Ein Traum in Türkis

SYLVENSTEINSPEICHER, LENGGRIES, OBERBAYERN

Türkisblaues Wasser, eine grandiose Kulisse und atemberaubende Ausblicke charakterisieren den Sylvensteinspeicher. Und das Beste: Er ist ein weitgehend unterschätzter Badesee.

Anders als die meisten großen Seen im Landkreis Bad Tölz ist der Sylvensteinspeicher an heißen Sommertagen nicht überlaufen. Dies mag an dem stets frischen Wasser liegen, denn der See wird aus der Isar gespeist. Aber die Aussicht auf die bayerischen Voralpen, das glasklare und sehr saubere Wasser sowie die Ruhe machen dies mit links wieder wett. Abgesehen von der charakteristischen Faller-Klamm-Brücke ist der Sylvensteinspeicher komplett unverbaut. Es gibt kein Restaurant oder Ähnliches direkt am See – somit ist er ein herrlicher Ort zum Wildbaden. Direkt an der Brücke befinden sich sowohl auf der Stausee- als auch auf der Isarseite Grünstrei-

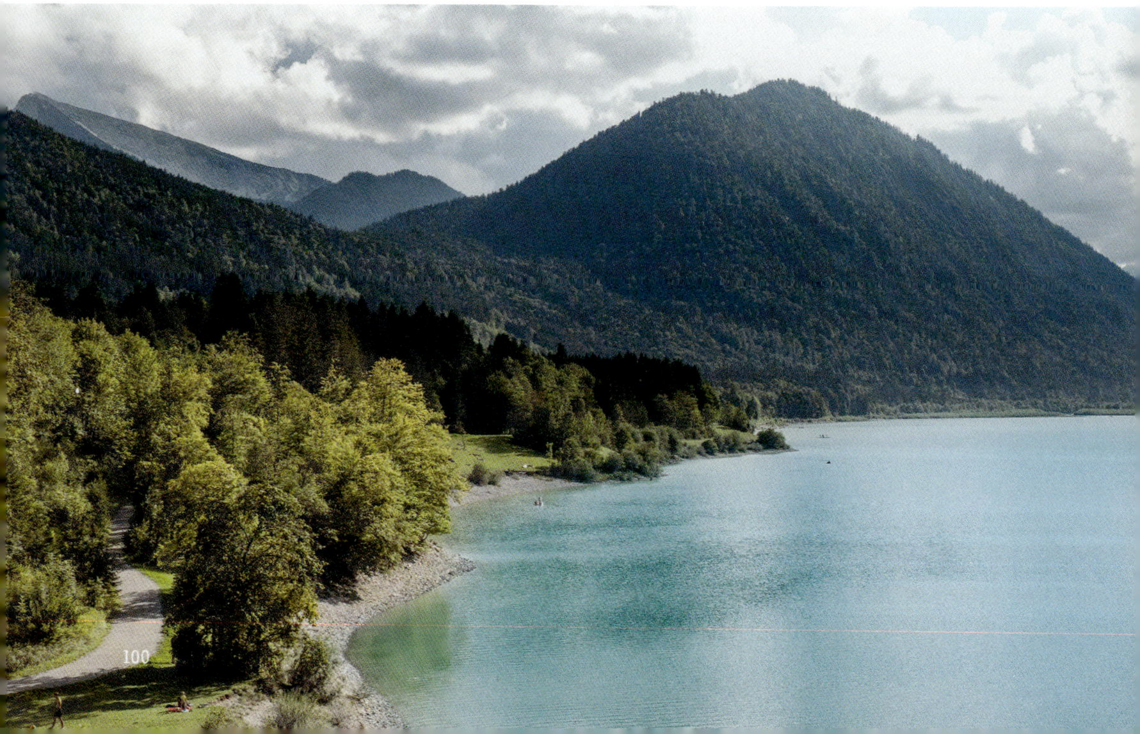

fen, an denen man sich niederlassen kann. Die ruhigsten Orte findet man am westlichen Teil des Sylvensteinsees, zwischen Wasserwachthaus, an dem ein langer Wiesenstreifen Badegäste anlockt, und der Isarmündung, wo sich ein Kiesstrand direkt am See entlangzieht.
Der Sylvensteinspeicher ist auch bestens zum Kajakfahren oder Paddeln mit dem SUP geeignet.

FAZIT Hier können sich Wildbader, Kayakfahrer und Paddler richtig austoben.

Linke Seite: Der Sylvensteinspeicher imponiert mit atemberaubendem Panorama, türkis leuchtendem Wasser und wenig Badegästen.
Oben: Blick von der charakteristischen Faller-Klamm-Brücke über den See.
Unten links: SUP-Fans und Kayak-Fahrer kommen hier voll auf ihre Kosten.
Unten rechts: Die Isarmündung ist besonders beeindruckend.

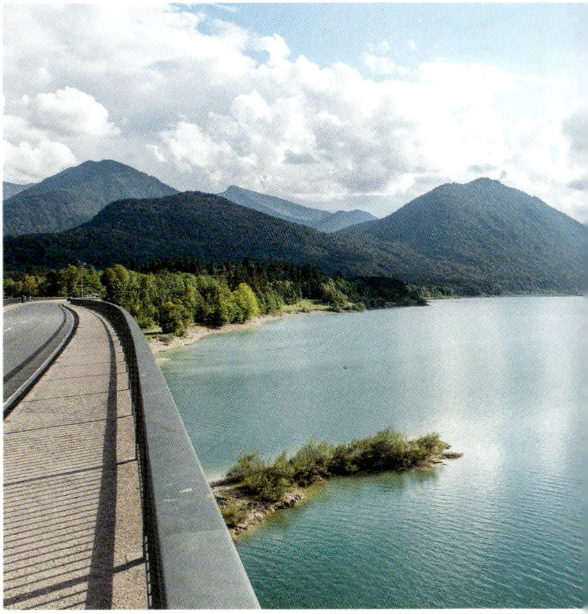

info

Anfahrtstipp Parken kann man an diversen Parkbuchten vor und nach der Faller-Klamm-Brücke.

GPS-Daten 47.568228, 11.525512

Beste Badezeit Juli bis August

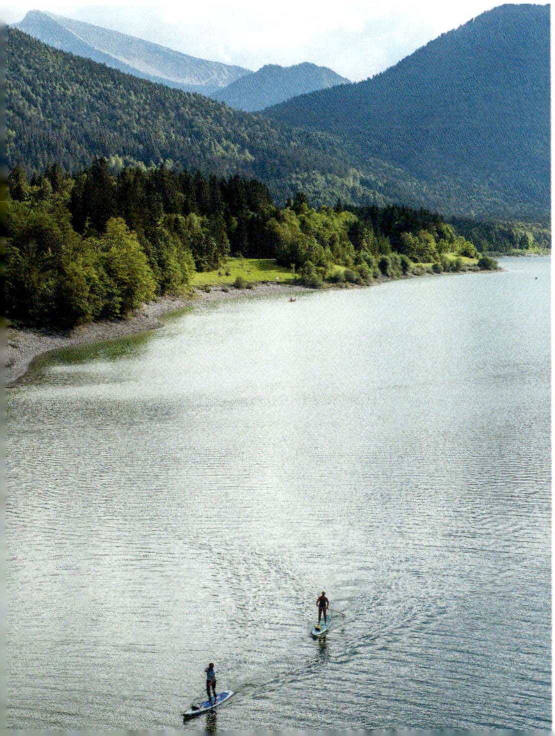

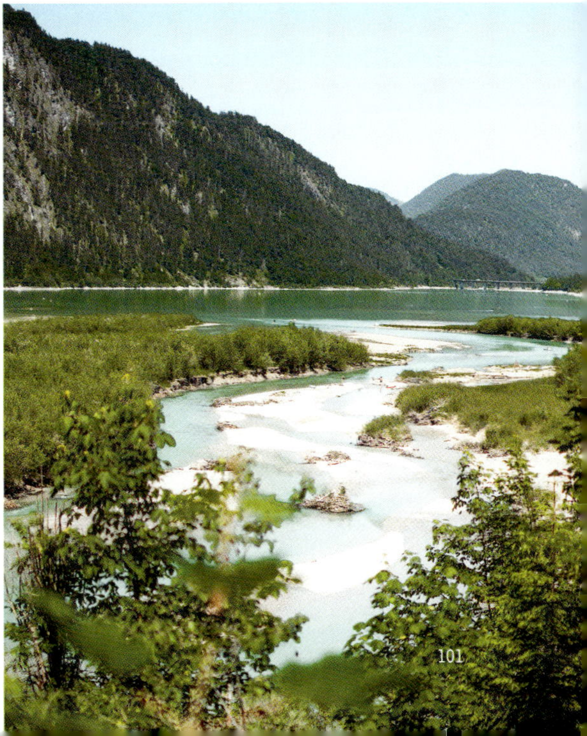

★★★ Wildnisfaktor

★★☆ Familienfreundlichkeit

★☆☆ Erreichbarkeit

36 Geheime Gumpen

STAFFELGRABEN, JACHENAU, OBERBAYERN

Die Gumpen des Staffelgrabens sind versteckt im Wald und schwer zu finden. Viele Wanderer suchen sie vergeblich, denn es gibt keine Schilder, die den Weg weisen. Hat man sie jedoch gefunden, fühlt man sich wie in einer kleinen Oase.

Der Staffelgraben bildet an diesem Ort ein breites, flaches Becken mitten im Wald, die Sonnenstrahlen scheinen in die Lichtung und Kiesbänke laden zum Niederlassen ein. Weiter oben im Bachverlauf findet man dann perfekt ausgewaschene Gumpen und weitere kleine Becken und Wasserfälle – ein Paradies für jeden Wildbader! Man sollte hier unbedingt geschlossene Wasserschuhe mitbringen, um im Staffelgraben entlangzulaufen – ein tolles Abenteuer und perfekt für heiße Sommertage, da der Staffelgraben im Schatten des dichten Waldes verläuft.

Am einfachsten erreicht man die Gumpen mit dem Mountainbike. Man parkt sein Auto an der B 307, fährt dann am Forstweg entlang des Sylvensteinspeichers Richtung Isarmündung im Süden und überquert die Isar über den Damm. Nun folgt man immer weiter der Forststraße, bis diese das im Sommer oft ausge-

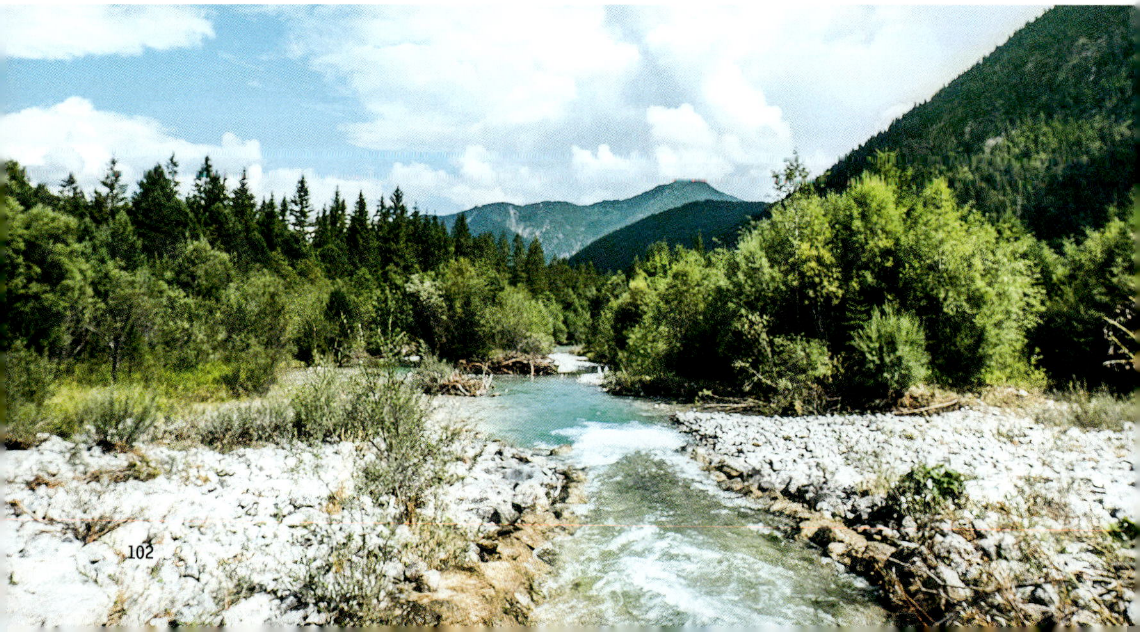

trocknete Flussbett des Staffelgrabens kreuzt. Nun nimmt man die darauffolgende Abzweigung nach links und folgt dem Forstweg immer weiter, bis man oberhalb der Lichtung mit den Gumpen angekommen ist.

FAZIT Ein Abenteuer-Spielplatz für jeden Wildbader und perfekt für heiße Tage!

Achtung Wasserfälle und Gumpen können lebensbedrohliche Unterströmungen aufweisen. Die Tiefe der Gumpen muss vor dem Baden überprüft werden. Nie bei Hochwasser baden.

info

Anfahrtstipp Parken kann man an diversen Parkbuchten vor und nach der Faller-Klamm-Brücke am Sylvensteinspeicher.

GPS-Daten 47.569363, 11.488508

Beste Badezeit Juli bis August

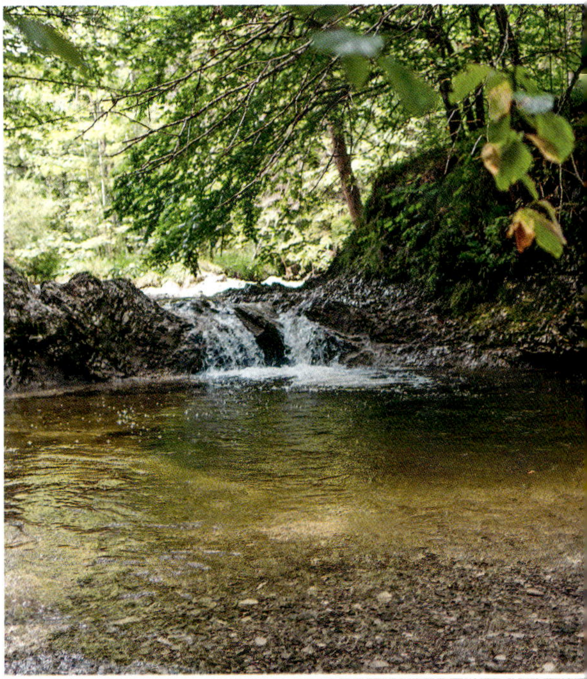

Linke Seite: Im Sommer ist das Flussbett kurz vor der Mündung in den Sylvensteinspeicher oft ausgetrocknet.
Rechts: Gut versteckt im dichten Wald, unter dem Schatten der Bäume, befindet sich ein Eldorado für Gumpenbader.
Unten links: Der wilde Staffelgraben schlängelt sich durch die unberührte Natur.
Unten rechts: Man findet perfekt ausgewaschene Gumpen vor.

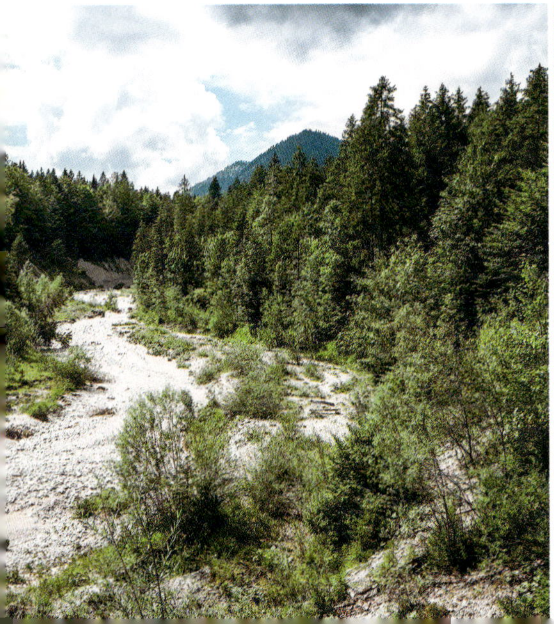

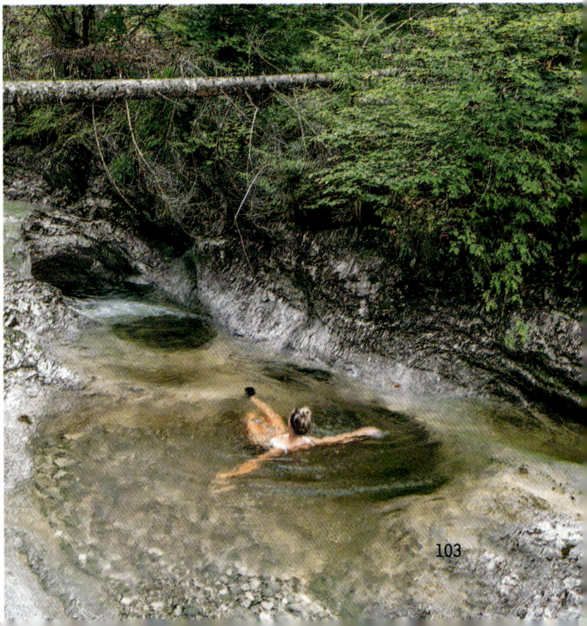

★★ Wildnisfaktor

★★★ Familienfreundlichkeit

★★ Erreichbarkeit

37 Warmer Badespaß

RIEGSEE, RIEGSEE, OBERBAYERN

Der Riegsee im Landkreis Garmisch-Partenkirchen punktet nicht nur mit herrlich warmer Badewassertemperatur, sondern auch mit einem fantastischen Panoramablick auf das Estergebirge, das Wettersteingebirge inklusive Zugspitze und sogar die Ammergauer Alpen.

Das Wasser ist klar und sauber und wird seit Jahren durch die EU als »ausgezeichnet« bewertet. Der See hat oft schon im Mai Badetemperatur und erreicht im Sommer bis zu 25 Grad. Er ist sehr weitläufig und nach dem Eibsee der zweitgrößte See im Landkreis. Badeplätze gibt es einige, sowohl an den beiden Campingplätzen am Ost- und Westufer als auch entlang des Seerundweges. Eine kleine versteckte Badestelle mit Wiese und Steg erreicht man zum Beispiel, wenn man vom Campingplatz Riegsee am Uferweg etwa 20 Minuten Richtung Norden läuft, erst durch den Wald, dann direkt am See entlang – ein himmlischer Platz.

Ganz in der Nähe gibt es noch ein ganz besonderes Highlight: den Alpakahof Schmid, auf dem Wanderungen und Spaziergänge mit den Alpakas angeboten werden.

FAZIT Einer der wärmsten Badeseen der Region mit Lieblingsseepotenzial.

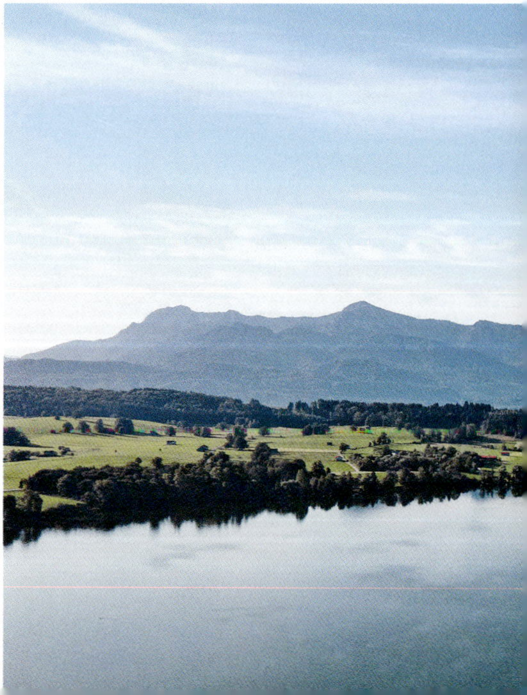

Rechts: Der Riegsee mit einmaligem Blick auf das Ester- und Wettersteingebirge
Rechte Seite: Oben links: Eine kleine versteckte Badestelle gibt es entlang des Uferwegs in der Nähe des Campingplatzes Riegsee. Oben rechts: Der See hat oft schon im Mai Badetemperatur. Mitte: Vom Ostufer sieht man die Ammergauer Alpen. Unten: Die Wasserqualität ist laut EU »ausgezeichnet«.

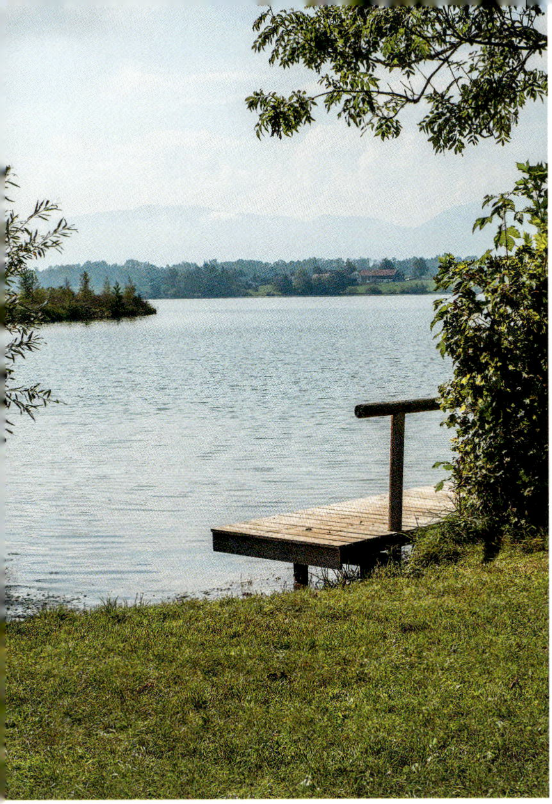

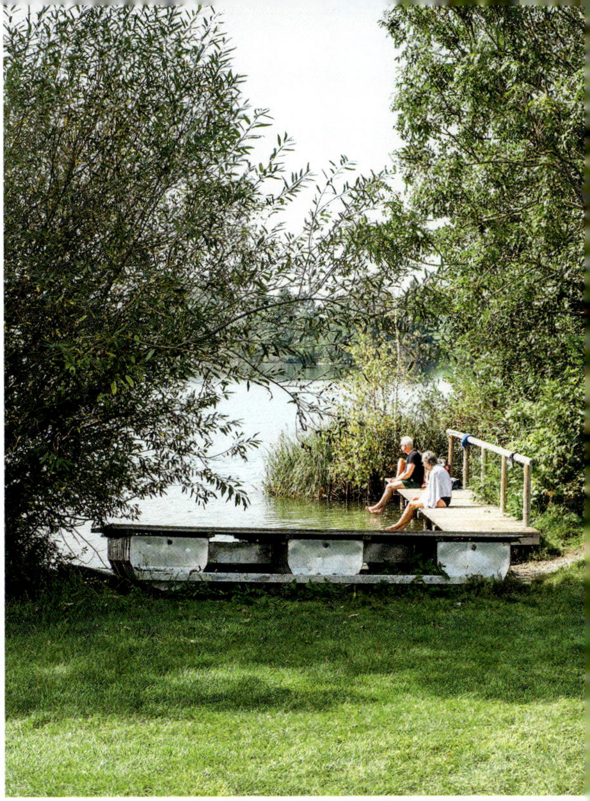

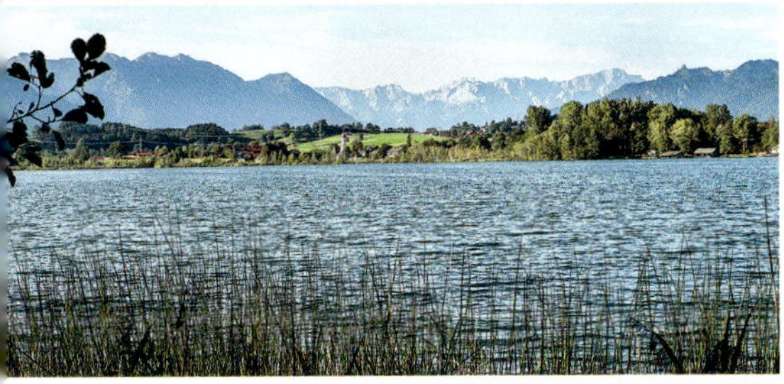

info

Anfahrtstipp An beiden Campingplätzen stehen öffentliche, kostenpflichtige Parkplätze zur Verfügung.

GPS-Daten 47.708437, 11.230765

Beste Badezeit Mai bis September

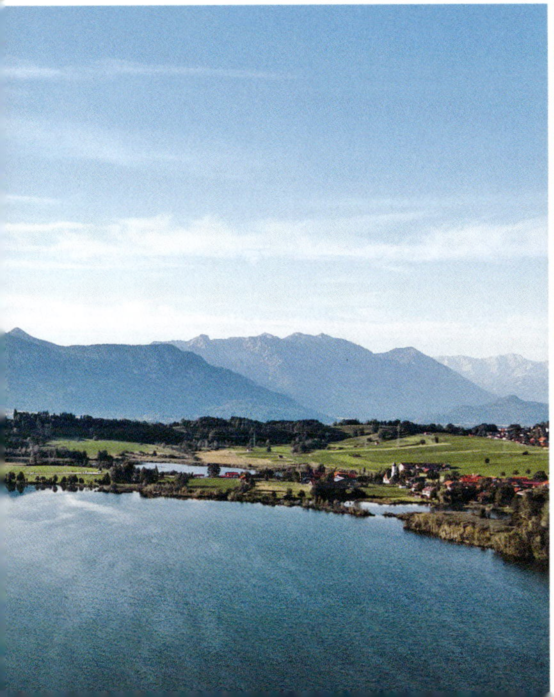

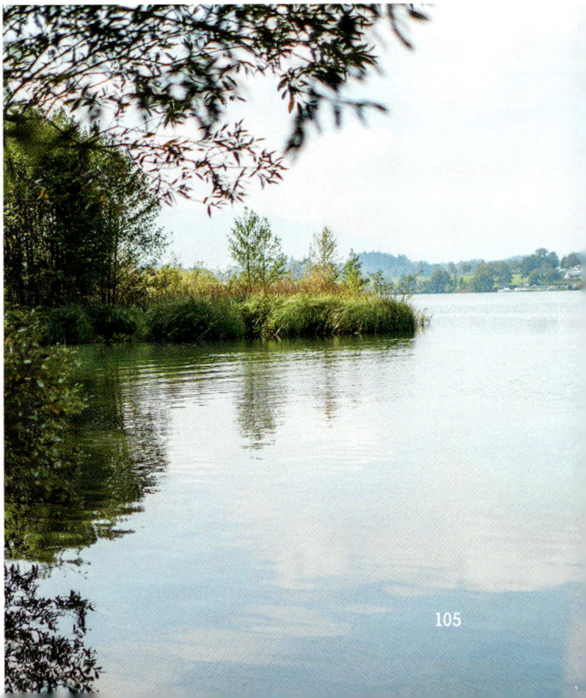

★★☆ Wildnisfaktor

★★★ Familienfreundlichkeit

★★☆ Erreichbarkeit

38 Fast wie in der Karibik

WALCHENSEE, WALLGAU, OBERBAYERN

Der Walchensee ist einer der schönsten und beeindruckendsten Bergseen Bayerns. Ob vom Ufer oder vom Berg aus – er imponiert aus jedem Winkel: das türkis leuchtende, glasklare Wasser und das atemberaubende Panorama der bayerischen Voralpen sind wahrlich einmalig.

Dementsprechend beliebt ist der Walchensee und am Wochenende wird der Ort Walchensee geradezu überrannt. Aus diesem Grund fährt man besser ans Südufer und sucht sich entlang der Mautstraße eine ruhigere Badebucht. Wirklich ruhig ist es aber nur am nicht befahrbaren Ostufer: Hierher kommt man entweder zu Fuß oder mit dem Fahrrad. Dafür kann man sich seine ganz eigene Badestelle aussuchen. Nur hier lässt sich die wahre Idylle und Kraft des Walchensees genießen.

Wer den Walchensee von oben bestaunen möchte, entscheidet sich am besten für die Wanderung auf den Herzogstand.

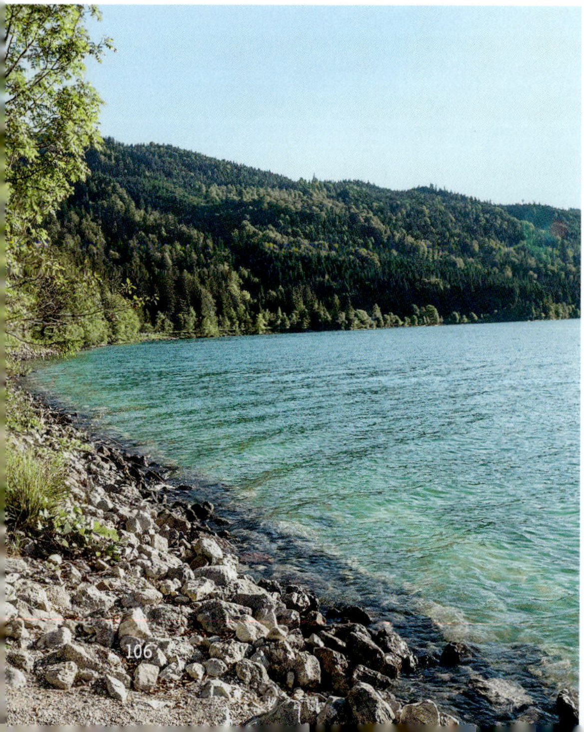

FAZIT Mit Ruhe belohnt werden nur die, die einige Kilometer Wandern oder Fahrradfahren in Kauf nehmen.

Linke Seite: Das türkis leuchtende Wasser des Walchensees zieht die Besucher in seinen Bann.
Rechte Seite: Oben: Blick vom Gipfel des Herzogstandes auf den Walchensee
Mitte: Etwas ruhiger sind die Badestellen entlang der Mautstraße.
Unten links: SUP- und Bootsbesitzer kommen hier voll auf ihre Kosten.
Unten rechts: Die Sonnenuntergänge am Walchensee sind einmalig.

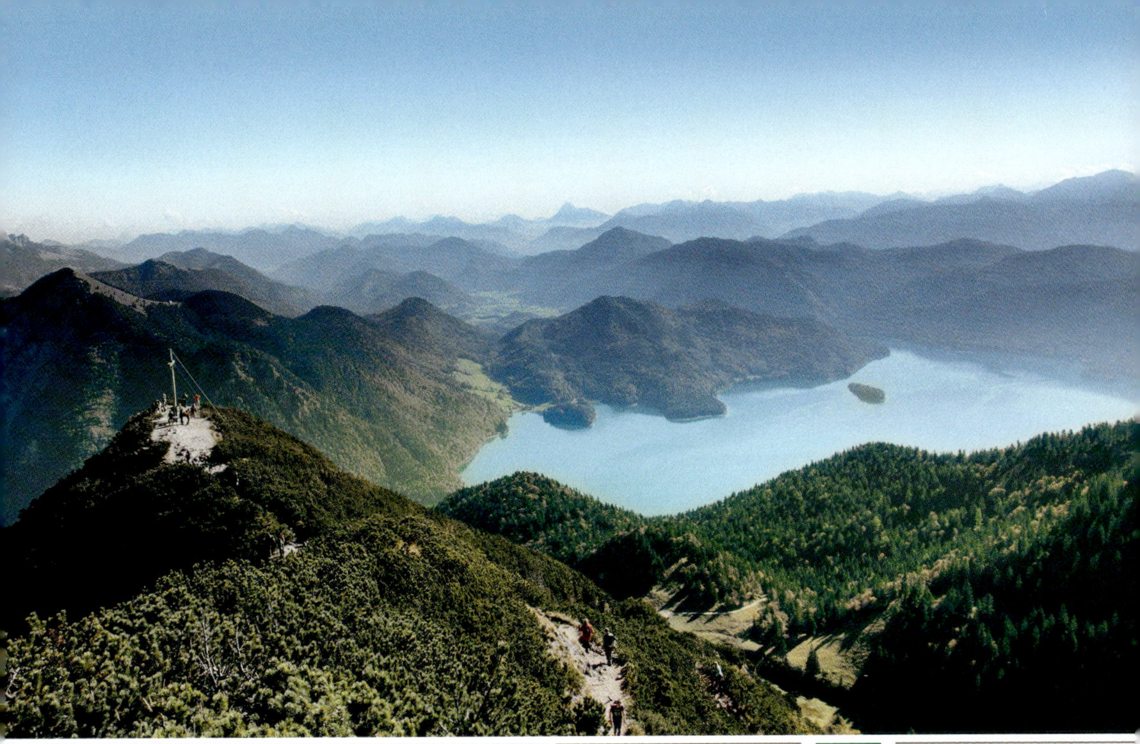

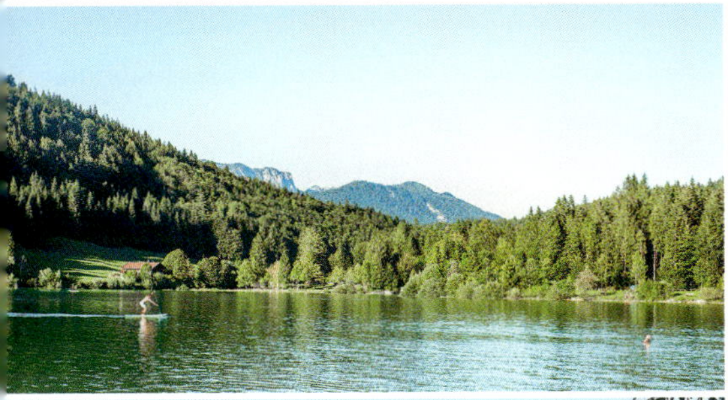

info

Anfahrtstipp Entlang der Mautstraße am Südufer kann man in kleinen Buchten am Straßenrand parken. Wer das Ostufer entdecken möchte, kann in Niedernach parken.

GPS-Daten 47.577606, 11.372112

Beste Badezeit Juni bis August

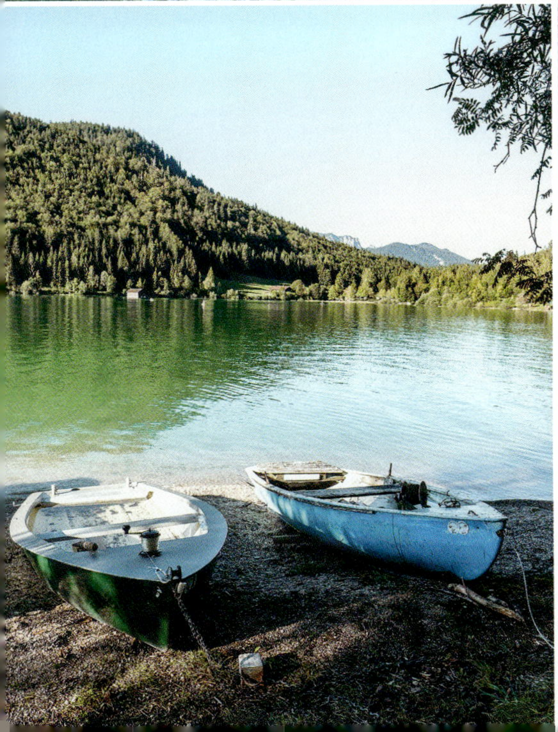

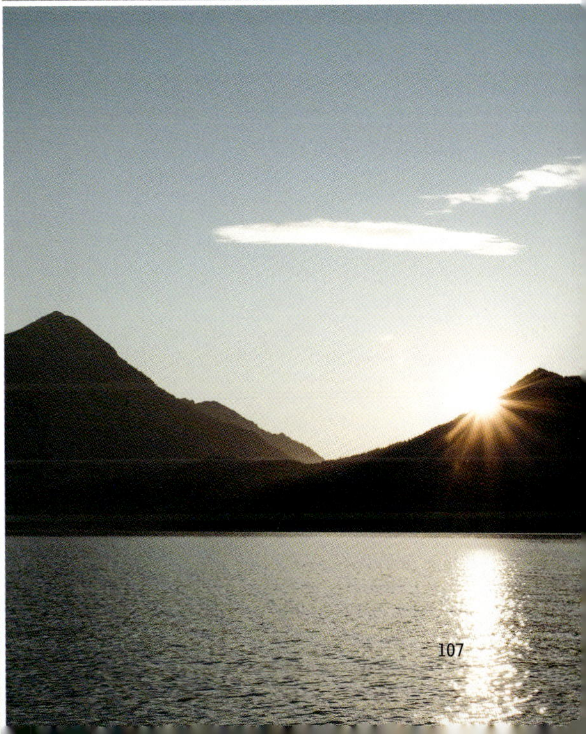

★★★ Wildnisfaktor

★ Familienfreundlichkeit

★ Erreichbarkeit

39 Eldorado für Gumpen-Fans

ESCHENLAINE, ESCHENLOHE, OBERBAYERN

Echtes Abenteuerpotenzial und beste Voraussetzungen für die Königsdisziplin des Wildbadens – das Baden in Gumpen – bietet das Eschenlainetal. Das Tal, das vom Walchensee bis nach Eschenlohe verläuft, ist etwa zwölf Kilometer lang und kann durchwandert oder mit dem Mountainbike durchquert werden. Hier bieten sich unzählige Wildbademöglichkeiten, die von niedrigen Bachabschnitten und kleinen Wannen bis zu größeren Becken und Wasserfällen reichen.

Der meist flache, breite Forstweg verläuft entlang der Eschenlaine. Die erste spektakuläre Badestelle ist ein wenige Meter hoher Wasserfall, den man zu Fuß nach etwa eineinhalb Stunden erreicht. Doch das wahre Wildbadeparadies eröffnet sich weiter hinten im Tal. Viele weitere Wasserfälle und Gumpen jeder Größe eröffnen hier ein wahres Abenteuerland. Das Tal selbst ist sehr ruhig und komplett abgeschieden. Man kann Stunden damit verbringen, durch das Tal zu ziehen und kleinen Trampelpfaden zu folgen, auf der Jagd nach den spektakulärsten Badeplätzen.

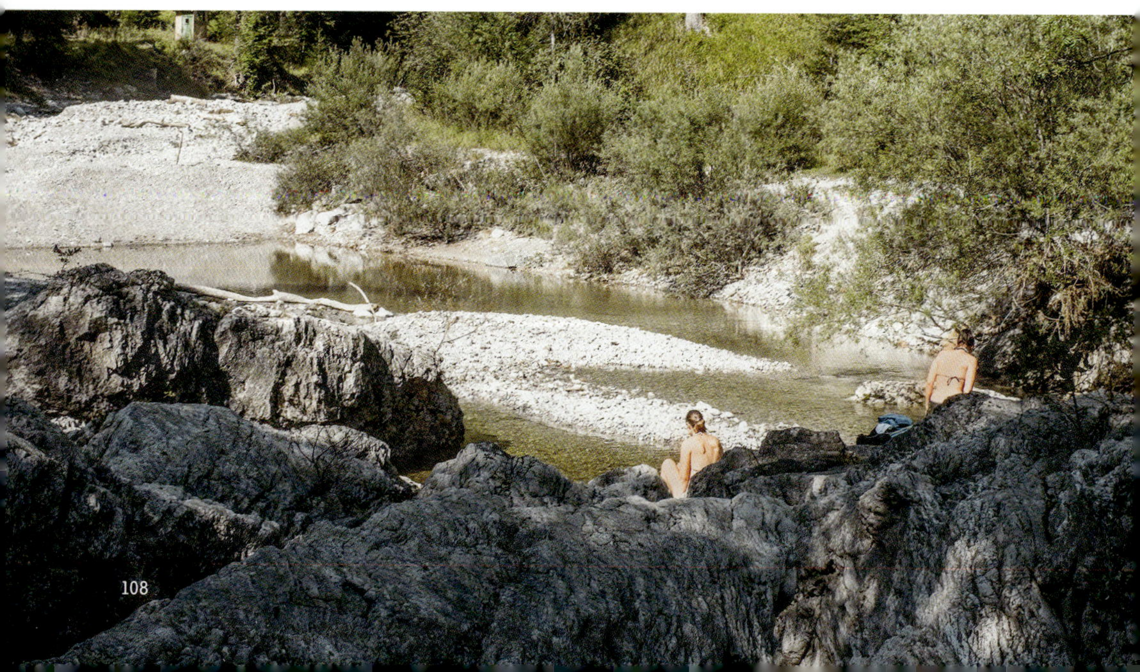

Doch hier ist Vorsicht geboten, denn die Gumpen sind oft sehr groß und tief und können gefährliche Unterströmungen aufweisen. Man startet entweder in Eschenlohe oder in Einsiedl am Walchensee. Zurück muss man den gleichen Weg nehmen.

FAZIT DER Ort für Abenteuerlustige und Gumpenbader.

Achtung Wasserfälle und Gumpen können lebensbedrohliche Unterströmungen aufweisen. Die Tiefe der Gumpen muss vor dem Baden überprüft werden. Nie bei Hochwasser baden.

Linke Seite: In großen und kleinen Becken eröffnen sich unzählige Bademöglichkeiten.
Rechts: Die Badestellen erreicht man nur mit dem Mountainbike oder den Wanderstiefeln.
Unten links u. rechts: Die Badestellen reichen von niedrigen Flussstellen zu unzähligen tosenden, kleinen Becken.

info

Anfahrtstipp Parken kann man in Einsiedl am Walchensee sowie in Eschenlohe.

GPS-Daten 47.586081, 11.233283; 47.588446, 11.224932

Beste Badezeit Juli bis August

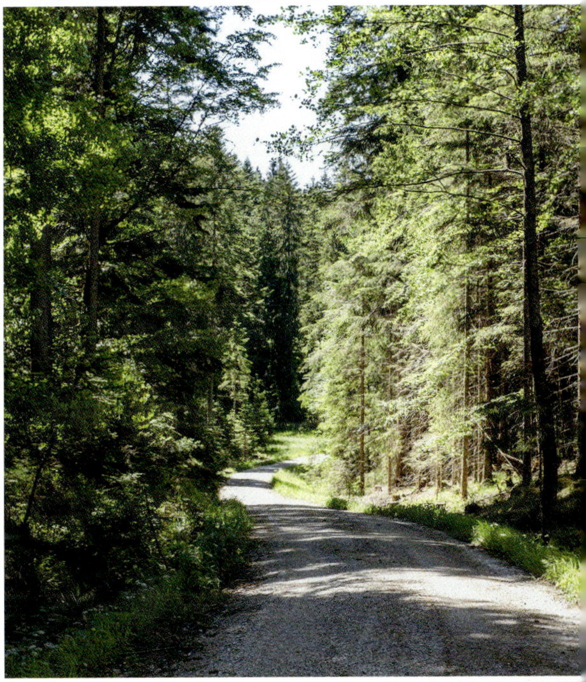

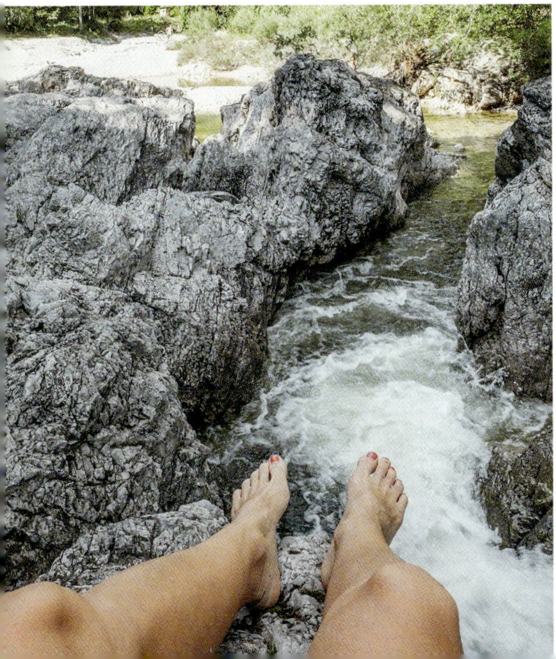

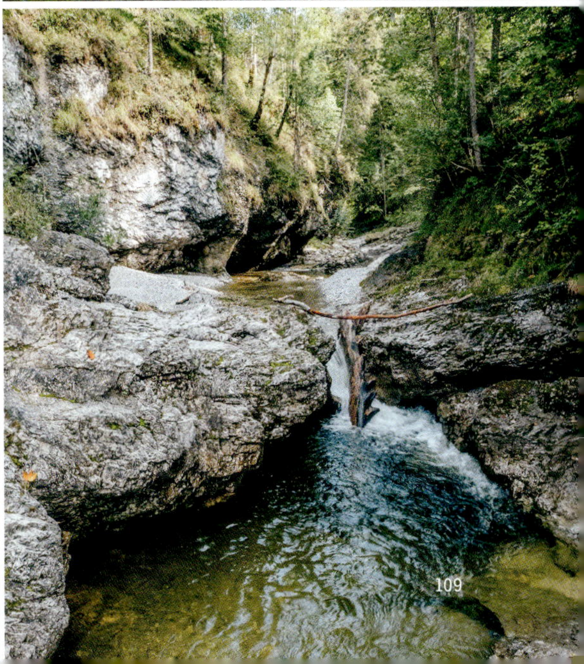

Wildnisfaktor ★★★

Familienfreundlichkeit ★☆☆

Erreichbarkeit ★☆☆

40 Lieblings-Ausflugsziel von König Ludwig II.

SOIERNSEEN, MITTENWALD, OBERBAYERN

Die Soiernseen sind ein einmaliges Naturschauspiel des Karwendelgebirges, auf 1558 Metern Höhe gelegen in der grandiosen Kulisse der Soiernspitze. Kein Wunder, dass der Märchenkönig Ludwig II. diesen Flecken Erde zu seinem Lieblingsort erklärt hatte. Er ließ das Soiernhaus, das heute als Einkehr dient, oberhalb der Seen bauen und wohnte dort tageweise im Sommer.

Doch die Seen sind nur über einen langen, vierstündigen Aufstieg erreichbar. Hat man die abwechslungsreiche Wanderung erst einmal hinter sich gebracht, kommt man aus dem Staunen nicht mehr heraus. Schon die Ankunft am ersten See ist beeindruckend und die Spiegelung der umliegenden Berge im See einmalig. Man kann einmal um den ersten See herumlaufen und kommt dann

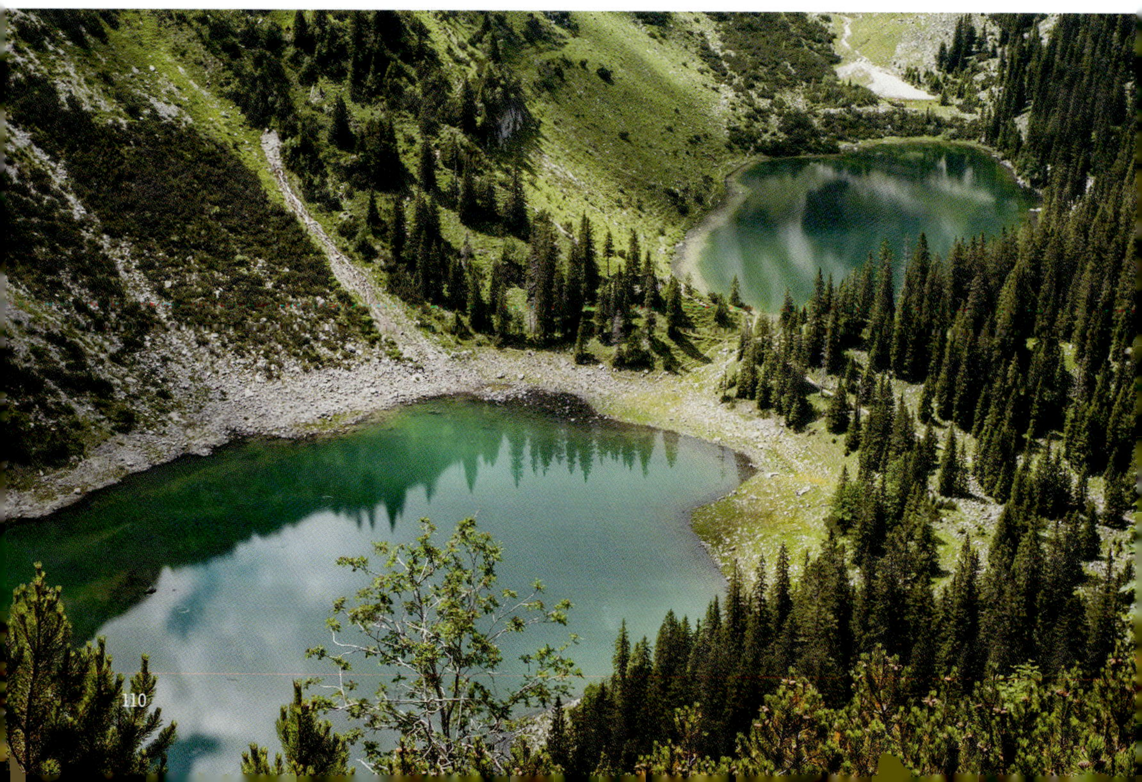

am zweiten See an. Dieser ist im Sommer von einem Blütenmeer umgeben. Man kann einfach nicht anders, als sich hier niederzulassen, ein paar Züge im eiskalten Bergsee zu schwimmen und die atemberaubende Kulisse auf sich wirken zu lassen.
Nur geübte und ausdauernde Wanderer sollten diese 20 Kilometer lange, achtstündige Wanderung auf sich nehmen, denn es gibt keine Seilbahn oder Übernachtungsmöglichkeiten.

FAZIT Fast surreal wirken die Soiernseen in Mittenwald.

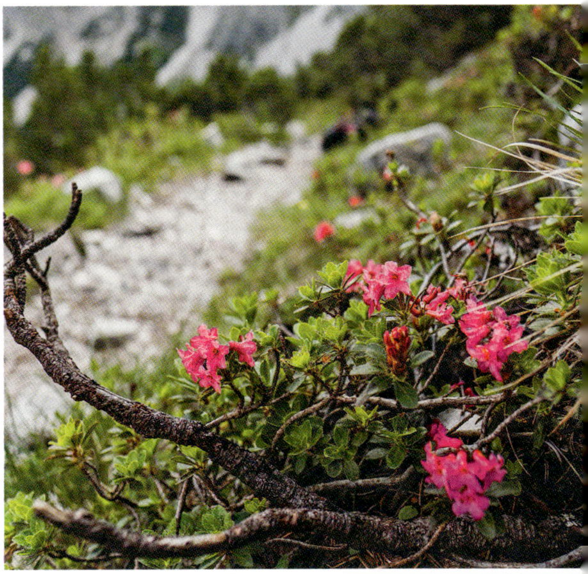

Linke Seite: Der beste Blick auf beide Seen bietet sich von der Schöttelkarspitze.
Oben: Im Frühling säumen Blumen in allen Farben den Weg.
Unten links: Ein Bad in den Soiernseen ist zwar eiskalt, aber ein besonderes Erlebnis.
Unten rechts: Nicht nur Menschen, sondern auch Tiere genießen diese atemberaubende Kulisse.

info

Anfahrtstipp Man startet am Wanderparkplatz in Krün und folgt den Schildern zum Soiernhaus.

GPS-Daten 47.491582, 11.347806

Beste Badezeit Juli bis August

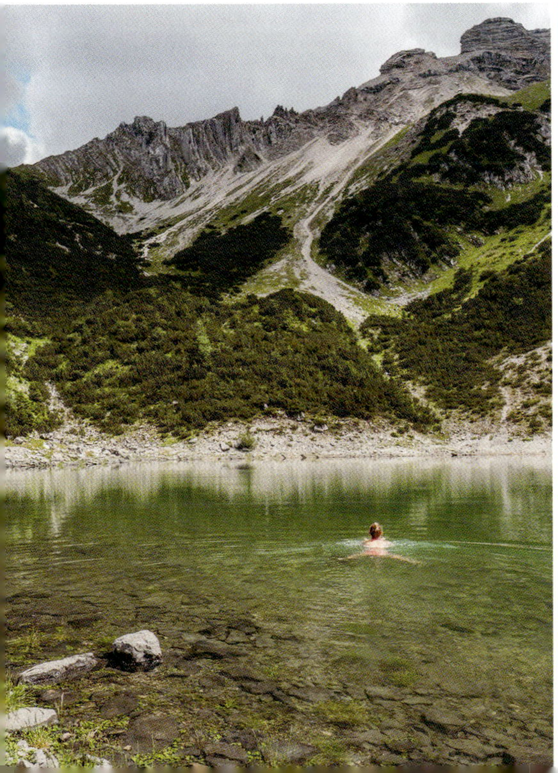

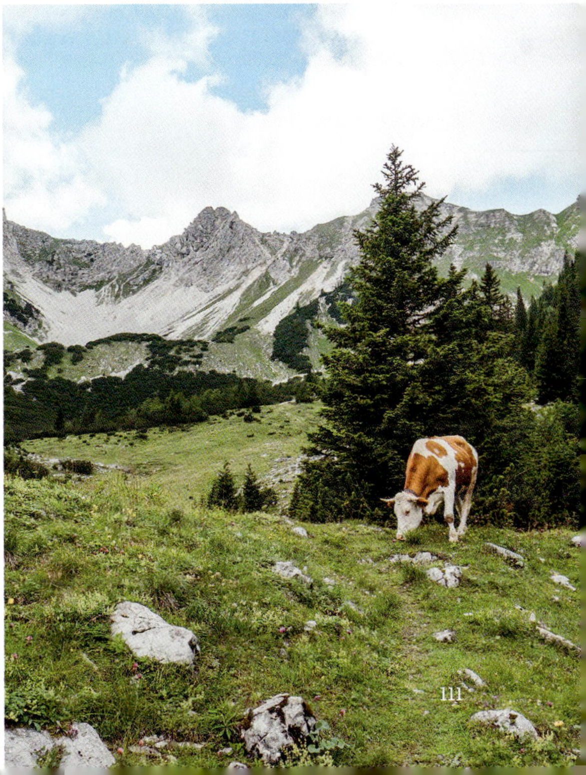

★★★ Wildnisfaktor

★★☆ Familienfreundlichkeit

★★☆ Erreichbarkeit

41 Kanada-Feeling

ISAR, KRÜN UND WALLGAU, OBERBAYERN

Die Isar, so türkis, wie man sie nur selten kennt. Das Panorama des Karwendelgebirges, so beeindruckend wie kein zweites. Der Himmel tiefblau und die Umgebung saftig grün und unglaublich reizvoll. In Krün und Wallgau kommt schnell Kanada-Feeling auf und das Allerbeste an diesem beschaulichen Ort: Hier geht es meist ruhig zu.
Wildbademöglichkeiten bieten sich in der erfrischenden, glasklaren Isar zur Genüge. Zum Beispiel entlang des Isaruferwegs direkt im Ort Krün am Anfang des Natur-Erlebnis-Pfades. Hier lädt eine breite Kiesbank zum Niederlassen und Plantschen ein. Für die erfahrenen Schwimmer ist auch die Stelle an der Holzbrücke Richtung Isarstausee, wo viele Kajakfahrer einsetzen, gut geeignet.
Im Nachbarort Wallgau, ab der Mautstraße bis Vorderriß, ist das Wildbaden ebenfalls besonders idyllisch. Viele kleine Kiesbänke

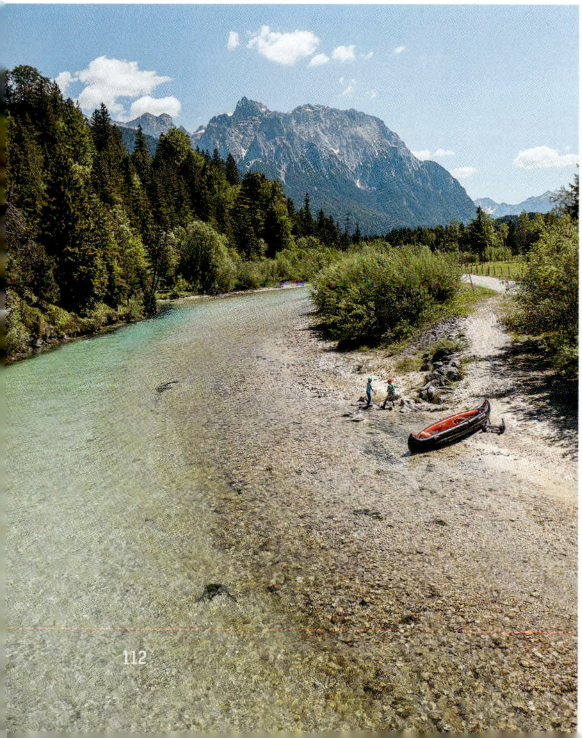

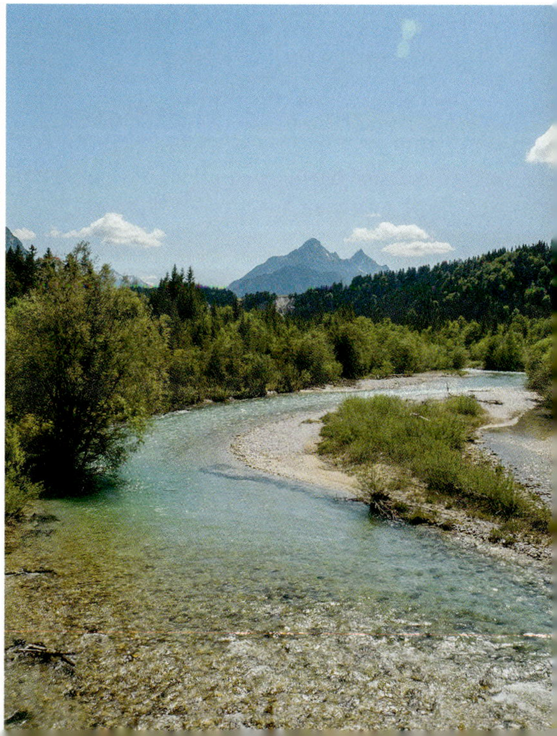

und Schattenplätzchen ziehen sich entlang der zwölf Kilometer langen Straße.

FAZIT Die wohl beeindruckendste Flussbadestelle Bayerns.

Achtung Nicht bei Hochwasser, nach Starkregen oder in der Nähe von Schleusen und Wehren schwimmen (mindestens 100 Meter Abstand wahren). Auf gefährliche Unterströmungen achten. Kinder an Flussbadestellen stets beaufsichtigen.

info

Anfahrtstipp Parken kann man am Wanderparkplatz Krün am Griesweg oder am Isarstausee unterhalb von Lidl nach dem Ortszentrum. In Wallgau gibt es diverse Parkbuchten entlang der Mautstraße.

GPS-Daten Krün: 47.502496, 11.285849; Wallgau: 47.537469, 11.334641

Beste Badezeit Juni bis August

Linke Seite: Rechts: Die Isar bei Krün ist nicht nur bei Wildbadern, sondern auch bei Kayakfahrern beliebt. Links: Das türkise, klare Wasser lässt schnell Kanada-Feeling aufkommen.
Diese Seite: Rechts: Bei Wallgau ist die Isar mit einem breiten Kiesbett gesäumt.
Unten: In Wallgau gibt es viel Platz zum Sonnen, Grillen und Toben.

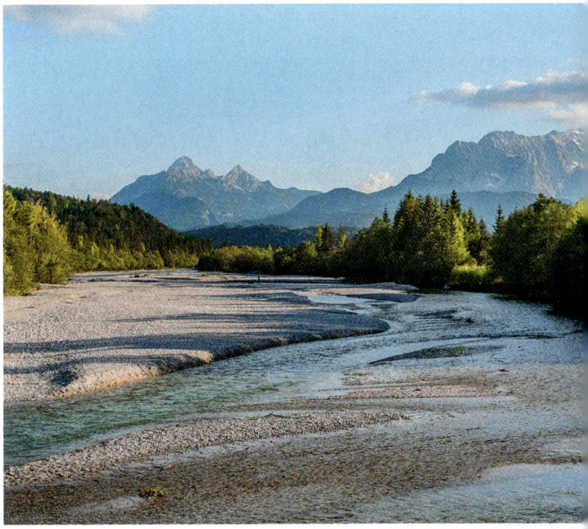

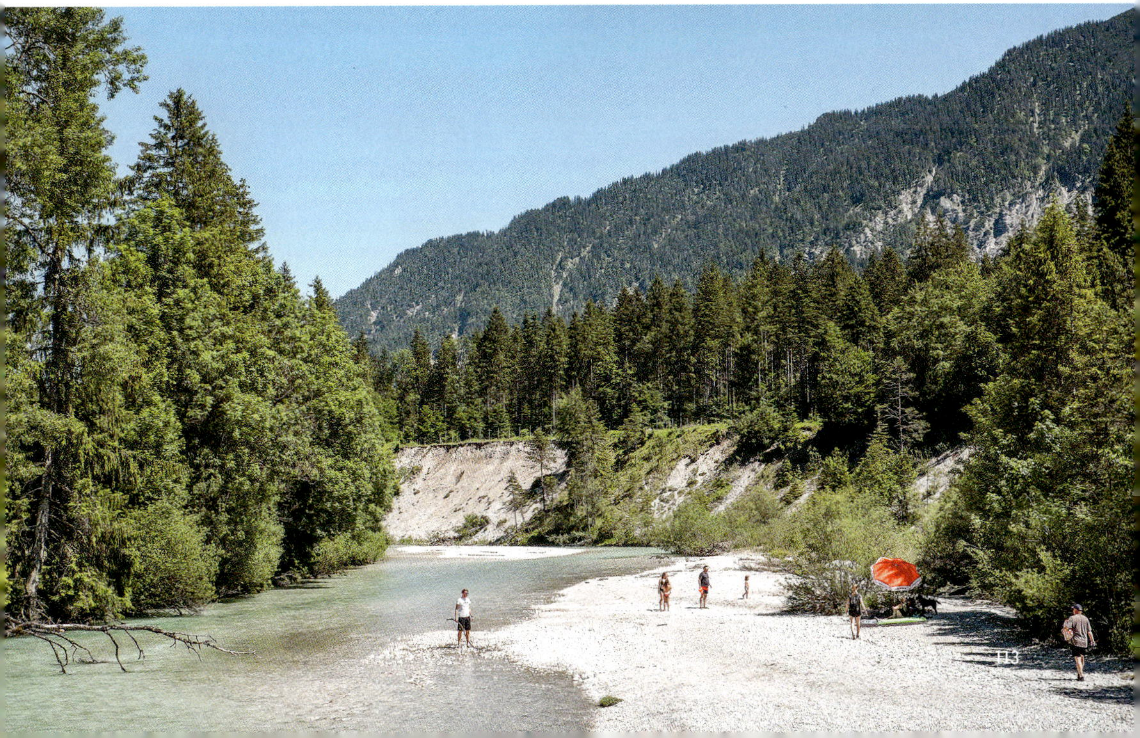

★★★ Wildnisfaktor

★ Familien-freundlichkeit

★★★ Erreichbarkeit

42 Wasserfallfreuden

OBERNACHKANAL, WALLGAU, OBERBAYERN

Einmal in einem Wasserfall schwimmen – dafür muss man nicht in ein entferntes Land reisen oder eine lange Wanderung auf sich nehmen. Der wohl am einfachsten erreichbare Wasserfall in Bayern liegt am Obernachkanal bei Wallgau. Er ist fast direkt an der Straße gelegen, am Wasserfall angelangt hört man aber nichts als das Getose des Wassers und vergisst schnell, dass man sich eigentlich neben einer Bundesstraße befindet. Der Wasserfall ist ein paar Meter hoch und ergießt sich in einem schönen großen Becken von etwa 20 Metern Länge, in dem man locker ein paar Züge schwimmen kann. Je nach Mineralgehalt und Jahreszeit leuchtet der Wasserfall zeitweise in einem beeindruckenden Türkis. Leider kann man hier nicht länger verweilen, da es vom Weg nur ein paar Schritte durch

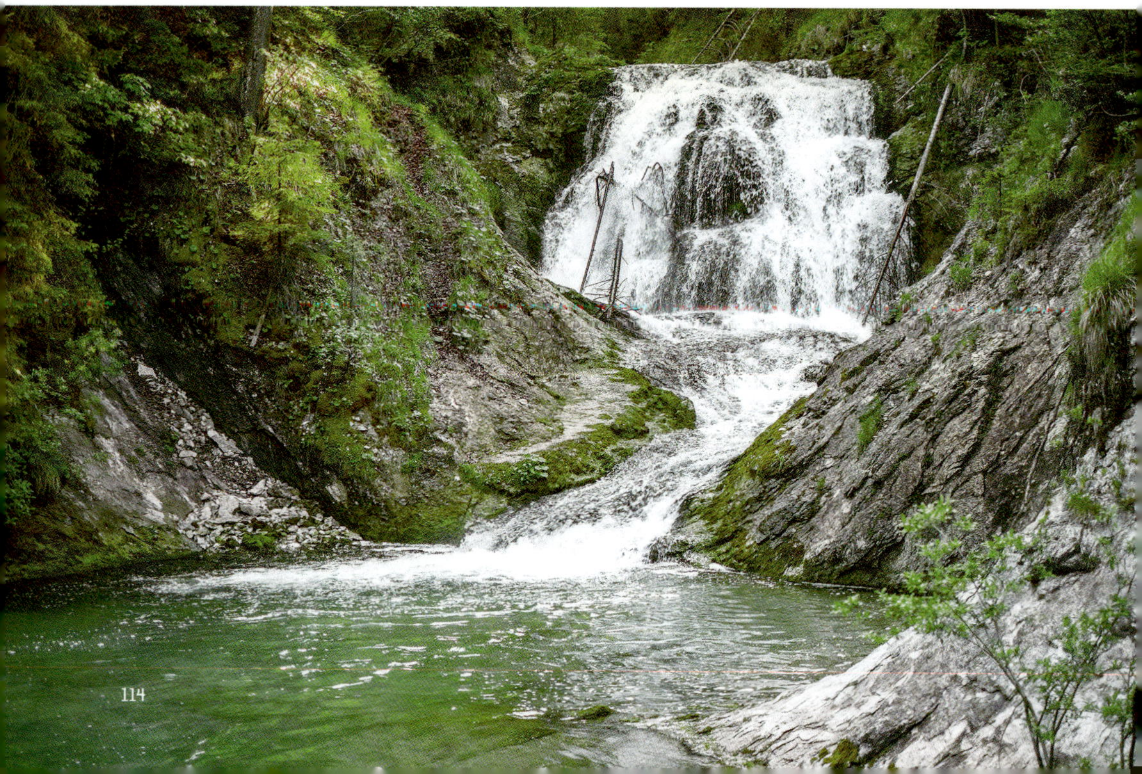

das Dickicht zum Wasserfall geht. Auch kann der kleine Trampelpfad oft rutschig sein und man sollte mit Kindern sehr vorsichtig sein. Für einen kurzen Erfrischungsstopp nach einer Wanderung oder Radtour ist dieser Ort perfekt. Danach kann man an die Isar in Krün oder Wallgau (S. 112) zum weiteren Entspannen fahren.

FAZIT Ein eisiges und kurzweiliges, aber einzigartiges Wasserfallvergnügen!

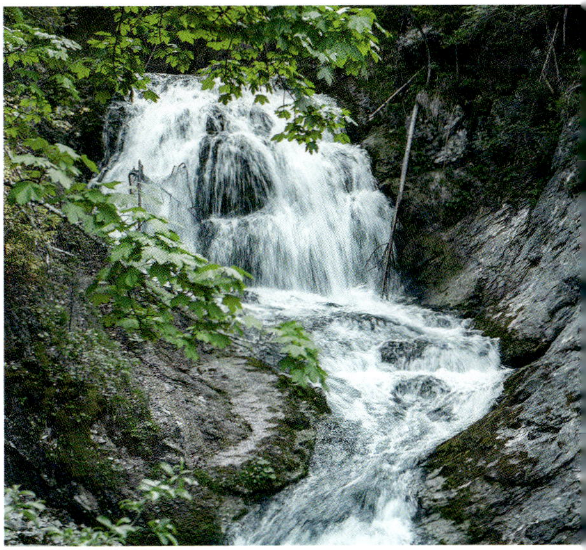

Linke Seite: Der Wasserfall am Obernachkanal ist nicht nur imposant, sondern auch leicht erreichbar.
Oben: Beeindruckend schießt das Wasser einige Meter in die Tiefe.
Unten links: Das großzügige Becken fordert wahrlich zum Schwimmen auf.
Unten rechts: Leider gibt es hier keine Möglichkeit, länger zu verweilen.

info

Anfahrtstipp Ein Wanderparkplatz befindet sich direkt auf der anderen Straßenseite des Wasserfalls an der Bundesstraße B 11 Richtung Wallgau.

GPS-Daten 47.539185, 11.287055

Beste Badezeit Juli bis August

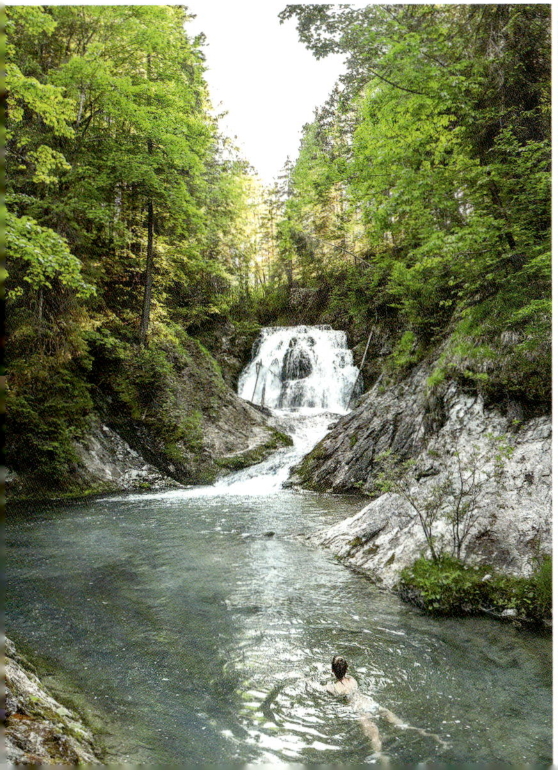

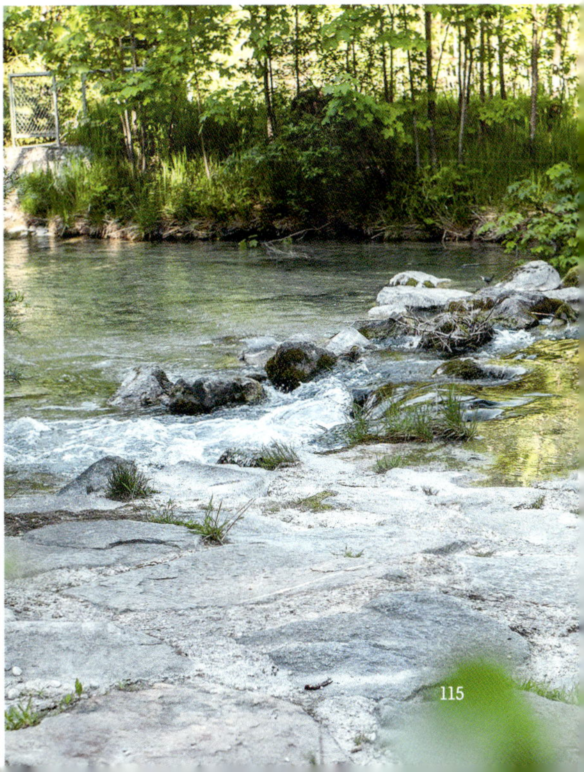

Wildnisfaktor ★★

Familienfreundlichkeit ★★★

Erreichbarkeit ★

43 Ein Traum in Grün

FERCHENSEE, MITTENWALD, OBERBAYERN

Kaum am Ferchensee angekommen wird man von der beeindruckenden Wettersteinwand begrüßt, die ehrfurchtgebietend hinter dem See in die Höhe ragt. Wenn man Glück hat, spiegelt sich diese sogar im See und bietet ein beeindruckendes Postkartenmotiv. Der Ferchensee imponiert nicht nur durch seine atemberaubende Lage, sondern auch mit angenehm sandigem Untergrund.

In Mittenwald startend, führt eine einfache Wanderung auf einem breiten Forstweg zu diesem beeindruckenden Ort. Man wandert vorbei am Lautersee, der aufgrund der leichten Erreichbarkeit meist gut besucht ist, und nimmt die 40 Minuten mehr zum ruhigeren, auf 1050 Metern gelegenen Ferchensee auf sich. Der Sand am nördlichen Ufer lässt den See wunderbar hellgrün leuchten und

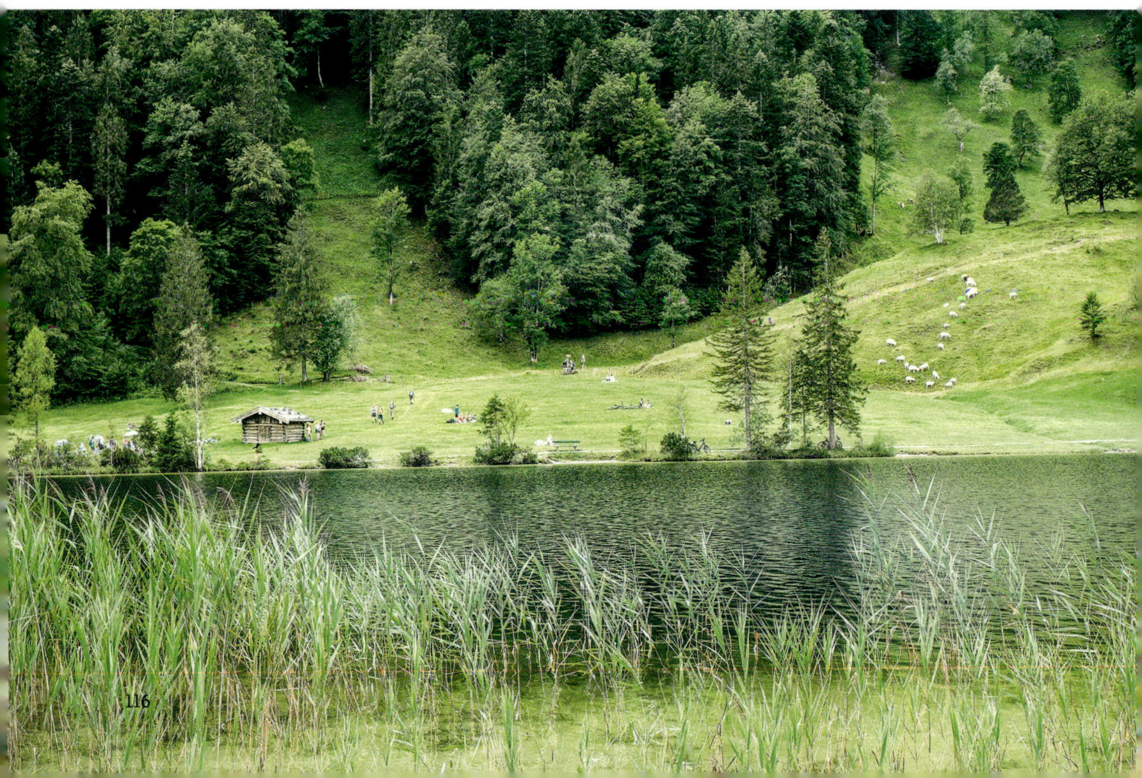

ermöglicht zudem einen einfachen Einstieg ins Wasser. Man kommt aber fast an jeder Stelle des Ufers in den See, um sich nach einer schweißtreibenden Wanderung im glasklaren, sauberen Wasser zu erfrischen. Die Wasserqualität ist durch die EU als »ausgezeichnet« eingestuft.
Neben verschiedenen Wanderwegen führen auch Mountainbiketouren zum See. Eine einfache Familienwanderung startet am Sessellift in Mittenwald und führt in etwa eineinhalb Stunden zum Ferchensee.

FAZIT Familienausflug mal anders!

Linke Seite: Der Ferchensee ist eingerahmt von Schilf, Wald und Wiesen.
Rechts: Entlang des Ufers kann man sich auf dem großzügigen Wiesenstreifen niederlassen.
Unten links: Der See leuchtet in vielen verschiedenen Grüntönen.
Unten rechts: Mehrere Wanderwege und Mountainbiketouren führen hinauf zum See.

info

Anfahrtstipp Man parkt am Sessellift Kranzberg in Mittenwald.

GPS-Daten 47.438049, 11.215803

Beste Badezeit Juli bis August

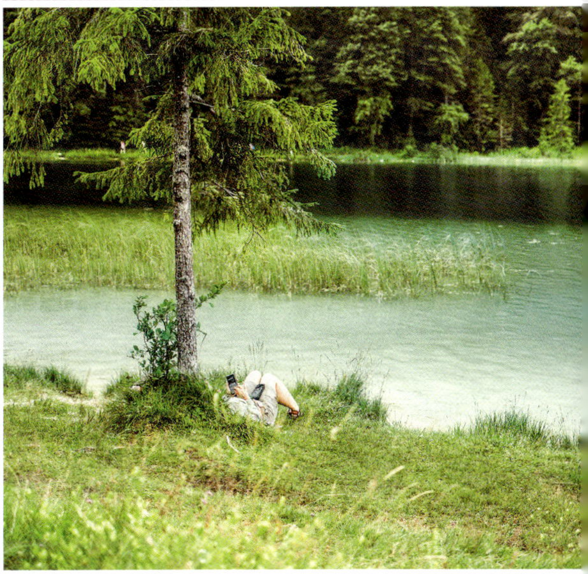

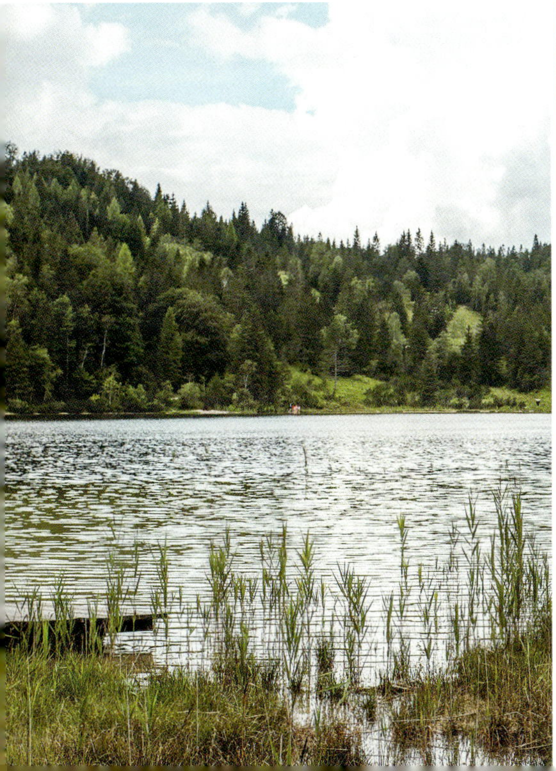

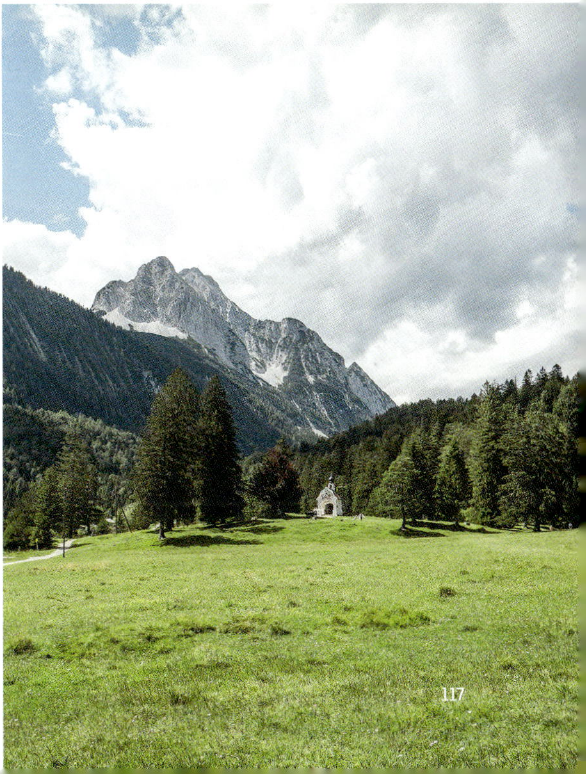

★★★ Wildnisfaktor

★★ Familienfreundlichkeit

★★ Erreichbarkeit

44 Ruhe rund herum

BARMSEE, KRÜN, OBERBAYERN

Der ruhige Moorsee ist in einer reizvollen, unberührten Landschaft inmitten eines Forstes gelegen und bietet einen faszinierenden Blick auf das Karwendelgebirge.

Das Gute ist: Hierher kommt man nur durch einen etwa 40-minütigen Fußmarsch vom Ort Barmsee, den nur wenige an heißen Tagen in Kauf nehmen. Dafür, dass der Barmsee der zweitgrößte See der Alpenwelt Karwendel ist, ist es hier deshalb mehr als ruhig.

Am Nordufer gibt es eine offizielle Badestelle mit kleiner Wiese. Am restlichen Ufer ist der See nicht zugänglich. Da er ein Moorsee ist, kann man hier auch schon Ende Mai, und wenn man Glück hat noch im September baden. Die Wasserqualität ist laut EU-Einstufung »ausgezeichnet«.

Rechts: Im Barmsee kann man in Ruhe und abseits von jeglichem Trubel baden.
Rechte Seite: Oben: Die atemberaubende Kulisse des Karwendelgebirges spiegelt sich oft in der ruhigen Seeoberfläche. Mitte: Entlang des Weges zur Badestelle stehen ein paar Bänke zur Rast bereit. Unten links: Ein 40-minütiger Fußmarsch führt zur Badestelle. Unten rechts: Der Moorsee hat oft schon im Mai Badetemperatur.

Die Rundwanderung um den See ist sehr empfehlenswert. Sie dauert etwa eineinhalb Stunden und bietet atemberaubende Ausblicke. Oder man kombiniert einen Besuch am Barmsee mit der 3-Seen-Wanderung, die auch den Geroldsee (S. 120) und den Grubsee passiert.

FAZIT Ein wahres Juwel in der traumhaften Kulisse des Karwendelgebirges.

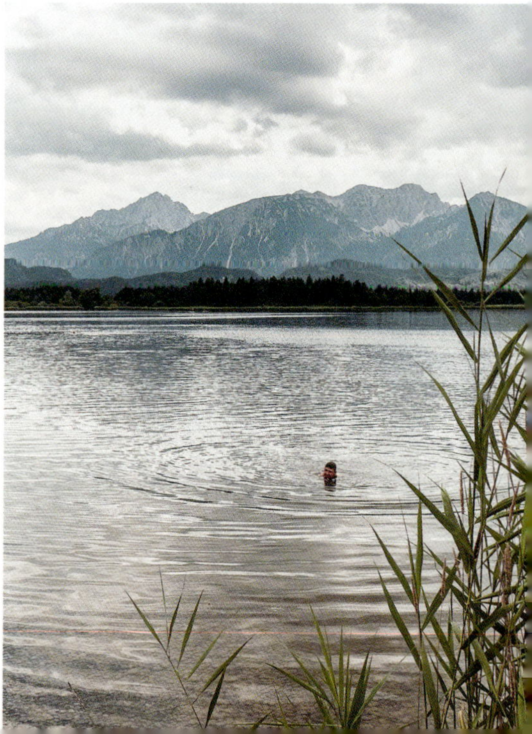

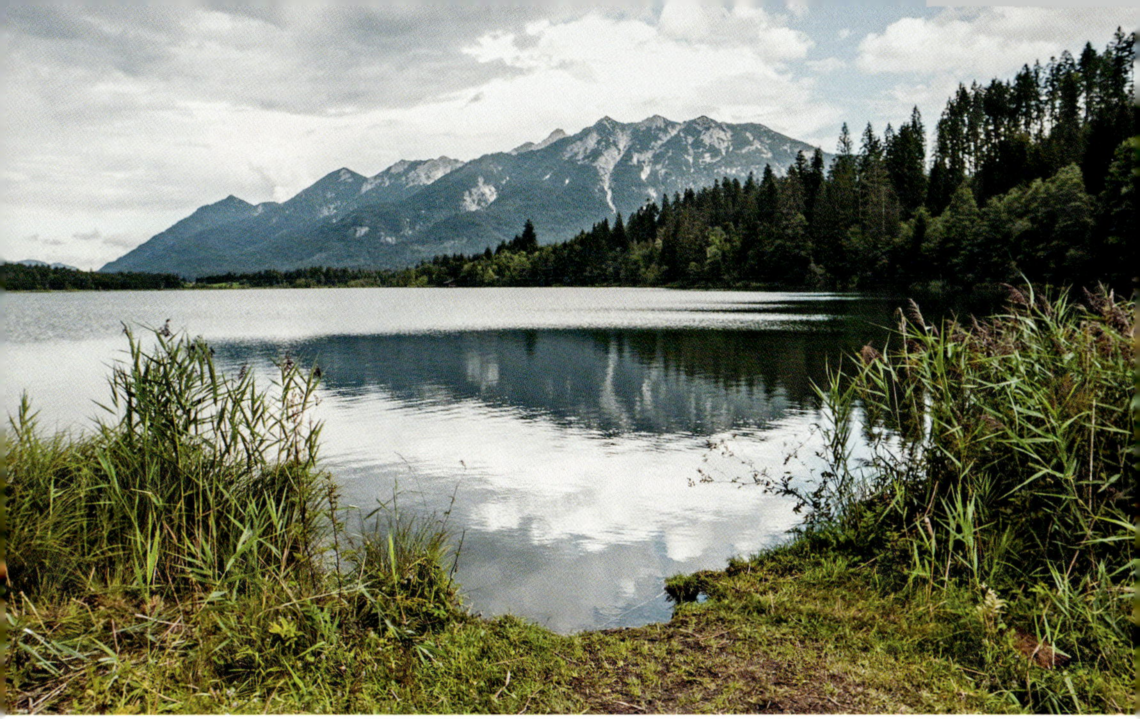

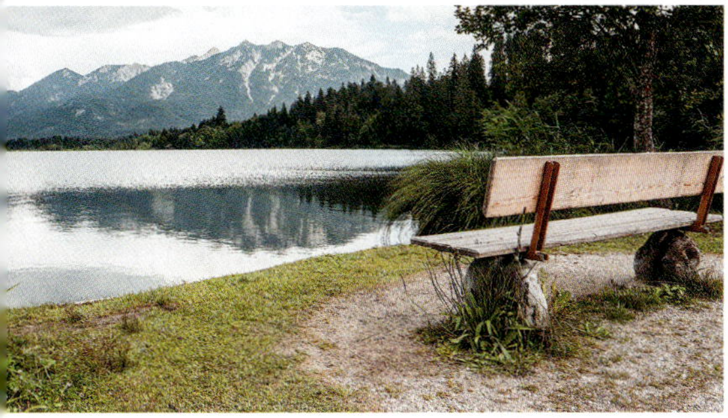

info

Anfahrtstipp Im Ort Barmsee, etwa 40 Gehminuten von der Badestelle entfernt, gibt es einen kostenpflichtigen Parkplatz.

GPS-Daten 47.502254, 11.244096

Beste Badezeit Mai bis September

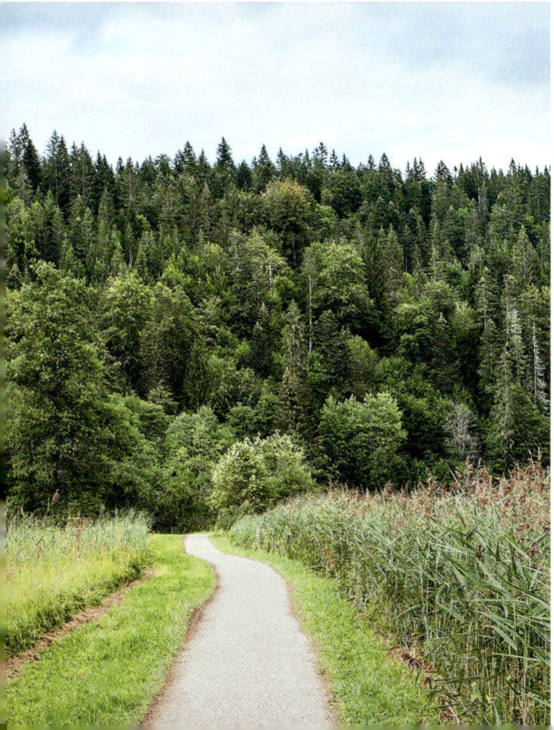

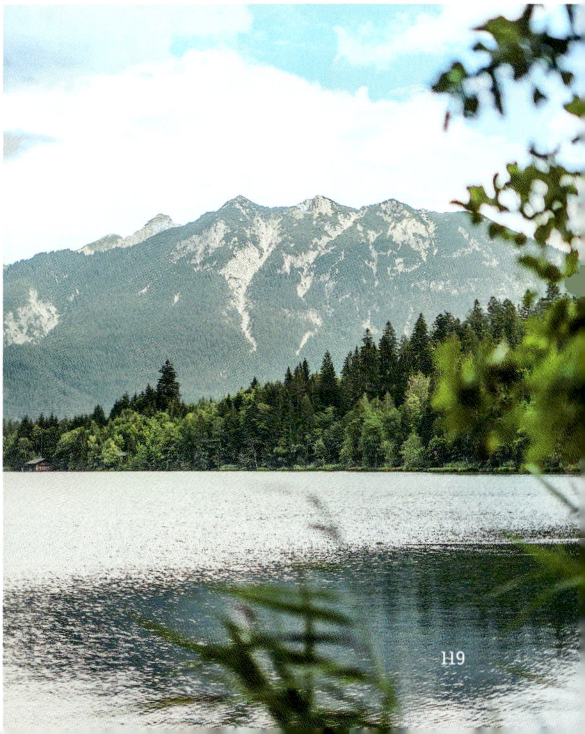

★★☆ Wildnisfaktor

★★★ Familienfreundlichkeit

★★☆ Erreichbarkeit

45 Wie auf einer Postkarte

GEROLDSEE, KRÜN, OBERBAYERN

Der Geroldsee ist malerisch in die umliegende Landschaft eingebettet, umringt von Weiden und Wald auf der Nordseite und den Bergen des Estergebirges auf der Südseite.
Der Moorsee ist komplett naturbelassen und besticht Besucher zudem mit seinem warmen Wasser.
Leider hat der Geroldsee, der auch unter dem Namen Wagenbrüchsee bekannt ist, in den letzten Jahren sehr an Bekanntheit zugenommen. Deshalb sollte man an heißen Sommerwochenenden lieber schon am frühen Morgen kommen oder besser im Mai oder Juni, denn aufgrund der geringen Tiefe des Sees kann man hier auch schon an warmen Frühlingstagen baden. Die Wasserqualität ist laut EU-Einstufung »ausgezeichnet«.
Die schönste Badestelle mit dem besten Blick auf die beeindruckenden Berge liegt auf der Nordwestseite. Die beiden Badestellen auf

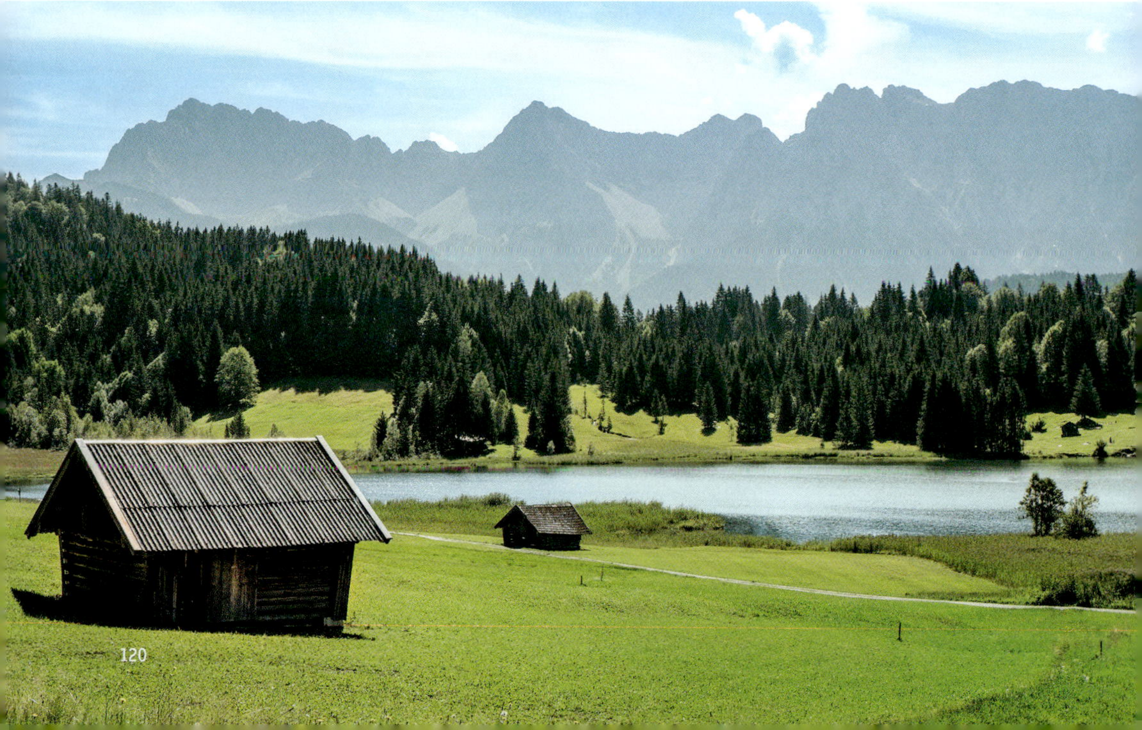

der Südseite bieten dahingegen mehr Bäume und natürlichen Schatten. An anderen Stellen des Sees ist das Baden verboten – zum Schutz der natürlichen Lebensräume von Pflanzen und Tieren.
Der Geroldsee lässt sich auch mit einer Wanderung oder einer einfachen Mountainbiketour zum etwa zwei Kilometer entfernten Barmsee (S. 118) und zum Grubsee verbinden, wo man ebenfalls baden kann.

FAZIT Ein See, wie gemalt, den man am besten im Frühling oder Frühsommer besucht.

Linke Seite: Der Geroldsee liegt malerisch in einer Senke, umringt von Wiesen und Feldern.
Rechts: Die Badestelle mit dem beeindruckendsten Blick liegt auf der Nordwestseite des Sees.
Unten links: Der Geroldsee hat schon im Frühling eine angenehme Badetemperatur.
Unten rechts: Die anderen, von Wildblumen und Schilf gesäumten Uferbereiche dürfen nicht betreten werden.

info

Anfahrtstipp Im Ort Gerold gibt es einen kleinen Parkplatz, der aber schnell voll ist. Deswegen kommt man am besten mit dem Fahrrad oder im Zuge einer Wanderung an den See.

GPS-Daten 47.492794, 11.217900

Beste Badezeit April bis Juli

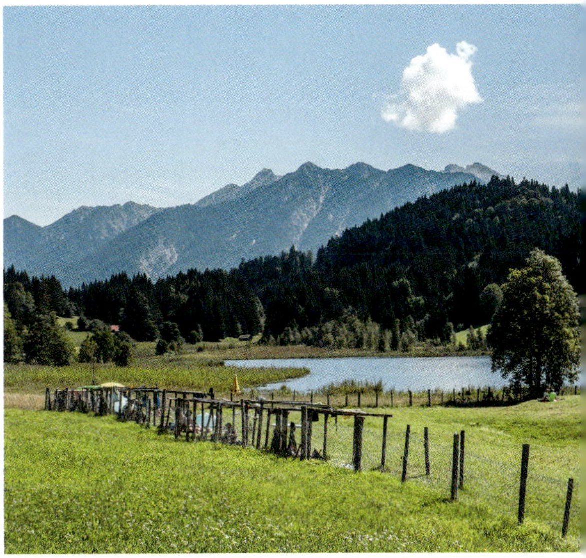

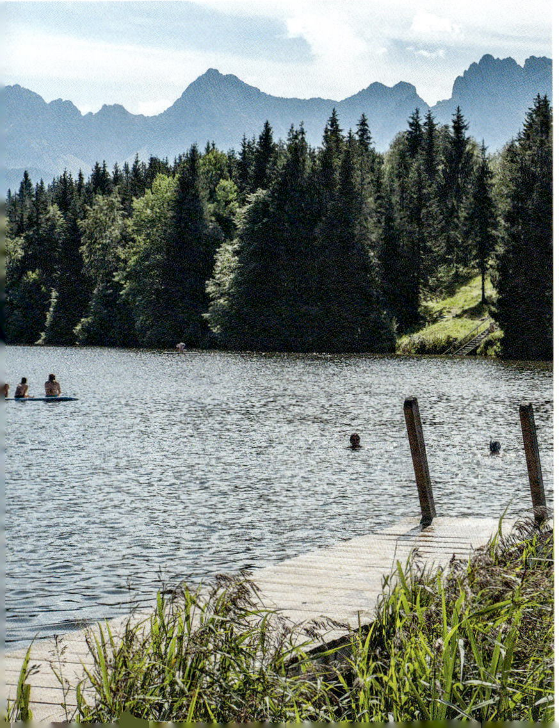

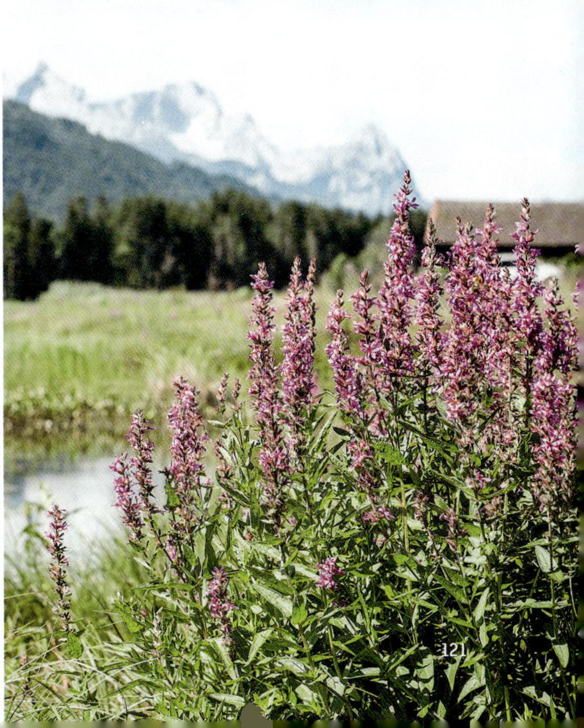

★☆☆ Wildnisfaktor

★★★ Familienfreundlichkeit

★★★ Erreichbarkeit

46 Die weltbekannte, bayerische Karibik

EIBSEE, GRAINAU, OBERBAYERN

Das glasklare, türkis funkelnde Wasser, die kleinen Inselchen auf dem See und das atemberaubende Panorama des Wettersteingebirges und der Zugspitze machen den Eibsee zu einem ganz besonderen und faszinierenden Ort.
Auch wenn der Bergsee ganzjährig ziemlich kalt ist, hält das im Sommer die vielen Besucher nicht vom Baden ab. Der naturbelassene See bietet nahe dem Parkplatz am Hotel zum Eibsee ein Restaurant, einen Biergarten und einen Bootsverleih. Hat man diese jedoch zu Fuß hinter sich gelassen, findet man sich in einem einmaligen Naturschauspiel wieder. Am besten läuft man am Nordufer entlang und sucht sich dann seine ganz eigene Badestelle. Hängematten-Fans sollten diese unbedingt mitbringen!

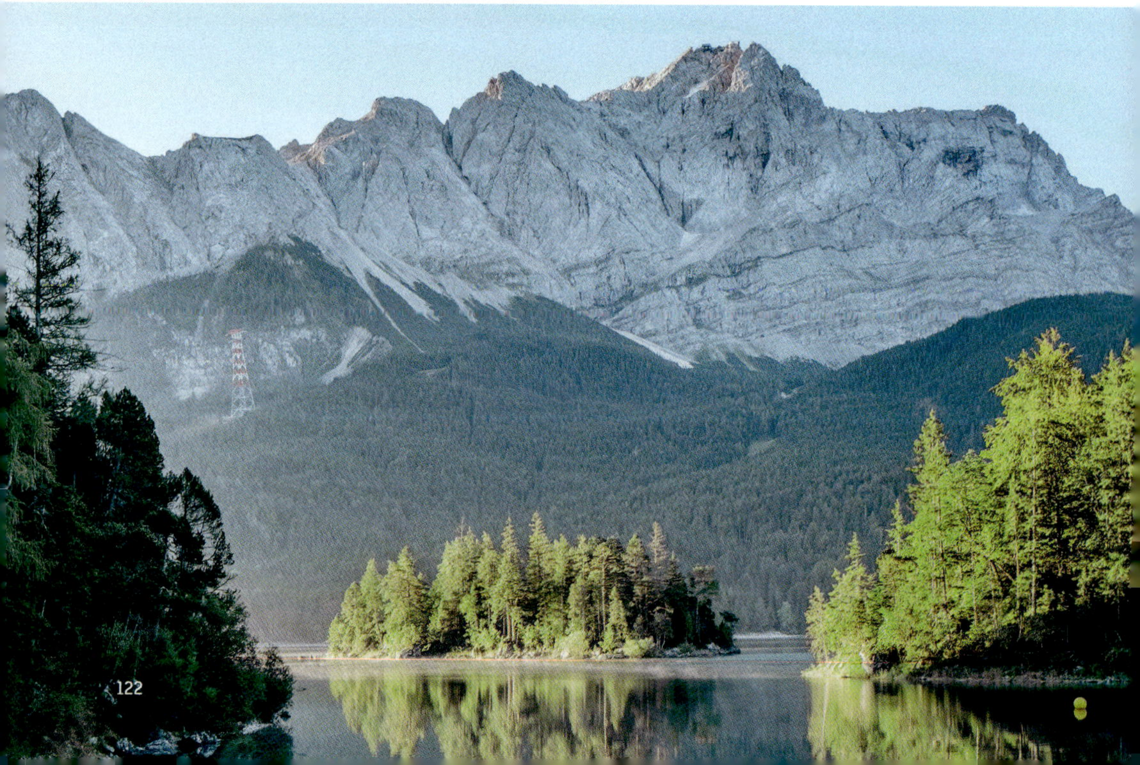

Und auch die Aktiv-Sportler kommen am Eibsee nicht zu kurz. Man kann sich ein Stand-up-Paddle-Board oder Ruderboot mieten, den etwa acht Kilometer langen Rundweg laufen oder eine der am Eibsee startenden Wander- oder Moutainbiketouren ausprobieren. Auch für Kinderwagen ist der Rundweg am See geeignet.

FAZIT Zu Recht ist der Eibsee weltbekannt. Deswegen kommt man lieber schon am frühen Morgen oder im Frühsommer.

Linke Seite: Die Lage des Eibsees am Fuße der Zugspitze ist einmalig.
Rechts: In den frühen Morgenstunden faszinieren beeindruckende Spieglungen auf der glatten Wasseroberfläche.
Unten links: Das ziemlich kalte Wasser schreckt die meisten nicht von einem Bad in atemberaubender Kulisse ab.
Unten rechts: Die acht kleinen Inseln auf dem See beeindrucken Besucher besonders.

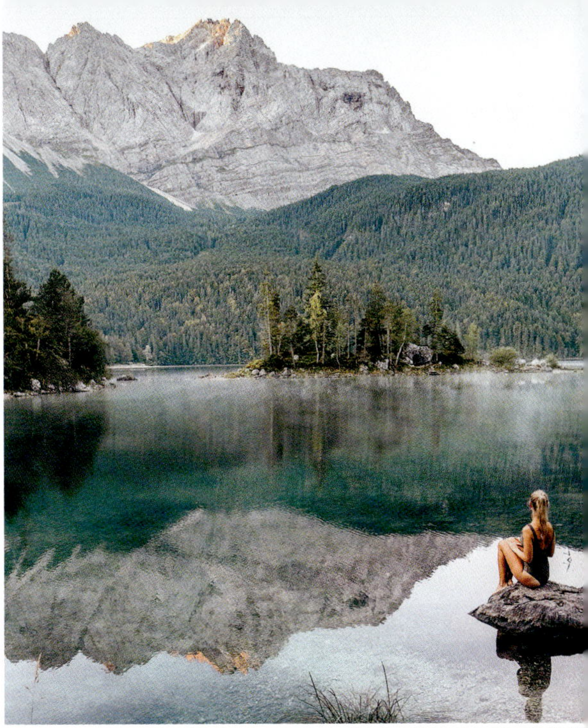

info

Anfahrtstipp	Direkt am See befindet sich ein großer Besucherparkplatz.
GPS-Daten	47.459953, 10.977988
Beste Badezeit	Mai bis Juni, September

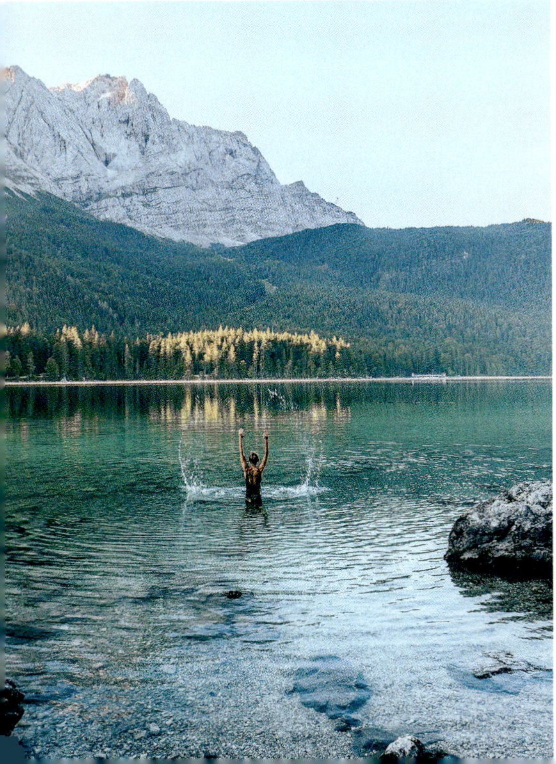

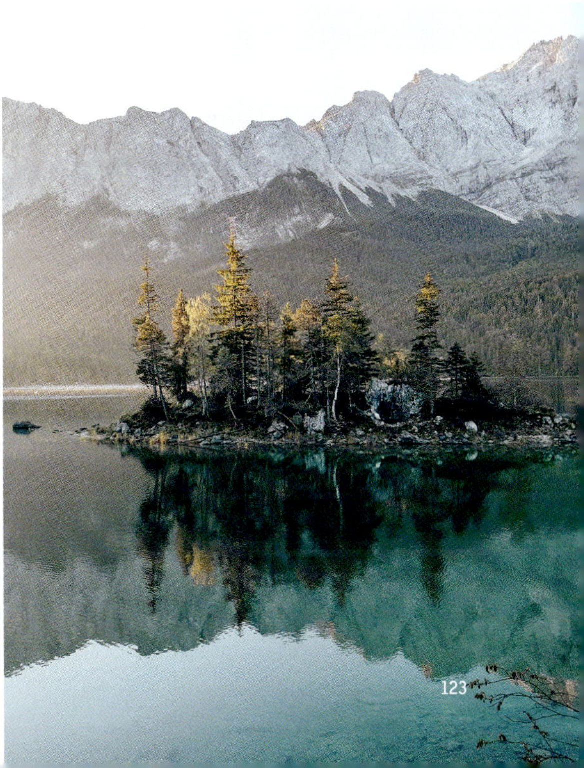

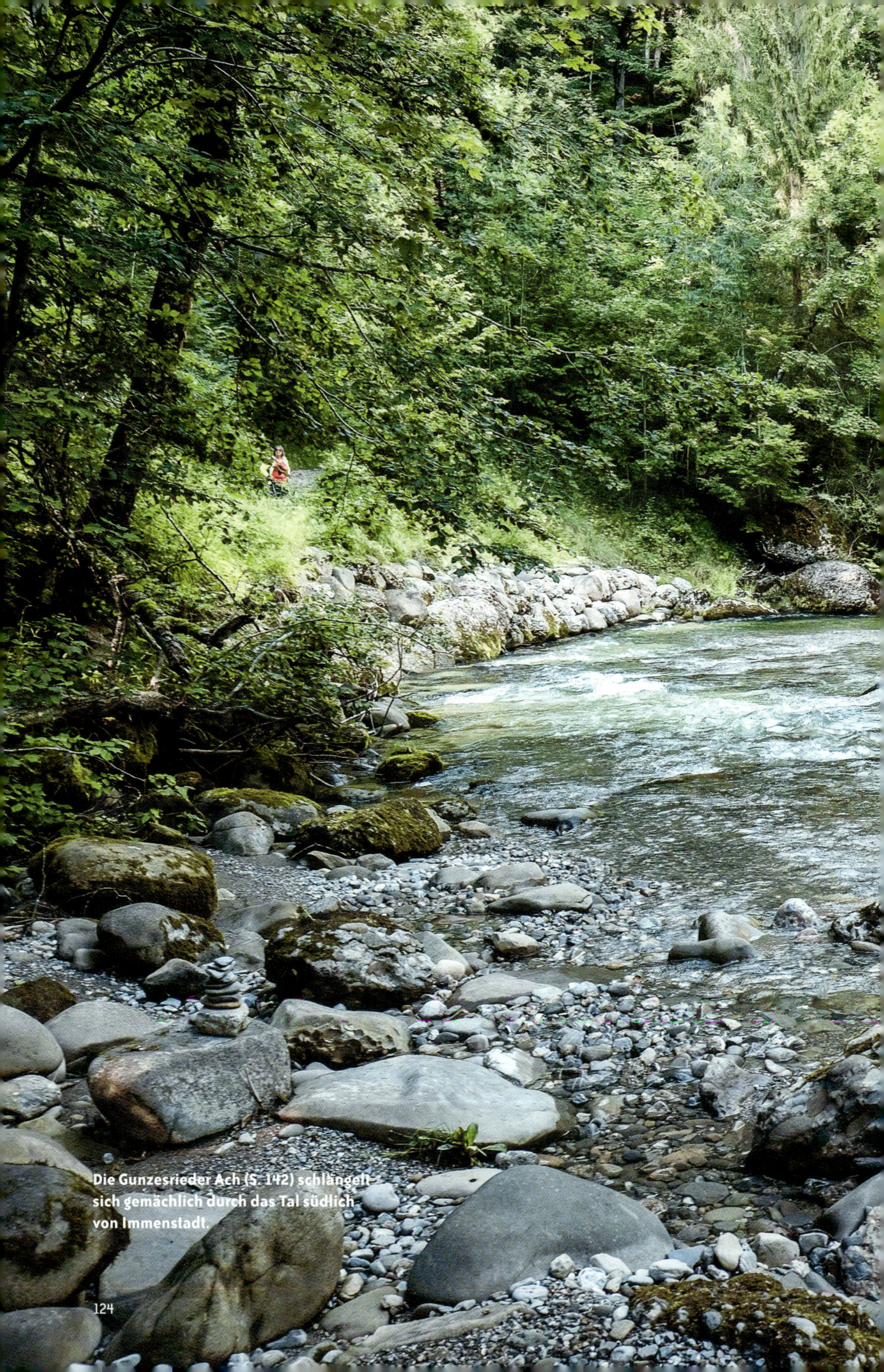

Die Gunzesrieder Ach (S. 142) schlängelt sich gemächlich durch das Tal südlich von Immenstadt.

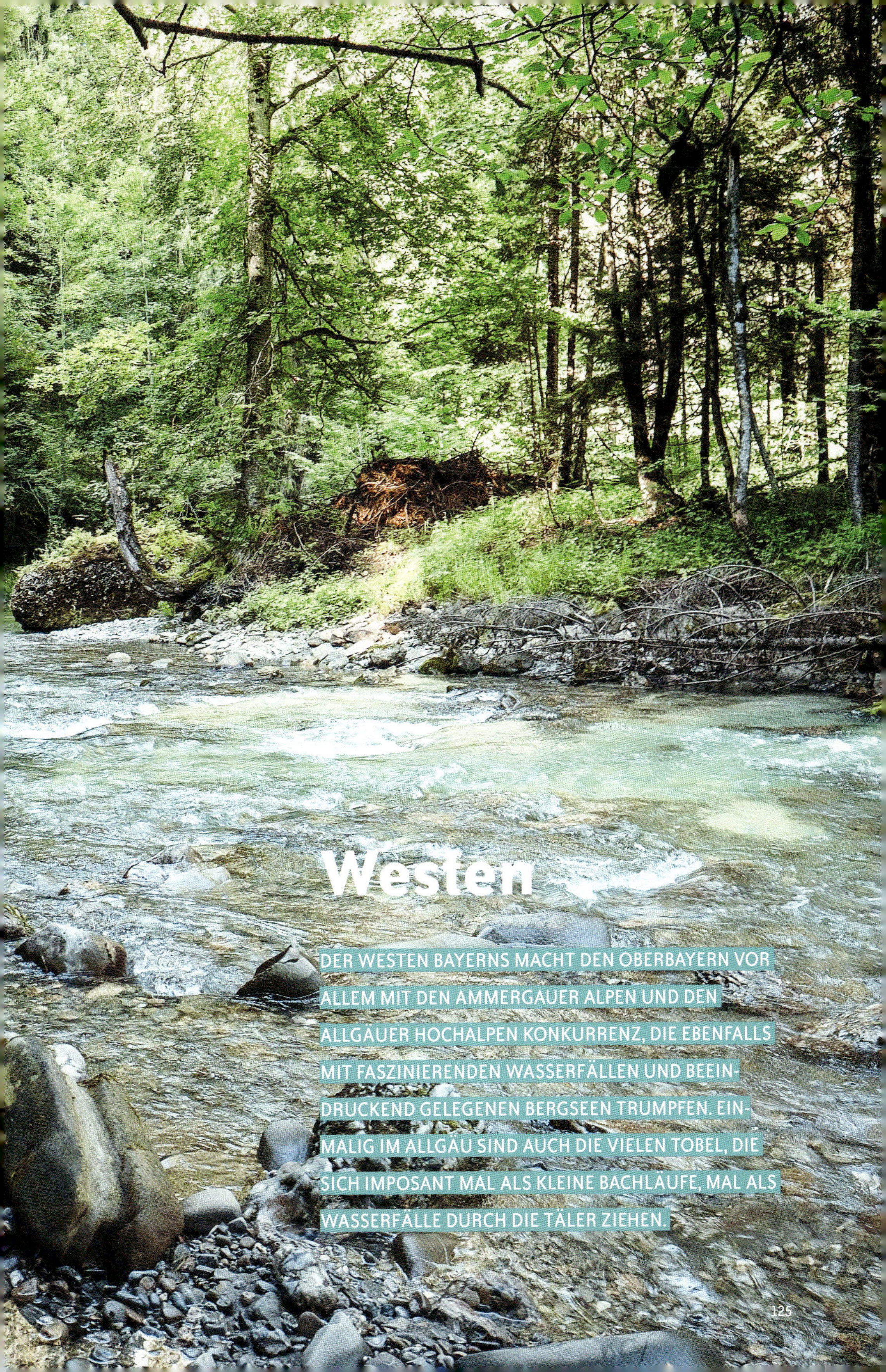

Westen

DER WESTEN BAYERNS MACHT DEN OBERBAYERN VOR ALLEM MIT DEN AMMERGAUER ALPEN UND DEN ALLGÄUER HOCHALPEN KONKURRENZ, DIE EBENFALLS MIT FASZINIERENDEN WASSERFÄLLEN UND BEEINDRUCKEND GELEGENEN BERGSEEN TRUMPFEN. EINMALIG IM ALLGÄU SIND AUCH DIE VIELEN TOBEL, DIE SICH IMPOSANT MAL ALS KLEINE BACHLÄUFE, MAL ALS WASSERFÄLLE DURCH DIE TÄLER ZIEHEN.

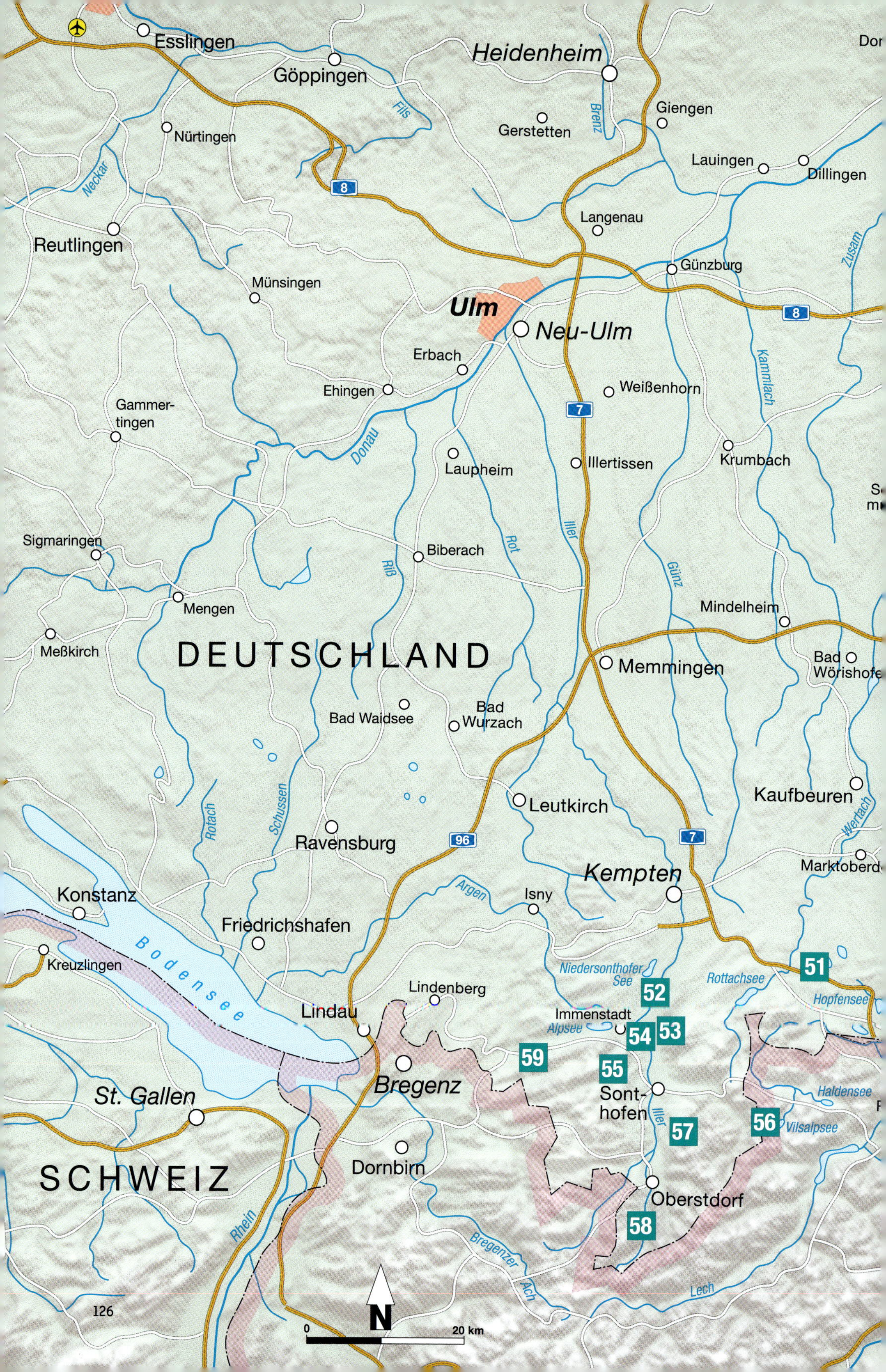

Esslingen
Göppingen
Heidenheim
Fils
Brenz
Giengen
Gerstetten
Nürtingen
Neckar
Lauingen
Dillingen
8
Langenau
Reutlingen
Günzburg
Zusam
Münsingen
Ulm
Neu-Ulm
8
Erbach
Ehingen
Weißenhorn
Kammlach
Gammer-
tingen
Donau
7
Laupheim
Illertissen
Krumbach
Sigmaringen
Biberach
Riß
Rot
Iller
Günz
Mengen
Mindelheim
Meßkirch
DEUTSCHLAND
Memmingen
Bad
Wörishofe
Bad Waldsee
Bad
Wurzach
Schussen
Rotach
Leutkirch
Kaufbeuren
Wertach
Ravensburg
96
7
Marktoberd
Konstanz
Argen
Isny
Kempten
Friedrichshafen
Bodensee
Kreuzlingen
Niedersonthofer
See
Rottachsee
51
Hopfensee
52
Lindenberg
Lindau
Immenstadt
Alpsee
54
53
59
Bregenz
55
Sont-
hofen
Haldensee
St. Gallen
Iller
57
56
Vilsalpsee
SCHWEIZ
Dornbirn
Oberstdorf
Rhein
58
Bregenzer
Ach
Lech
N
0
20 km

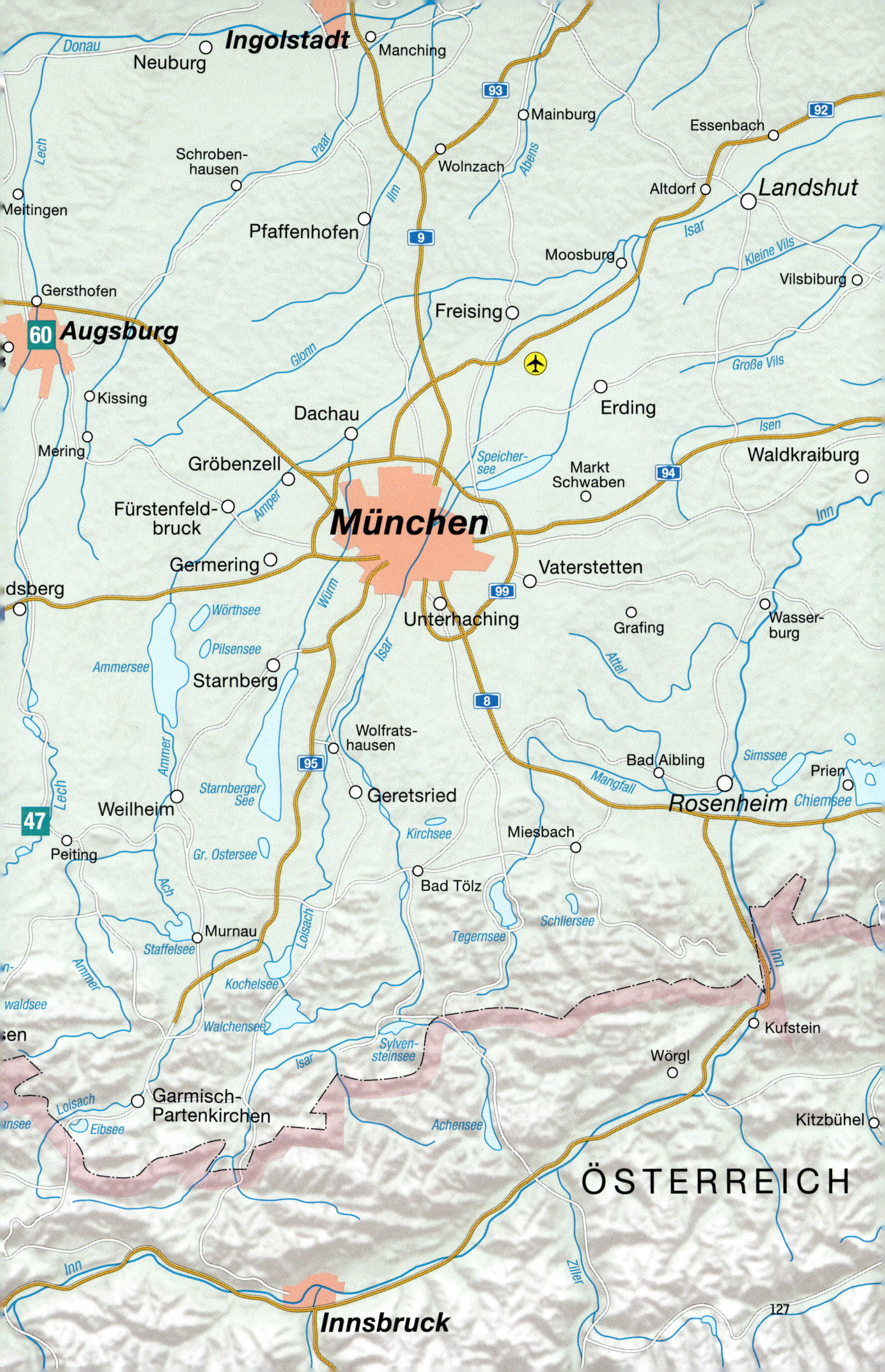
Ingolstadt
Neuburg
Manching
Donau
93
Mainburg
92
Essenbach
Schroben-
hausen
Paar
Wolnzach
Abens
Lech
Meitingen
Ilm
Altdorf
Landshut
Pfaffenhofen
9
Isar
Moosburg
Kleine Vils
Vilsbiburg
Gersthofen
Freising
60
Augsburg
Glonn
Große Vils
Kissing
Erding
Dachau
Isen
Mering
Speicher-
see
Markt
Schwaben
Waldkraiburg
Gröbenzell
94
Fürstenfeld-
bruck
Amper
München
Inn
Germering
Vaterstetten
dsberg
99
Wörthsee
Würm
Unterhaching
Wasser-
burg
Grafing
Pilsensee
Ammersee
Starnberg
Isar
Attel
8
Wolfrats-
hausen
Ammer
Simssee
Bad Aibling
95
Prien
Starnberger
See
Mangfall
Lech
Geretsried
Rosenheim
Chiemsee
47
Weilheim
Kirchsee
Miesbach
Peiting
Gr. Ostersee
Bad Tölz
Ach
Schliersee
Murnau
Tegernsee
Staffelsee
Loisach
Ammer
Inn
Kochelsee
waldsee
Walchensee
Kufstein
sen
Sylven-
steinsee
Wörgl
Isar
Garmisch-
Partenkirchen
Loisach
ansee
Eibsee
Achensee
Kitzbühel
ÖSTERREICH
Ziller
Inn
Innsbruck

★★ Wildnisfaktor

★★★ Familienfreundlichkeit

★★★ Erreichbarkeit

47 Auf zum Lido!

LECHSTAUSEE, SCHONGAU, OBERBAYERN

Eine entspannte Naturbademöglichkeit in der Region Schongau bietet die Badestelle Lido am Lechstausee. Ein breiter Wiesenstreifen entlang des Ufers und ein paar Holzliegen zur öffentlichen Nutzung laden hier zum Sonnen, Picknicken und Verweilen ein. Ansonsten ist diese Badestelle aber naturbelassen und sehr ruhig gelegen.

Am Lechstausee ist man weit entfernt von der üblichen Strömung des Flusses Lech und die Wasserqualität ist laut EU-Einstufung »ausgezeichnet«. Somit ist der Lido bestens zum Wildbaden geeignet.

Auch Angler, Fahrradfahrer und Wanderer schätzen diesen Badestrand und legen hier gerne einen Stopp ein. Zum Beispiel im Rahmen einer Wanderung zum etwa sieben Kilometer entfernten Aussichtspunkt Litzauer Schleife, mit tollem Blick auf den Lech, oder zur Felser Hütte. Wer nach seinem Badeaufenthalt einkehren möchte, kann dies im nahegelegenen Bootshaus Lido tun.

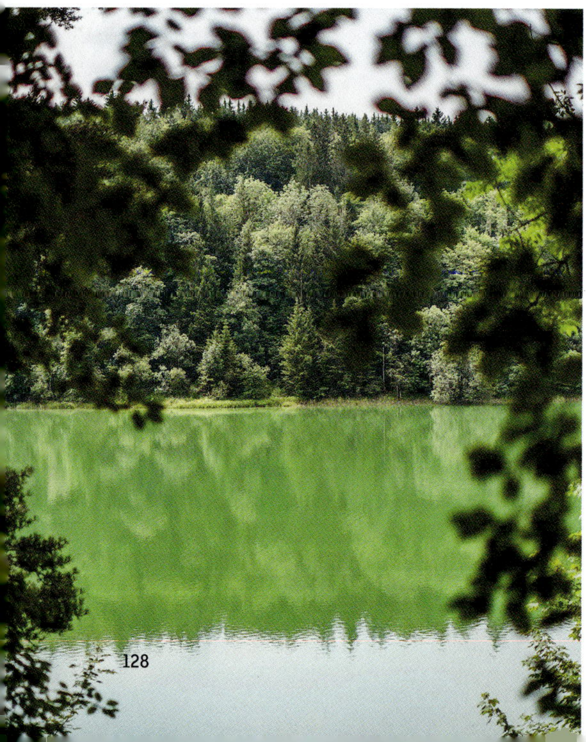

FAZIT Entspannung pur bei ausgezeichneter Wasserqualität.

Links: Im Lechstausee gibt es keine Strömung und man kann unbeschwert baden.
Rechte Seite: Oben: Die Wasserqualität der Badestelle Lido ist laut EU »ausgezeichnet«.
Mitte: Ein breiter Wiesenstreifen und Holzliegen machen den Aufenthalt sehr komfortabel.
Unten rechts u. links: Die Badestelle ist fast komplett naturbelassen und ruhig gelegen.

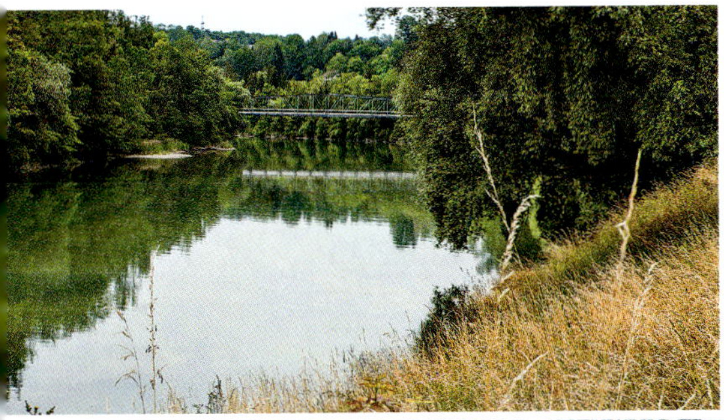

info

Anfahrtstipp Oberhalb der Badestelle in der Lechuferstraße in Schongau gibt es einen kostenpflichtigen Parkplatz.

GPS-Daten 47.798313, 10.892338

Beste Badezeit Juni bis August

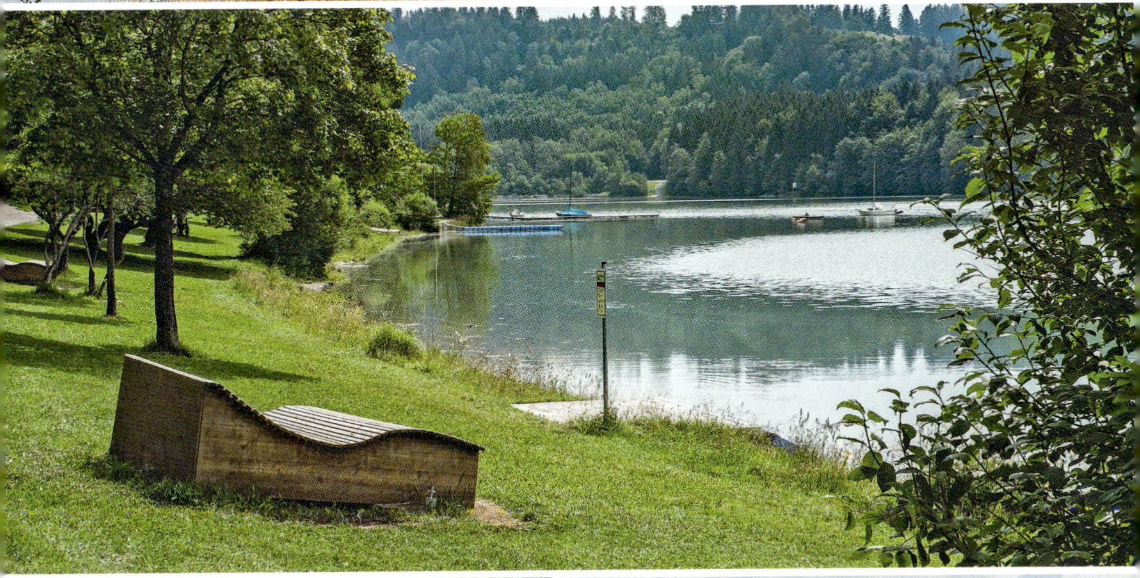

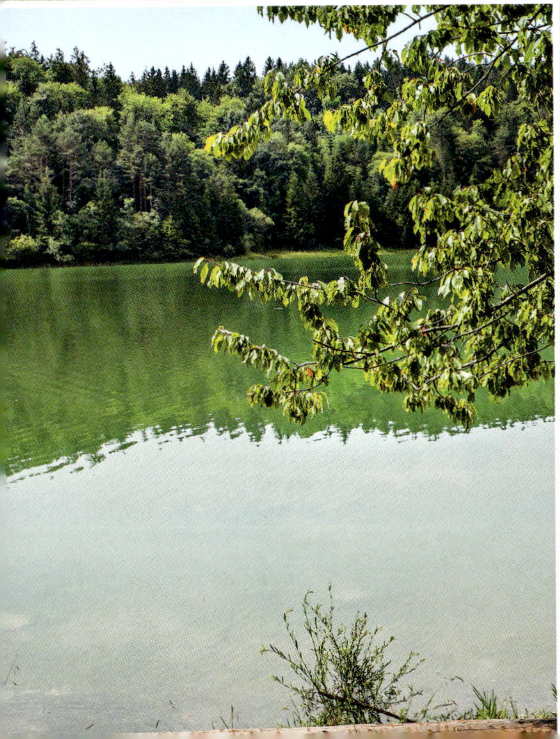

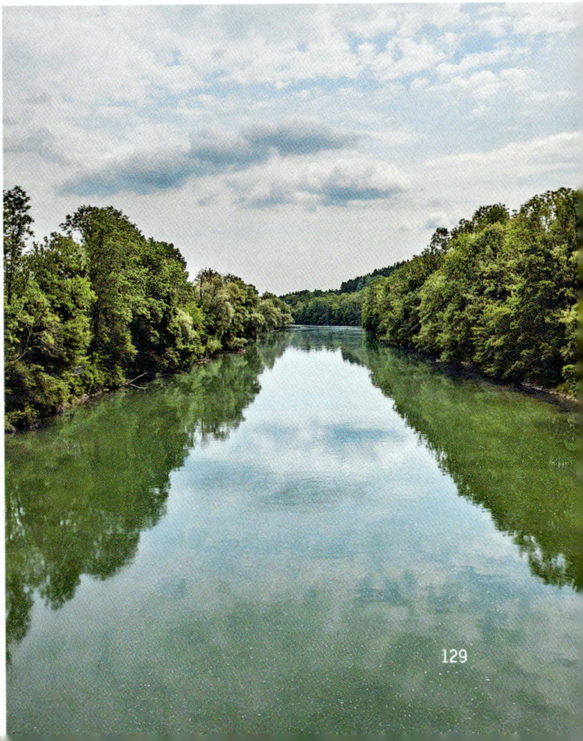

★★☆ Wildnisfaktor

★★★ Familienfreundlichkeit

★★★ Erreichbarkeit

48 Herrliche Lage

ILLASBERGSEE, HALBLECH, SCHWABEN

Das Sinnbild eines Naturbadesees ist der Illasbergsee, der mit dem beeindruckenden Bergpanorama der Ammergauer Alpen, hervorragender Wasserqualität und komplett naturbelassener und ruhiger Umgebung imponiert. Er ist ein kleiner Seitenarm des größeren Forggensees im Ostallgäu. Da dieser große Beliebtheit genießt, ist es am Illasbergsee oft ruhiger.

Weite Teile des Ufers dürfen aufgrund des Schilfbewuchses, der als wichtiger Lebensraum für Pflanzen und Tiere dient, nicht betreten werden. Eine schöne und gepflegte Badestelle, die als kleine Landzunge in den See ragt, befindet sich am Nordufer. Dort gibt es auch einen kleinen Kiosk, aber dieser trübt die natürliche Umgebung nicht. Der Einstieg in den See ist flach abfallend und sandig und

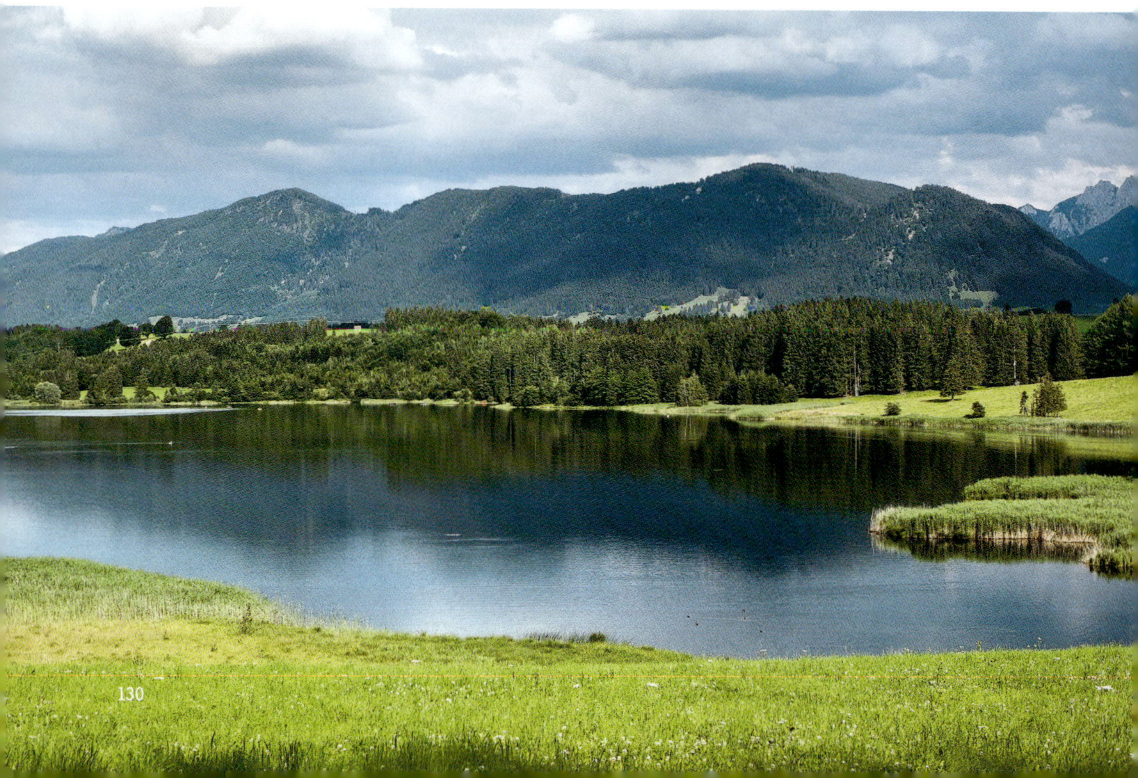

somit bestens für Familien mit kleinen Kindern geeignet. Der Illasbergsee zählt zu den EU-Badeseen und die Wasserqualität wurde mit »ausgezeichnet« eingestuft.
Er ist mit dem Forggensee verbunden. Stand-up-Paddler kommen hier voll auf ihre Kosten und können kilometerweit mit herrlichem Blick auf die Alpen auf dem Wasser entlangschippern.

FAZIT Ein Wildbade- und SUP-Paradies!

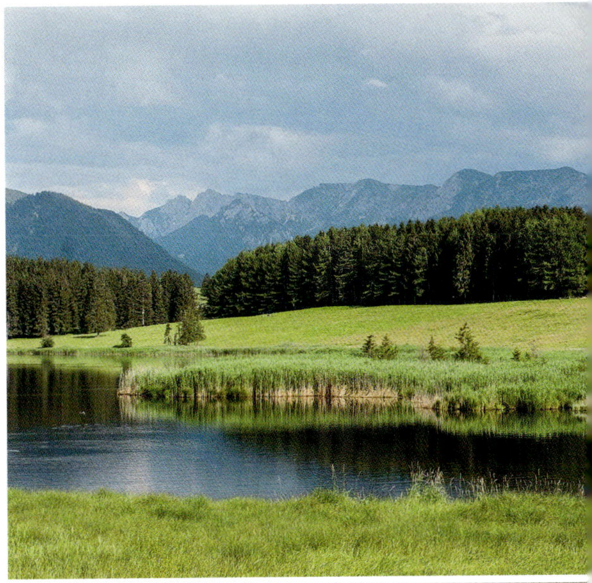

Linke Seite: Der Illasbergsee liegt malerisch am Rande der Ammergauer Alpen.
Oben: Weite Teile des Ufers sind von Schilf umrandet und sollten nicht betreten werden.
Unten links: Am Nordufer befindet sich eine kleine und gepflegte Badestelle.
Unten rechts: Gekrönt wird der Badeaufenthalt mit einem beeindruckenden Bergpanorama.

info

Anfahrtstipp Am Badeplatz an der Nordseite befindet sich ein Parkplatz an der Straße.

GPS-Daten 47.645338, 10.763098

Beste Badezeit Mai bis August

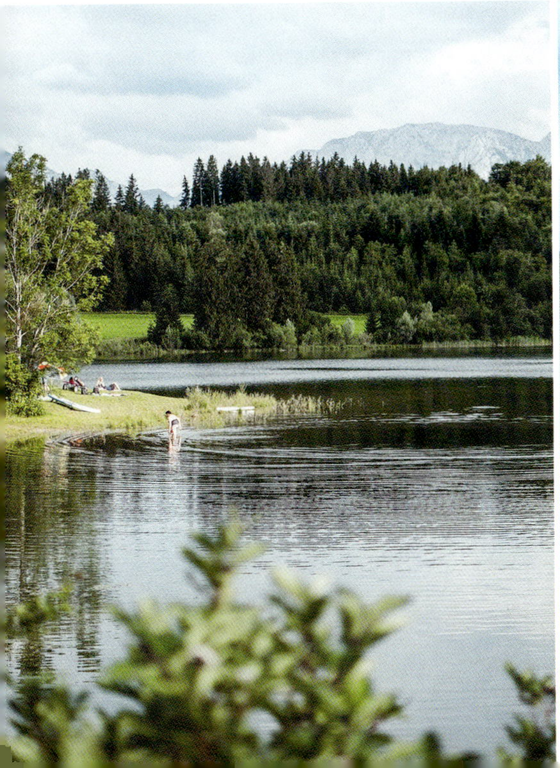

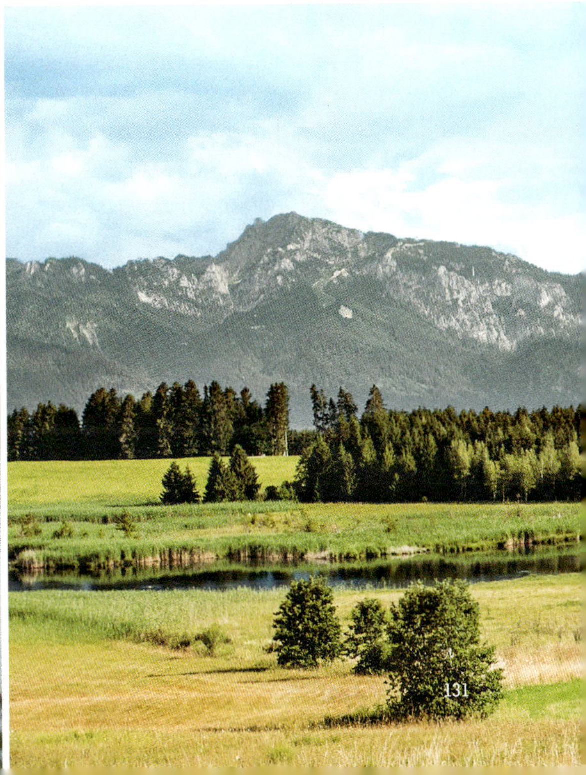

★★★ Wildnisfaktor

★★★ Familien-freundlichkeit

★★★ Erreichbarkeit

49 Natur pur nahe Neuschwanstein

SCHWANSEE, SCHWANGAU, SCHWABEN

Wer einen ruhigen Nachmittag in der gut besuchten Region Füssen verbringen möchte, findet am Schwansee einen echten – unerwarteten – Ruhepol. Anders als die größeren Seen dieser Region, ist er eher unscheinbar und unbekannt, aber nicht weniger spektakulär, denn man hat trotzdem einen tollen Bergblick.

Der See ist von Wiesen und einigen Bäumen umrandet und bietet verschiedene Liegemöglichkeiten direkt am See, wie einen Wiesenstreifen und Schattenplätze unter den Bäumen. Das Baden und Niederlassen ist jedoch nur am gekennzeichneten Nutzungsbereich erlaubt, denn der See ist als Landschaftsschutzgebiet ausgewiesen. Das Wasser ist sehr sauber, klar und erfrischend und somit bestens zum Wildbaden geeignet.

Es gibt zwei Stege, ansonsten ist der Schwansee aber komplett naturbelassen. Lohnenswert zu jeder Jahreszeit ist auch der Schwansee-Rundweg, der etwa eine Stunde dauert. Was nur wenige wissen: Von der Wiese hinter dem Parkplatz kann man einen Blick auf das Schloss Neuschwanstein erhaschen.

FAZIT Unerwartet ist dieses Naturidyll inmitten einer sonst sehr touristischen Gegend.

Rechts: Am Schwansee bekommt man eine tolle Kulisse, viel Natur und Spaß auf den Stegen. Rechte Seite: Oben: Der See ist bei Einheimischen sehr beliebt. Mitte: Auch der einstündige Rundgang ist lohnenswert. Unten links: Verschiedene Liegewiesen lassen jeden seinen bevorzugten Platz finden. Unten rechts: Vom Parkplatz aus kann man einen Blick auf das Schloss Neuschwanstein erhaschen.

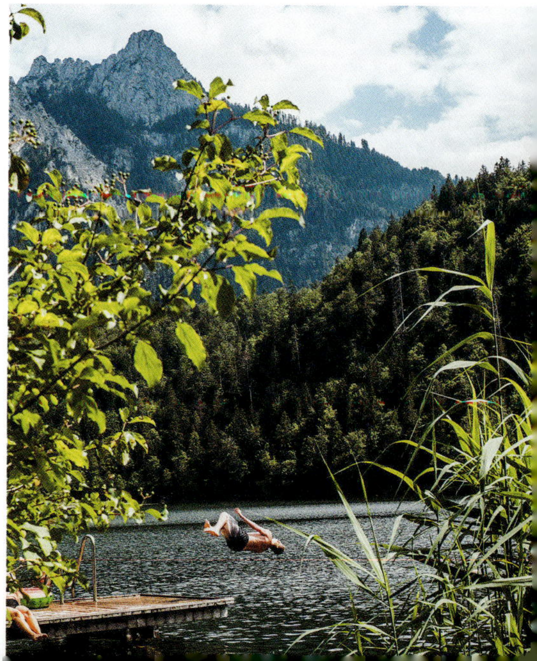

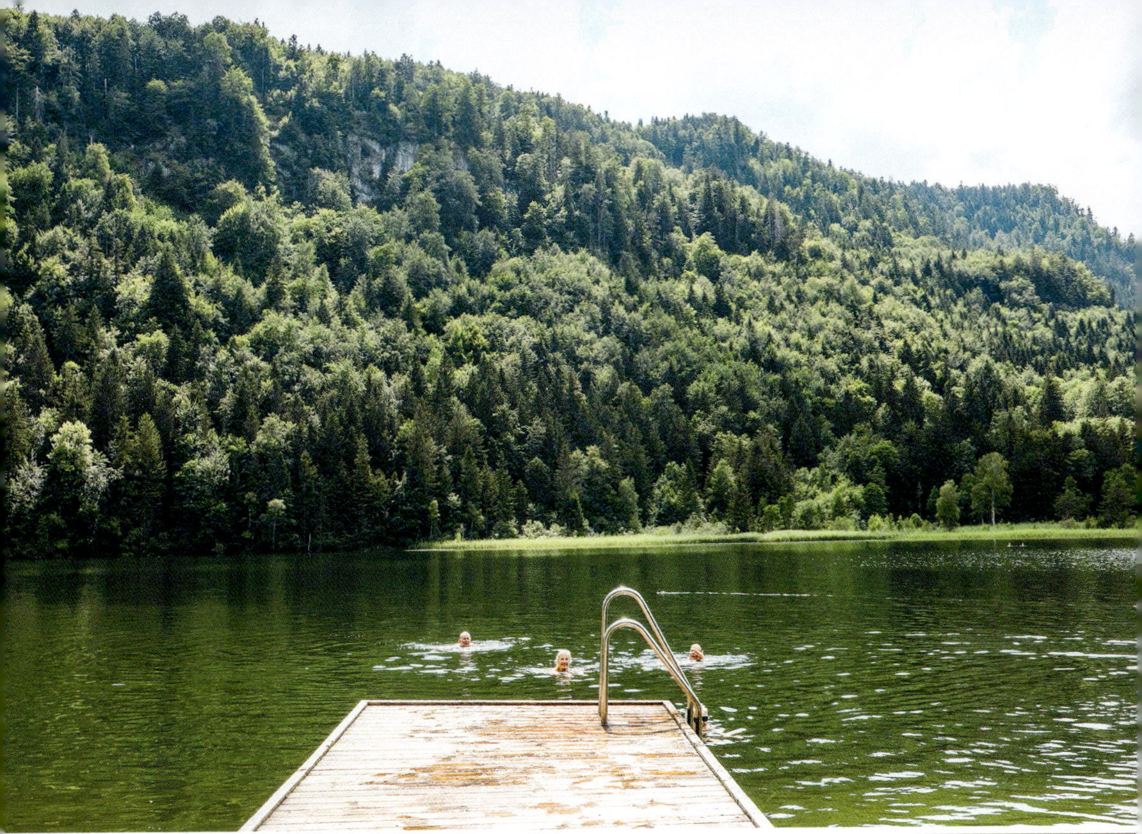

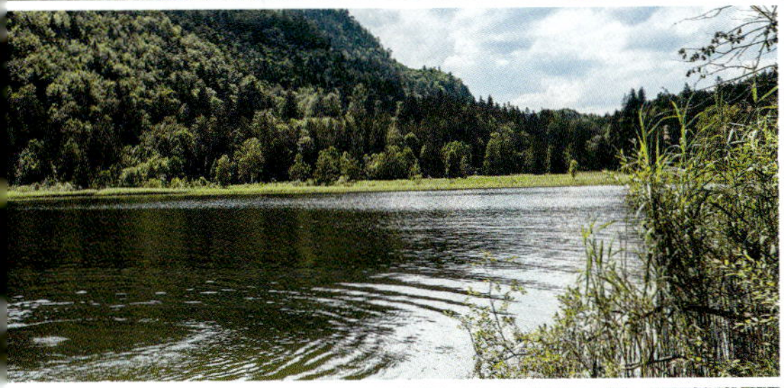

info

Anfahrtstipp Etwa zehn Minuten vom See entfernt am Königssträßchen in Schwangau gibt es einen Parkplatz.

GPS-Daten 47.559244, 10.720158

Beste Badezeit Juni bis August

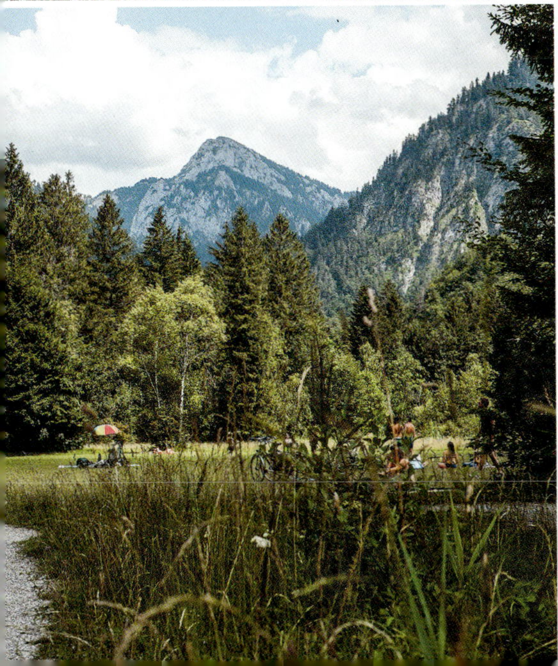

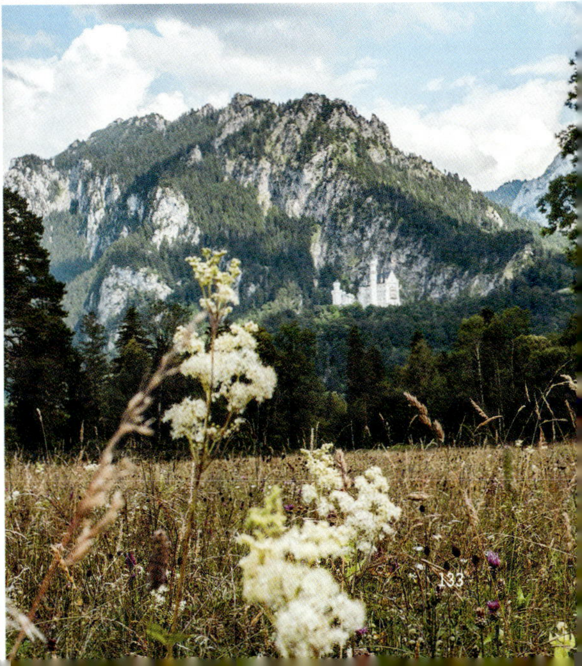

★☆☆ Wildnisfaktor

★★★ Familienfreundlichkeit

★★★ Erreichbarkeit

50 Königlich baden

ALPSEE, SCHWANGAU, SCHWABEN

Ein Bad im kristallklaren Alpsee, inmitten eines atemberaubenden Bergpanoramas mit Blick auf die Schlösser Neuschwanstein und Hohenschwangau, hat zweifellos etwas Besonderes.

Der Alpsee galt auch als Lieblingssee des bayerischen König Ludwig II. Oft soll er den See durchschwommen haben. Am besten kommt man früh morgens, wenn die meisten Besucher noch schlafen, und kann die besondere Atmosphäre dieses Sees erleben, wie sie König Ludwig II. genossen haben muss.

Es gibt ein Freibad mit Steg und Liegewiese, welches in etwa 20 Minuten vom Parkplatz in Hohenschwangau zu erreichen ist. Die meisten Touristen nehmen nur den Rundweg ohne Badestopp. Aus diesem Grund ist die Liegewiese weniger besucht, als man annehmen würde. Auch findet man immer wieder kleine Badestellen entlang des eineinhalbstündigen Rundwegs. Die schönste Aussicht bietet sich zwischen dem Strandbad und dem Ort Schwangau, mit direktem Blick auf beide Schlösser.

FAZIT Kristallklares Wasser und eine tolle Aussicht auf die Schlösser warten!

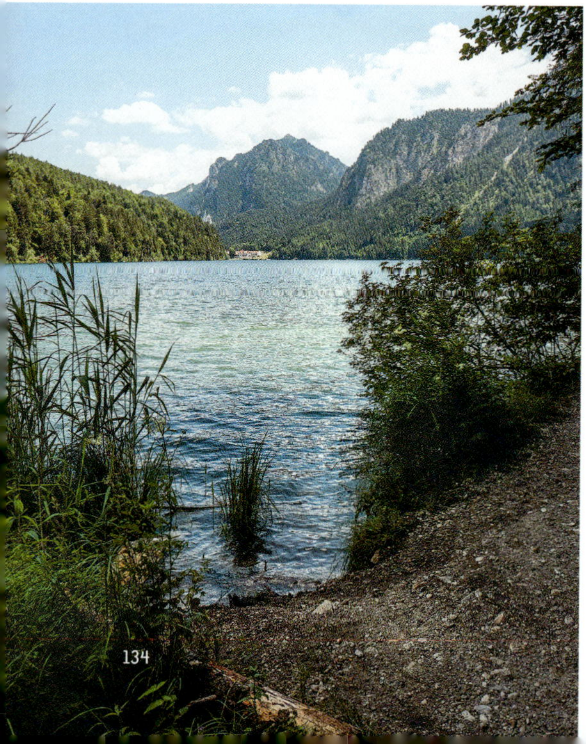

Links: Entlang des Alpsee-Rundwegs gibt es viele wilde Einstiegsstellen in den See.
Rechte Seite: Oben: Das kristallklare Wasser hat schon König Ludwig II beeindruckt. Mitte: Am Südufer gibt es ein Freibad mit Liegewiese, Kiosk und Steg. Unten links: Schwimmen mit Blick auf das Schloss Neuschwanstein ist zweifellos einmalig. Unten rechts: Vom Steg aus kann man einen beeindruckenden Ausblick genießen.

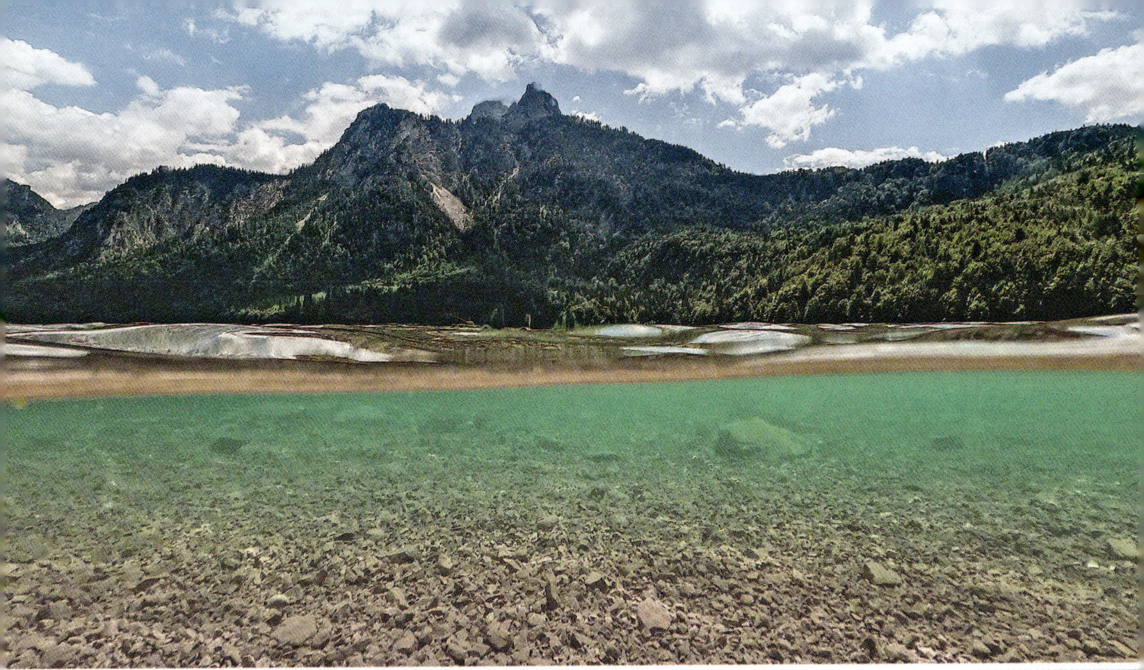

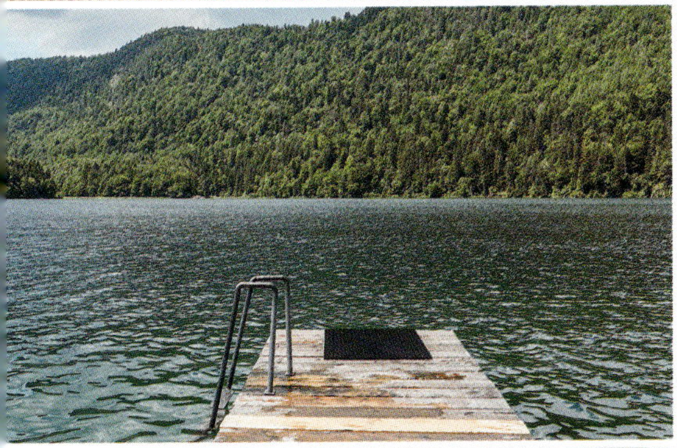

info

Anfahrtstipp Der nächstgelegene öffentliche Parkplatz befindet sich direkt am See und gehört zum Hotel Alpenrose. Es gibt aber auch weitere Parkplätze im Ort Hohenschwangau. Das Strandbad kann auf direktem Wege mit dem Kinderwagen erreicht werden.

GPS-Daten 47.546866, 10.724360

Beste Badezeit Juni bis August

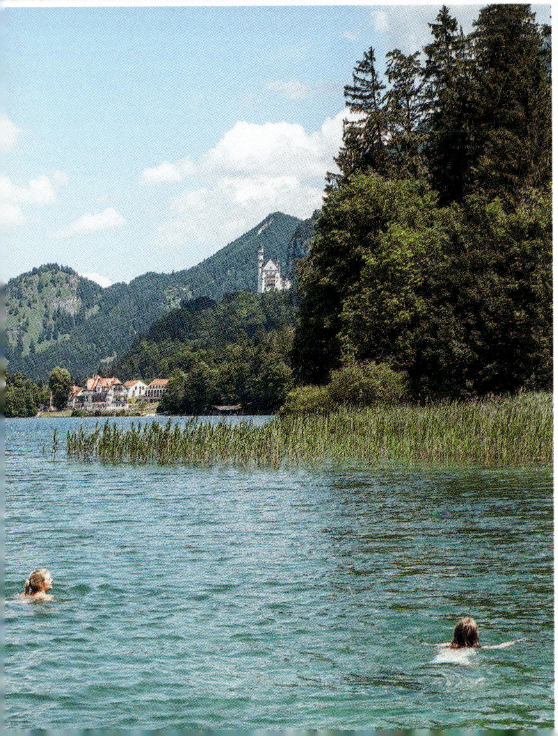

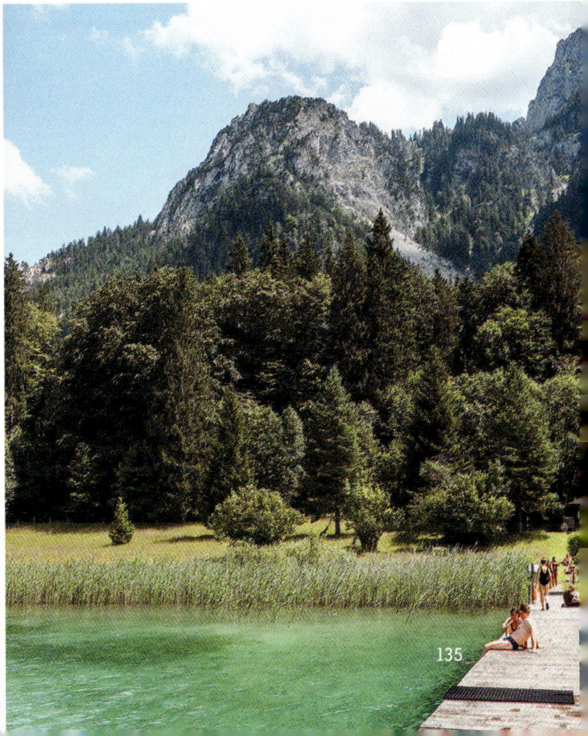

★★☆ Wildnisfaktor

★★★ Familienfreundlichkeit

★★☆ Erreichbarkeit

51 Unscheinbar und friedlich

ATTLESEE, NESSELWANG, SCHWABEN

Unscheinbar liegt der Attlesee am Fuße der Ammergauer Alpen. Der große Vorteil hier ist: Die meisten Badegäste sind an heißen Sommertagen an anderen Seen in der Region. Denn auf dem Attlesee sind keine Schwimmutensilien, wie SUPs oder Ähnliches, erlaubt. Dies scheint wohl einige Badegäste von einem Besuch abzuhalten, dafür profitieren die anderen von einem angenehm ruhigen See in schönster Kulisse.
Und das ist noch nicht alles, was der See zu bieten hat: Das Wasser ist angenehm warm, das Ufer flach abfallend und bestens für Kinder geeignet, es gibt zwei Wiesenstreifen, Umkleiden und Toiletten.
Golfspieler aufgepasst: Nebenan befindet sich ein Golfplatz, die Golfanlage Alpenseehof.

Man kann auch noch weiter zum Kögelweiher laufen, der ebenfalls sehr idyllisch gelegen ist, oder weiter zur Alpe Kögelhof zur Einkehr.

FAZIT Unerklärlich spärlich besucht – was für ein friedlicher Ort.

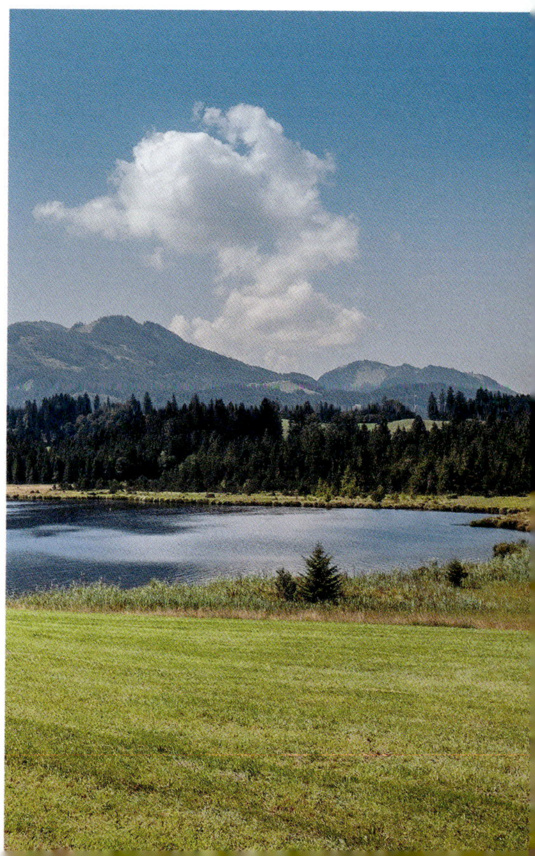

Rechts: Beschaulich liegt der Attlesee am Fuße der Ammergauer Alpen.
Rechte Seite: Oben links: Auch an heißen Sommertagen kommen hierher nur wenige Besucher.
Oben rechts: Der See ist idyllisch und abseits von jeglichem Trubel gelegen.
Unten: Die Wassertemperatur ist angenehm warm zum Schwimmen.

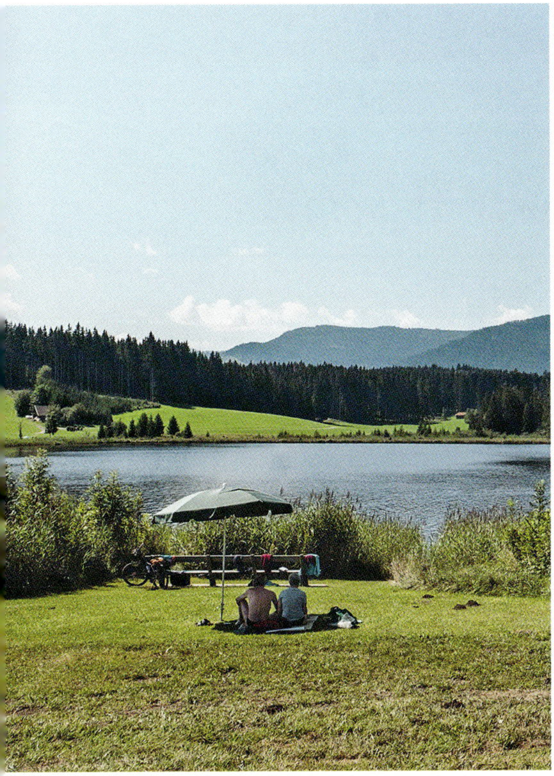

info

Anfahrtstipp Der Alpenseehof stellt einen kleinen kostenpflichtigen Parkplatz zur Verfügung. Von dort aus geht man zehn Minuten bis zum See.

GPS-Daten 47.631122, 10.543174

Beste Badezeit Mai bis September

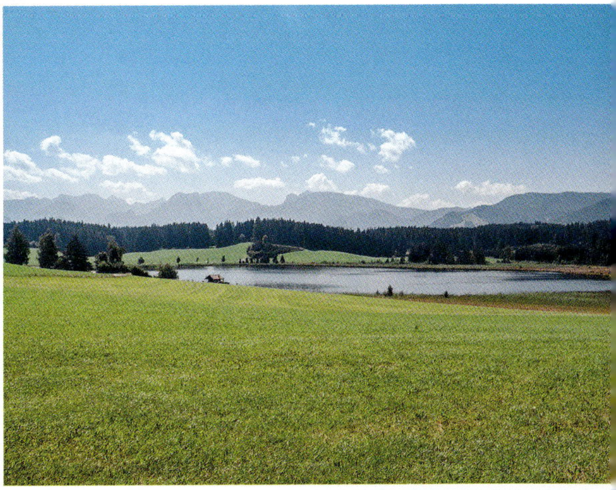

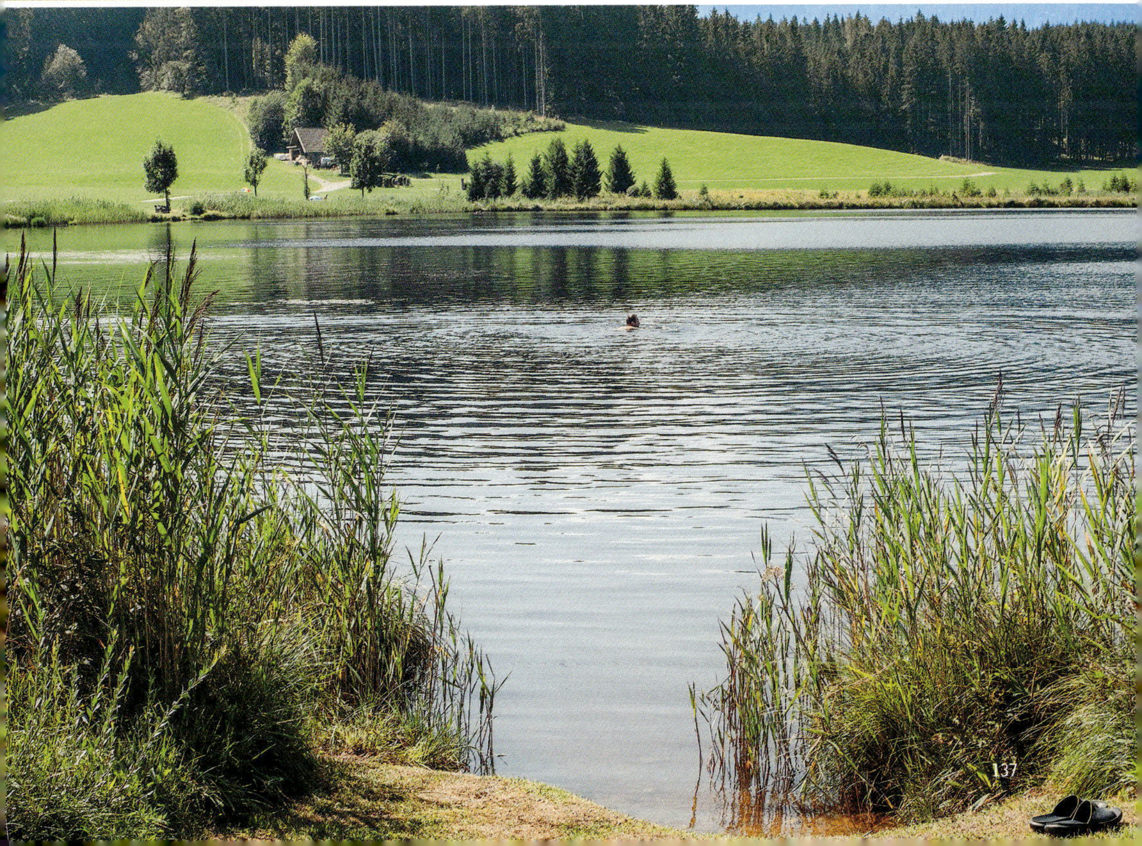

★★★ Wildnisfaktor

★★☆ Familienfreundlichkeit

★☆☆ Erreichbarkeit

52 Malerischer Moorsee

FLEDERMAUSSEE, RETTENBERG, SCHWABEN

Dieser Moorsee ist unaufgeregt und trotzdem ganz besonders. Der Fledermaussee ist abgeschieden in einer kleinen Senke inmitten von Feldern in Rettenberg, nördlich von Immenstadt gelegen. Eingerahmt von Schilf und Wildblumen ist er ein ganz friedlicher Ort zum Baden. Zudem ist die Wassertemperatur auch schon früh im Jahr sehr angenehm.
Mit dem Auto ist der Fledermaussee nicht erreichbar, sondern nur zu Fuß oder mit dem Fahrrad. Wenn man Glück hat, kann man hier zu den Abendstunden ganz alleine seine Bahnen ziehen.
Außer einer Bank gibt es keinerlei Infrastruktur. Man findet jedoch einen kleinen Aussichtsturm in der Nähe des Sees und Informationstafeln, die über Flora und Fauna in der Umgebung aufklären.

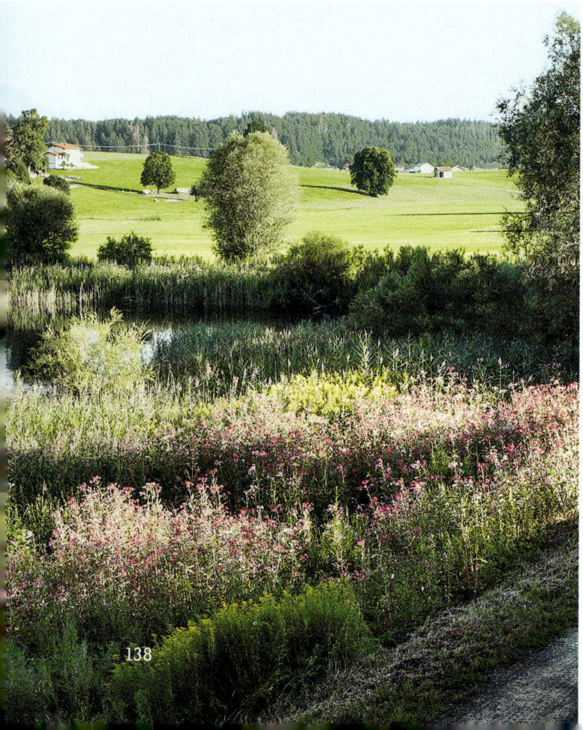

FAZIT Ankommen. Durchatmen. Kraft tanken.

Achtung Dieser See befindet sich in einem Polder, einem Rückhaltebecken für Hochwasser. Der See und die Umgebung können während Hochwasser und Überschwemmungen nicht betreten werden.

Links: Der Fledermaussee ist umringt von einem Meer aus Wildblumen und Schilf.
Rechte Seite: Oben: Am Moorsee ist es ganz ruhig und friedlich.
Mitte: Die Wassertemperatur ist angenehm warm.
Unten links u. rechts: Im ruhigen See spiegelt sich die beeindruckende umliegende Landschaft wider.

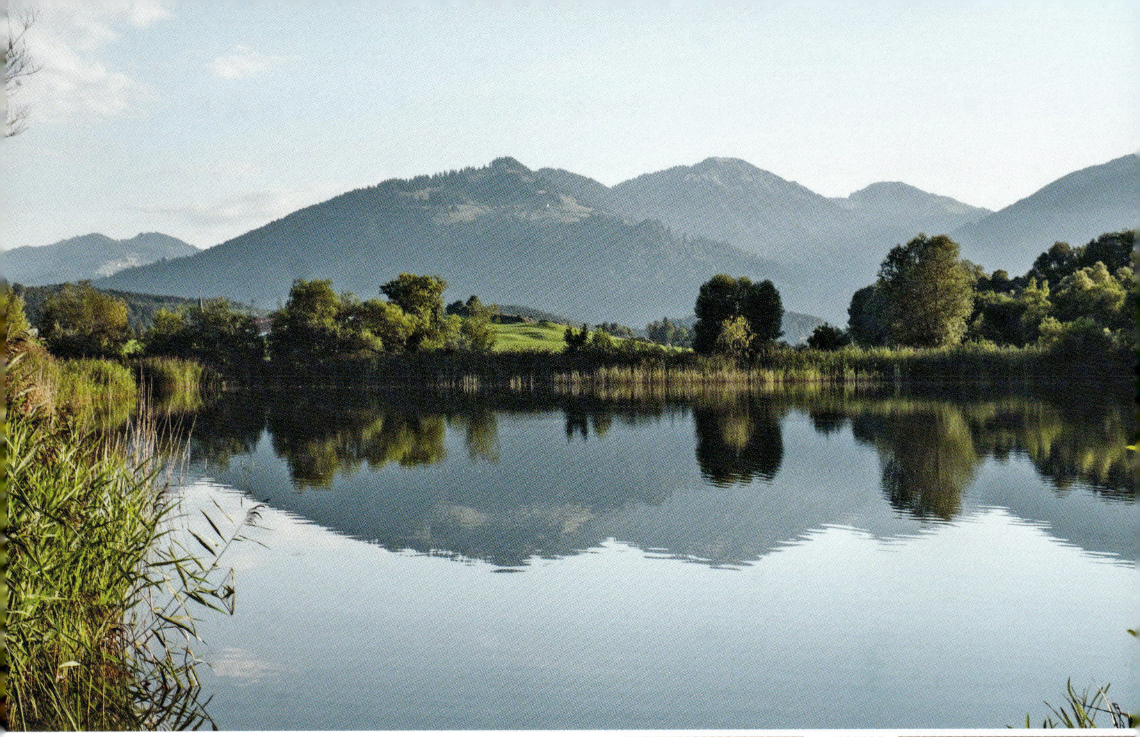

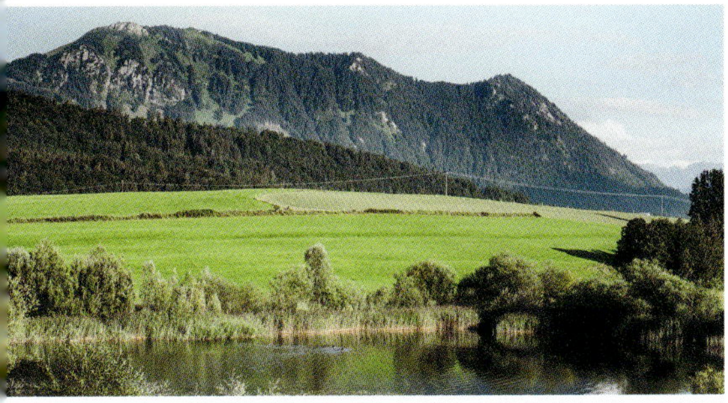

info

Anfahrtstipp Man kann diesen See nicht mit dem Auto anfahren. Am besten unternimmt man eine Radtour oder Wanderung von Immenstadt aus.

GPS-Daten 47.590393, 10.266472

Beste Badezeit Mai bis September

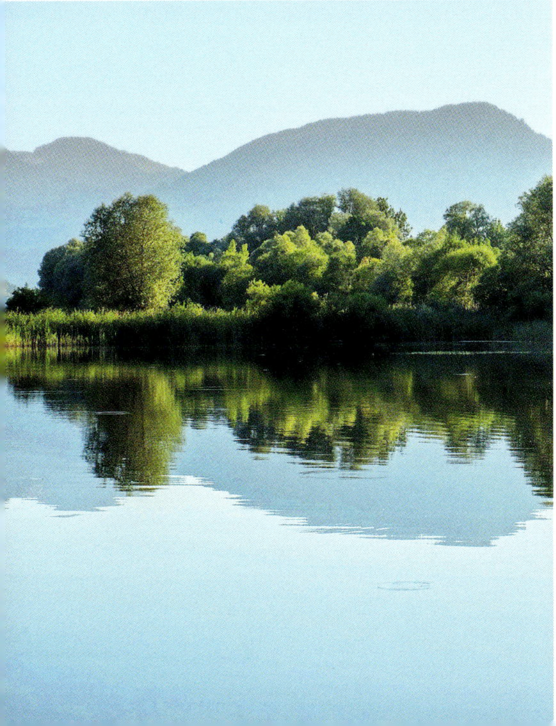

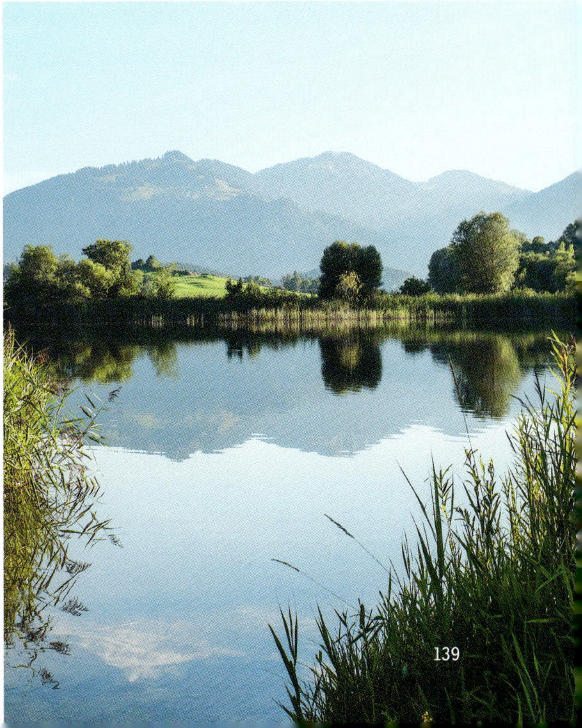

★★★ Wildnisfaktor

★★★ Familienfreundlichkeit

★★★ Erreichbarkeit

53 Türkise Badefreuden

ORTWANGER SEE, BURGBERG IM ALLGÄU, SCHWABEN

Der Ortwanger See besticht mit türkis leuchtendem, klarem Wasser, vielen schattigen Liegemöglichkeiten und ruhiger Atmosphäre, während an anderen Badeseen in der Umgebung oft mehr los ist.
Von der Lage an der B 19 sollte man sich nicht abschrecken lassen. Am besten legt man sich auf die gegenüberliegende Seite und bekommt so nichts von der Bundesstraße mit. Wem es am See doch einmal zu voll ist, der kann sich an die direkt angrenzende Iller auf den Kiesstrand legen und sich dort an dem ebenso türkisen, erfrischenden Wasser erfreuen. Das Ufer des Sees fällt relativ steil ab und man ist schnell im tiefen Wasser. Mit Kleinkindern ist hier etwas Vorsicht geboten.

FAZIT Was für ein klares und türkises Wasser!

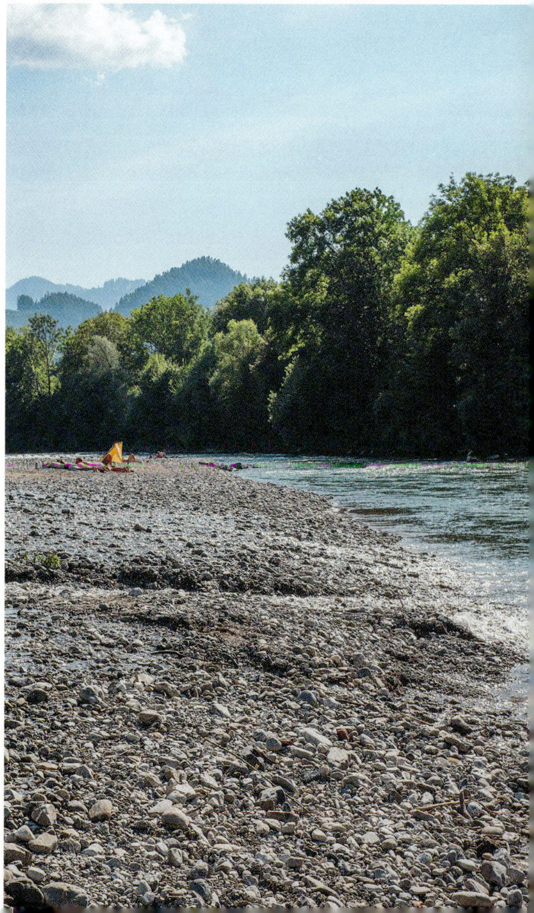

Rechts: Der Ortwanger See grenzt direkt an die Iller.
Rechte Seite: Oben links: Am besten legt man sich auf die der B 19 gegenüber liegenden Seite.
Oben rechts: Das Wasser ist beeindruckend klar und türkis.
Unten: Auch in der Iller kann man angenehm baden oder plantschen.

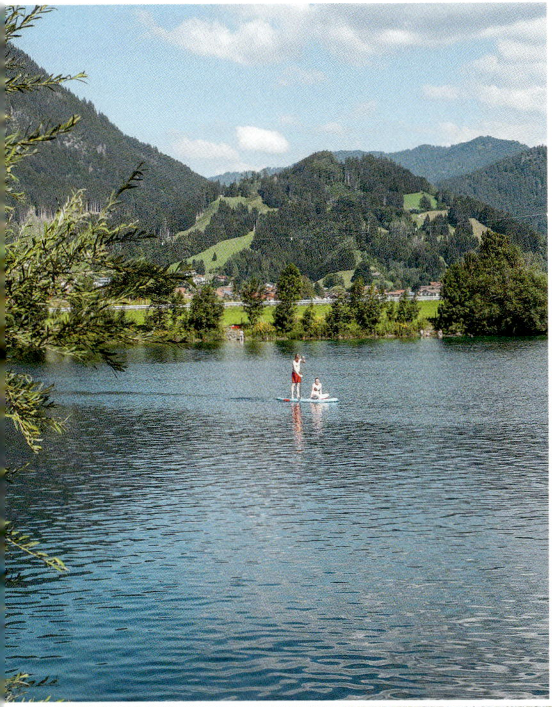

info

Anfahrtstipp Der See ist nicht ausgeschildert. Am besten parkt man von Immenstadt kommend rechts nach der Illerbrücke.

GPS-Daten 47.536638, 10.264548

Beste Badezeit Mai bis August

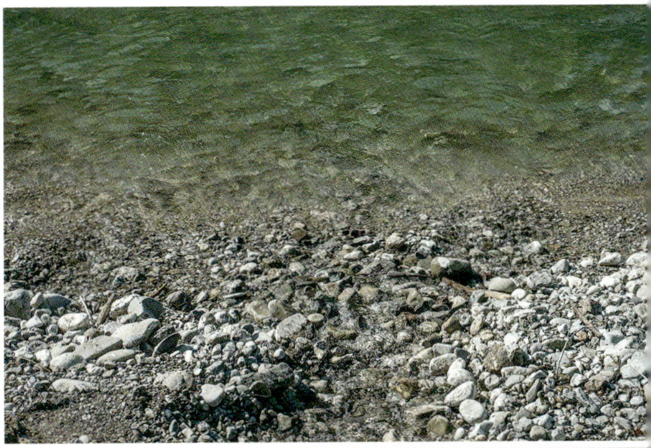

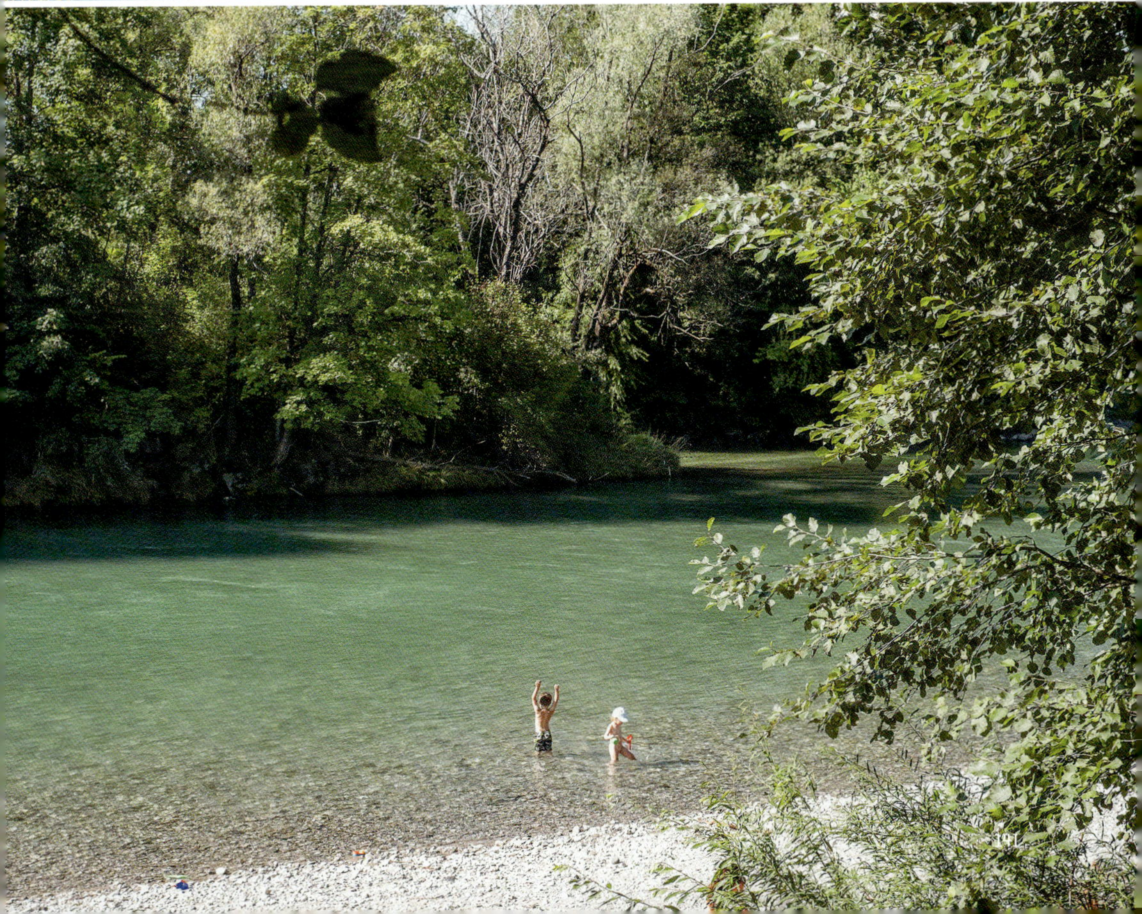

★★★ Wildnisfaktor

★★★ Familienfreundlichkeit

★★ Erreichbarkeit

54 Auf ins »Paradies«

GUNZESRIEDER TOBEL, BLAICHACH, SCHWABEN

Wem ein Nachmittagsspaziergang oder ein Besuch eines einfachen Badesees schlichtweg zu langweilig ist, dem sei eine Wanderung durch den Gunzesrieder Tobel empfohlen. Diese ist kurzweilig, abwechslungsreich, schattig und mit vielen wilden Bademöglichkeiten verbunden.

Der flache Pfad entlang der Gunzesrieder Ach ist für jede Altersgruppe machbar. Der Fluss schlängelt sich abwechselnd sanft und ruhig und dann wieder tosend in engen Schluchten und Becken durch das Tal. An den ruhigen Stellen ist das Wasser nur wenige Zentimeter tief, und auch Kleinkinder können auf den Kiesbänken ohne Sorge plantschen.

Gleich die erste Lichtung an der Wiese ist eine tolle Badestelle und wird von den Einheimischen »das Paradies« genannt. Wenn die Sonne in den Mittags- und frühen Nachmittagsstunden durch die Bäume in den Tobel scheint, wirkt es hier wahrlich wie im Paradies. Bei normalem Wasserstand kann man sich auch im tiefen Wasser ein paar Meter in der sanften Strömung treiben lassen. Man

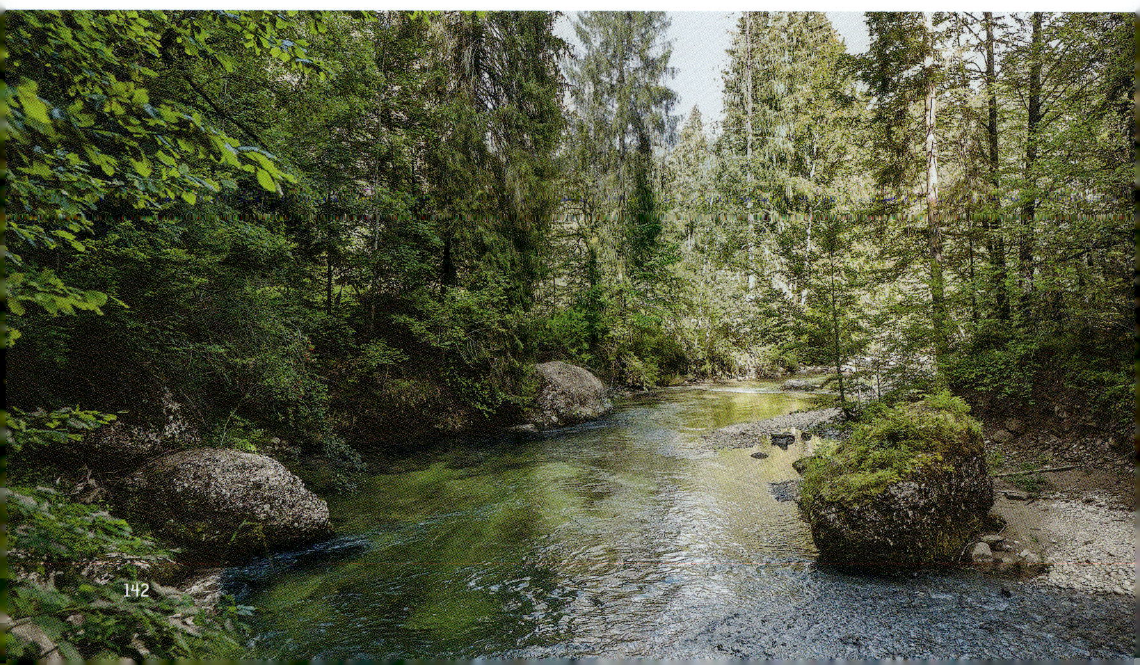

kann entweder bis zum Ende des kompletten Tobels, eine gute Stunde weiter durch den direkt anschließenden Haldertobel wandern, oder auch nur zu einem kurzen Erfrischungsstopp und zum Ruhetanken im »Paradies« vorbeischauen.

FAZIT Ein perfektes Ausflugsziel für heiße Sommertage.

Achtung Nicht bei Hochwasser, nach Starkregen oder in der Nähe von Schleusen und Wehren schwimmen (mindestens 100 Meter Abstand wahren). Auf gefährliche Unterströmungen achten. Kinder an Flussbadestellen stets beaufsichtigen.

info

Anfahrtstipp Parkmöglichkeit am Ortseingang von Gunzesried auf der linken Straßenseite auf einem kleinen kostenlosen Parkplatz.

GPS-Daten 47.527220, 10.238068

Beste Badezeit Juli bis August

Linke Seite: Die Einheimischen nennen diesen Abschnitt »Das Paradies«.
Rechts: Die Gunzesrieder Ach schlängelt sich mal wild und mal ganz sanft durch den Tobel.
Unten links: Der Gunzesrieder Tobelweg ist ein tolles Ausflugsziel für die ganze Familie.
Unten rechts: Aufgrund der schattigen Lage ist der Weg perfekt für heiße Sommertage.

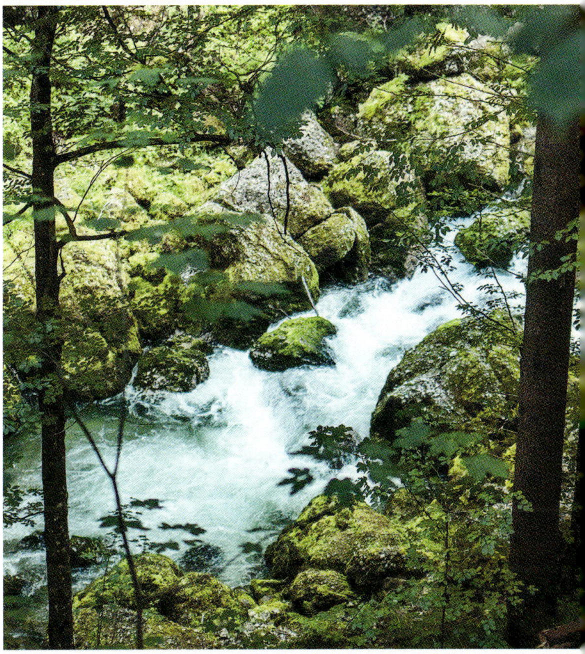

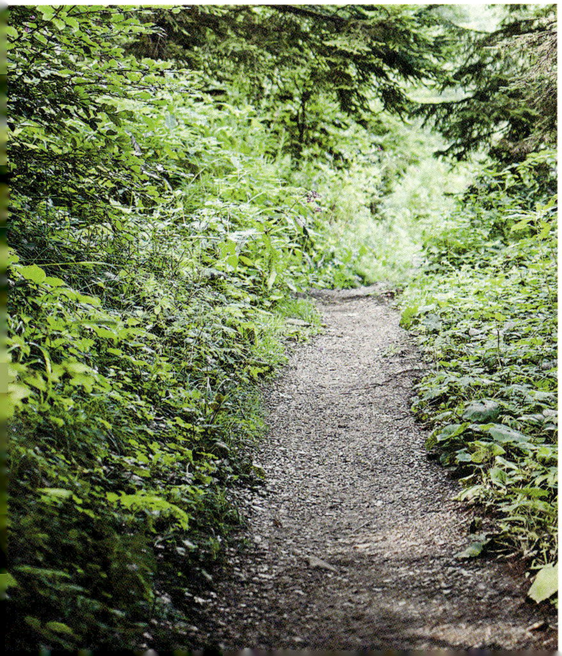

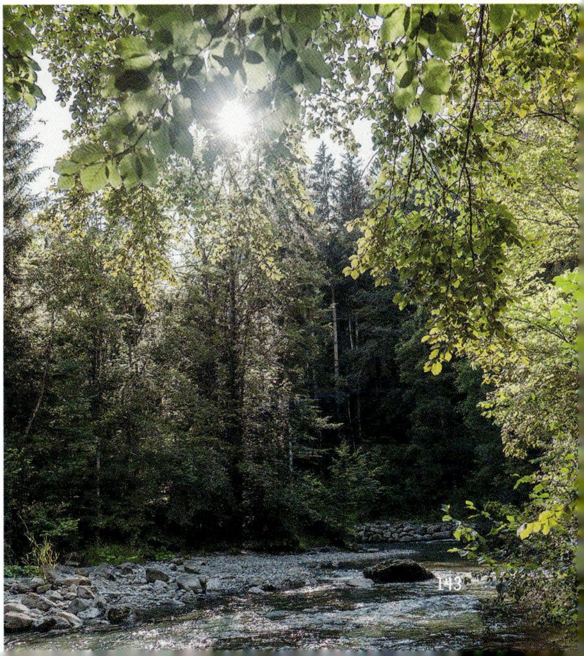

★★★ Wildnisfaktor

★★★ Familienfreundlichkeit

★★☆ Erreichbarkeit

55

Heißer Tipp

OSTERTALTOBEL, BLAICHACH, SCHWABEN

Wer eine Alternative zu den gut besuchten Buchenegger Wasserfällen, einem der absoluten Highlights des Allgäus (S. 152), sucht, ist mit dem Ostertaltobel gut beraten. Selbst an heißen Sommertagen lassen sich hier nur wenige Besucher an dem kleinen Wasserfall nieder – unverständlicherweise, denn diese kleine Lichtung ist den Buchenegger Wasserfällen sehr ähnlich.

In etwa 20 Minuten ist der Wasserfall über den Ostertaler Tobelweg erreicht. Hartgesottene trauen sich in die eiskalte Gumpe des Wasserfalls. Diese geht sogleich in einen flachen Bachlauf über, in dem weniger Mutige und selbst kleine Kinder plantschen können. Zudem gibt es ein paar Kiesbänke und Felsen zum Niederlassen und Ruhegenießen, sowohl im Schatten als auch in der Sonne. Weitere Bademöglichkeiten und Picknickstellen findet man im anschließenden Verlauf des Tobels. Nach der Wanderung lädt der Berggasthof Buhl´s Alpe, der nur unweit des Parkplatzes

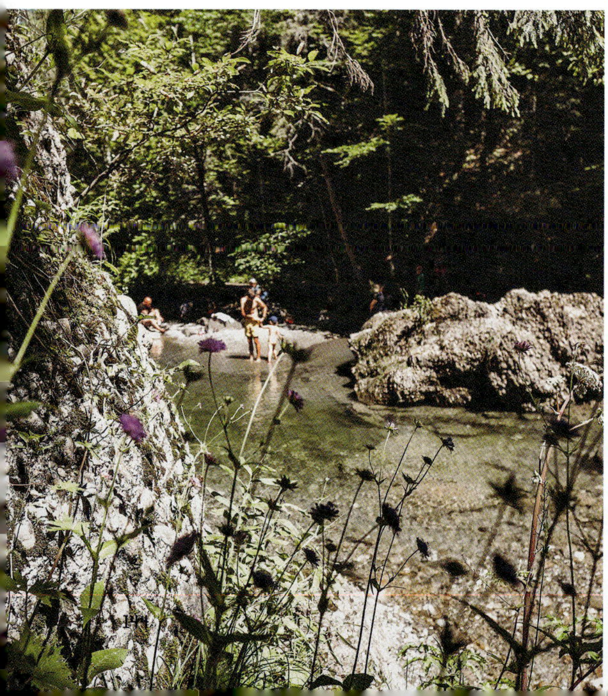

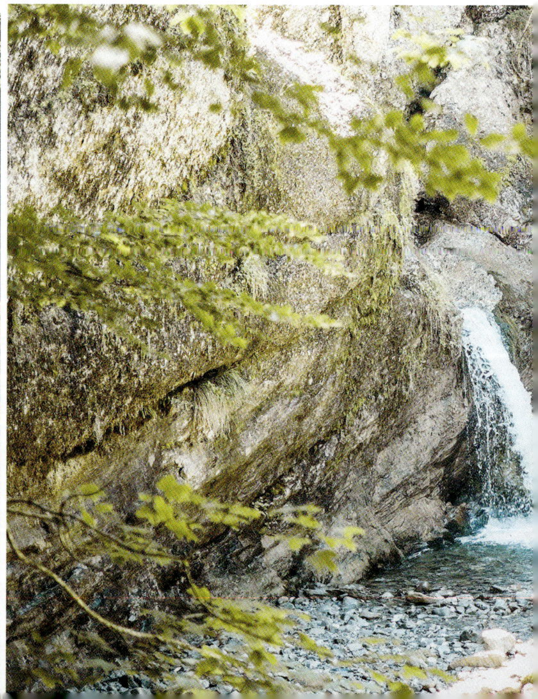

liegt, zur Einkehr ein. Auch weitere Wanderungen können vom Parkplatz aus unternommen werden.

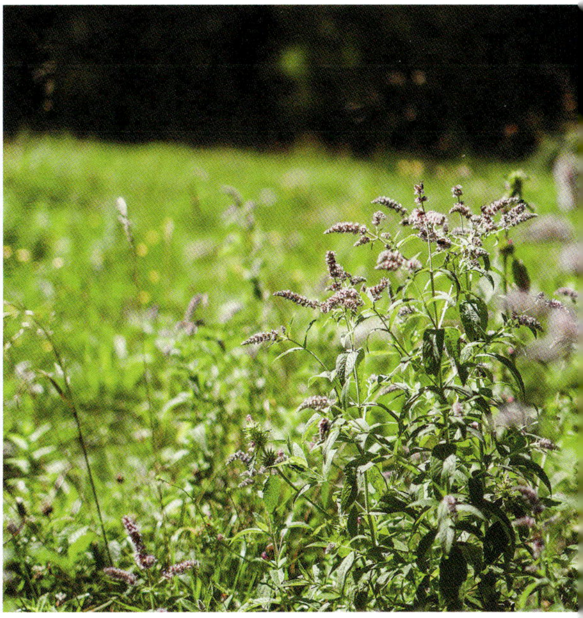

FAZIT Ein echter Geheimtipp und ernst zu nehmende Alternative zu den Buchenegger Wasserfällen.

Achtung Wasserfälle und Gumpen können lebensbedrohliche Unterströmungen aufweisen. Die Tiefe der Gumpen muss vor dem Baden überprüft werden. Nie bei Hochwasser baden.

Linke Seite: Links: Der Ostertaltobel ist ein schönes Ausflugsziel für Familien.
Rechts: Der kleine Wasserfall ergießt sich beeindruckend in ein türkisfarbenes Becken.
Diese Seite: Oben: Eine wilde Wiese am Anfang des Tobels lädt zum Picknick nach dem Schwimmen ein.
Unten rechts: Kinder spielen besonders gerne am Steinufer des Tobels.

info

Anfahrtstipp Der Parkplatz befindet sich in Ostertal. Ins Navi gibt man die Adresse Ostertalweg 1, 87544 Blaichach ein.

GPS-Daten 47.502760, 10.195177

Beste Badezeit Juli bis August

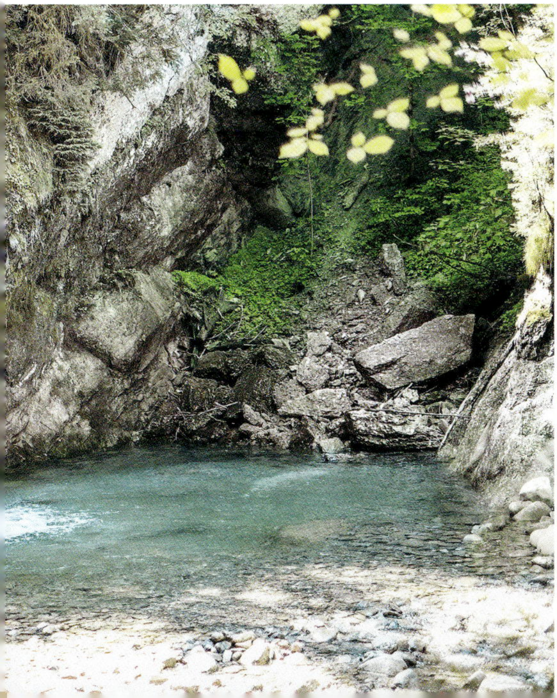

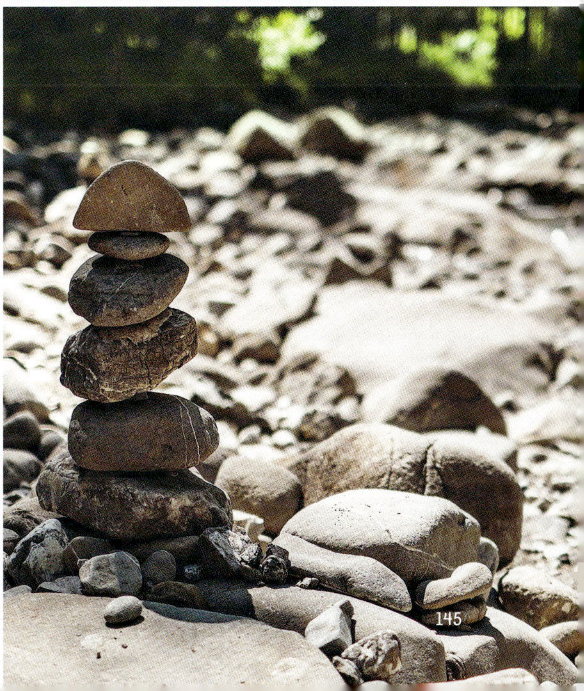

★★★ Wildnisfaktor

★ Familienfreundlichkeit

★ Erreichbarkeit

56 Einfach atemberaubend

SCHRECKSEE, BAD HINDELANG, SCHWABEN

Der Schrecksee ist ein absolut atemberaubendes, einmaliges Naturschauspiel in den Allgäuer Hochalpen: ein grandioser, türkiser Hochgebirgssee, sanft eingebettet in eine grüne, wildromantische Hügellandschaft. Die dreistündige Wanderung hoch auf 1813 Meter ist fordernd, anstrengend und nur geübten Bergsteigern zu empfehlen. Das, was einen oben erwartet, macht all dies aber wieder wett.

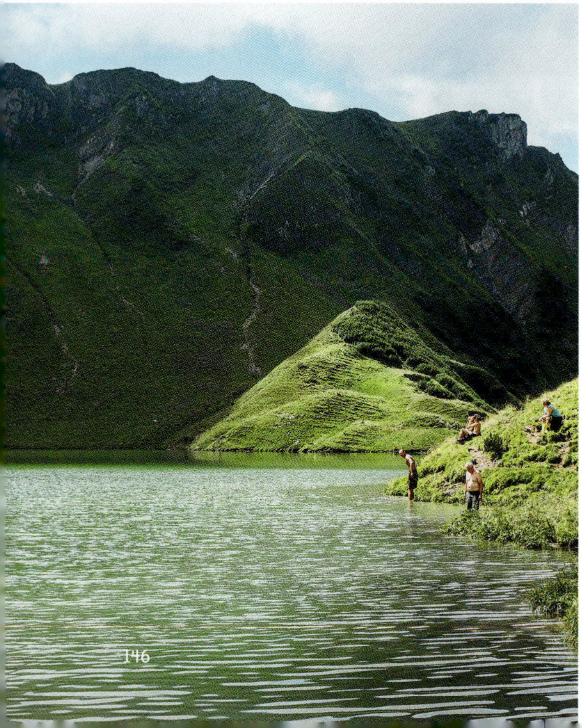

Zwar ist der Schrecksee eiskalt, trotzdem lassen sich die meisten Wanderer den Sprung ins kühle Nass nicht nehmen, nach solch einem schweißtreibenden Aufstieg. Am besten wandert man schon früh morgens los, sodass man die heißen Mittagsstunden am Schrecksee genießen kann. Im Juli und August kann man dort einige Zeit verweilen, da es in der Senke des Sees sehr windstill ist.
Wer noch wenige Höhenmeter weiter östlich in Richtung Jubiläumsweg und Prinz-Luitpold-Haus hochsteigt, wird mit der besten Aussicht auf den Schrecksee belohnt.

FAZIT Der beeindruckendste Hochgebirgssee Bayerns!

Links: Nach dem schweißtreibenden Aufstieg sehnen sich viele Wanderer nach einer Abkühlung im Schrecksee.
Rechte Seite: Oben: Am besten wandert man schon früh am Morgen los, wenn der Weg noch schattig ist. Mitte: Auf 1813 Metern Höhe liegt der atemberaubende Schrecksee. Unten links: Hoch über dem See genießen auch ein paar Kühe den Ausblick. Unten rechts: Fast surreal sieht der Schrecksee aus manchen Winkeln aus.

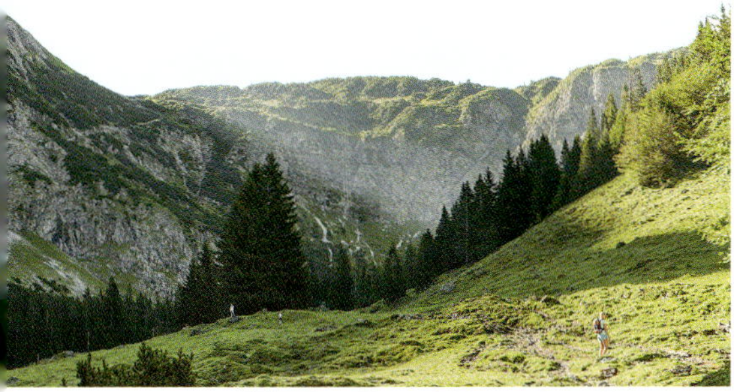

info

Anfahrtstipp Geparkt wird am Parkplatz »Auf der Höh« in Hinterstein. Von dort nimmt man den Bus zum Elektrizitätswerk Auele, wo der Aufstieg beginnt.

GPS-Daten 47.438741, 10.467456

Beste Badezeit Juli bis August

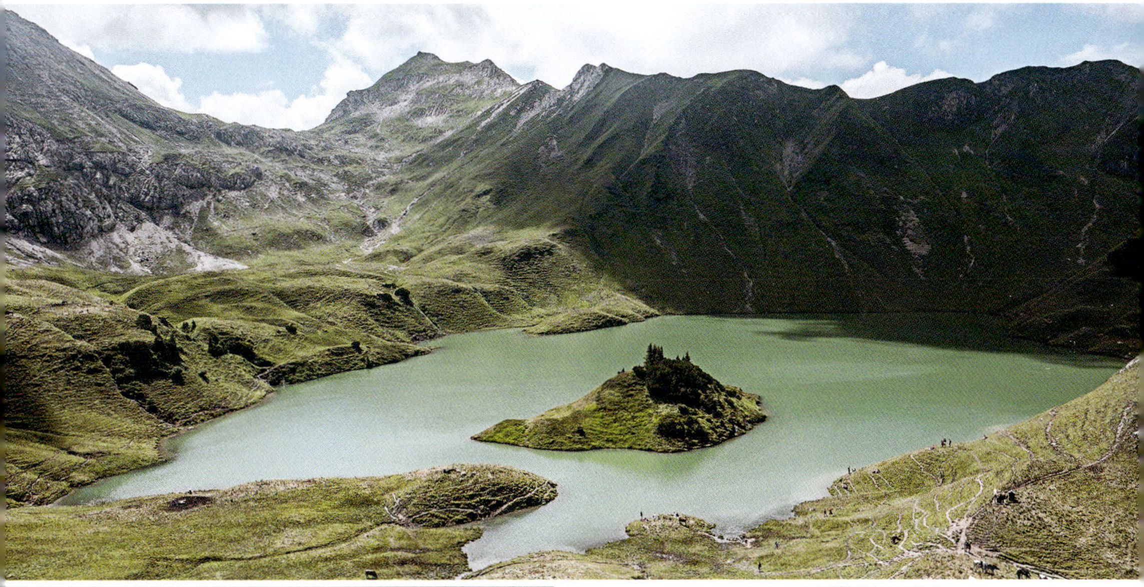

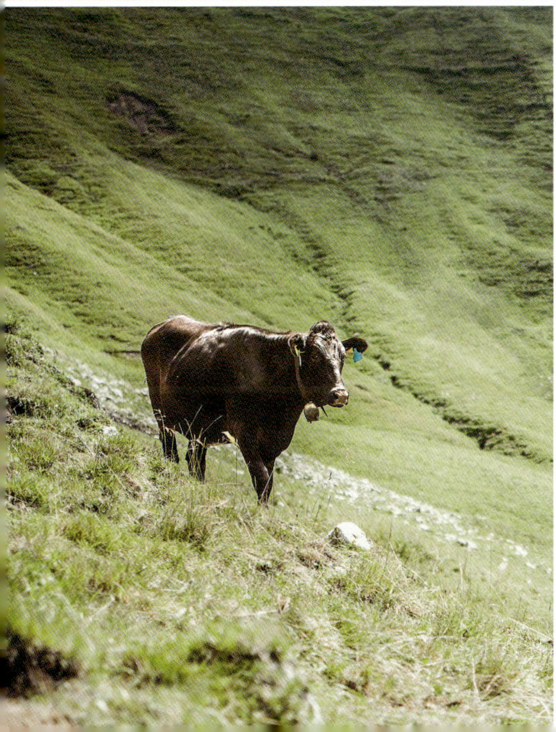

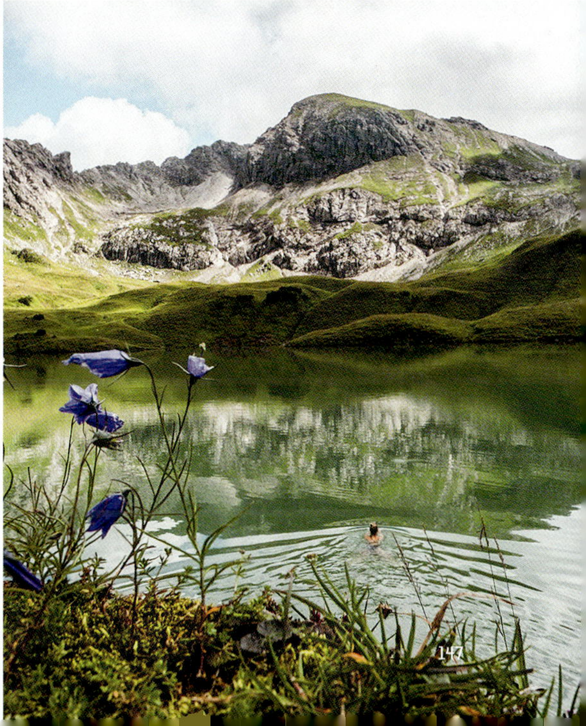

★★★ Wildnisfaktor

★★ Familienfreundlichkeit

★ Erreichbarkeit

57 Rauf zum See

UNTERER GAISALPSEE, OBERSTDORF, SCHWABEN

Auch ungeübte Wanderer können in den Genuss eines Hochgebirgssees kommen. Der Untere Gaisalpsee ist durch eine leichte Wanderung erreichbar und steht schwerer erreichbaren Seen um nichts nach. Beeindruckend thront er unterhalb der schroffen Felsen des Rubihorns und Nebelhorns und leuchtet in einem mystischen Grün.

Wanderer können sich auf der großzügigen Wiese um den See herum niederlassen oder ausgiebig im dreieinhalb Hektar großen See schwimmen. Aber Achtung: Dieser ist auch im Sommer sehr frisch!

Die Wanderung zum Unteren Gaisalpsee ist kurzweilig und abwechslungsreich. Aus diesem Grund ist sie sehr beliebt. Es empfiehlt sich daher früh zu starten, um die Idylle des Bergsees genießen zu können, bevor sich die meisten Wanderer gegen frühen Nachmittag am Ufer niederlassen. Die Wanderung selbst,

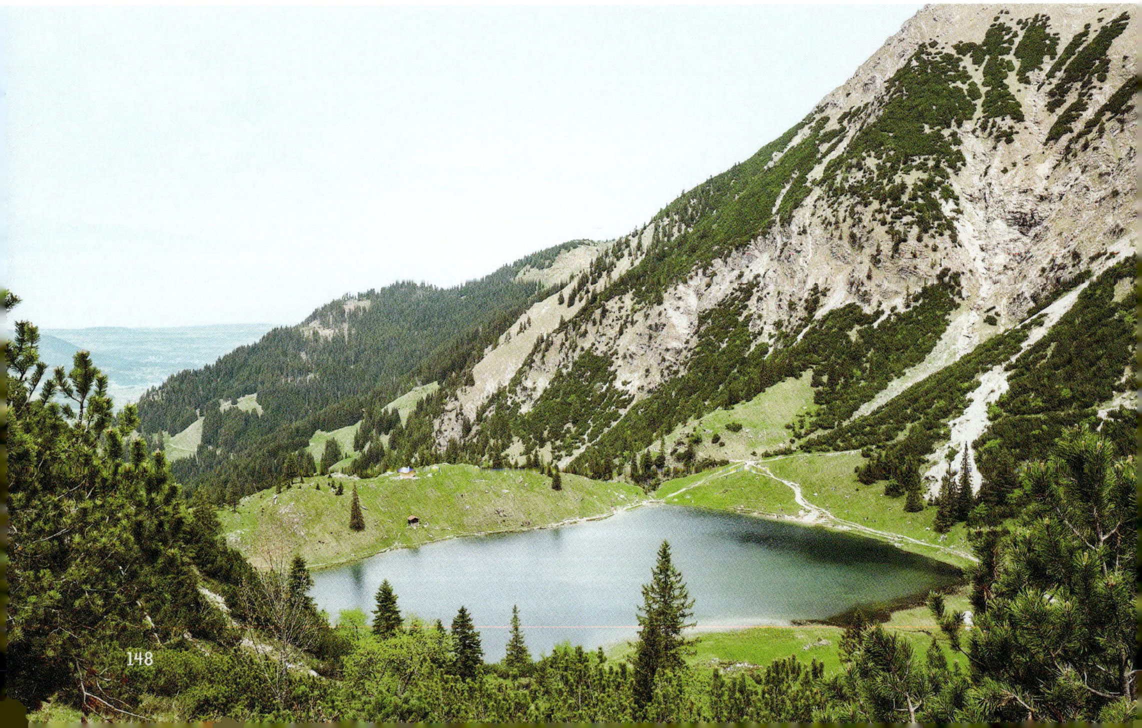

welche an vielen kleinen Wasserfällen vorbei durch den Reichenbachtobel führt, ist bereits ein tolles Erlebnis für die ganze Familie. Geübte Wanderer können sich nach einer Rast am Gaisalpsee weiter auf den Weg zum Rubihorn, der etwa eine Stunde entfernt ist, oder diversen weiteren Gipfeln machen.

FAZIT Eine Bergwanderung, die für jedermann machbar ist!

Achtung Bergschuhe sind ein Muss, da die Wanderung viele rutschige Stellen enthält.

info

Anfahrtstipp Die Wanderung startet am Wanderparkplatz Reichenbach. Nun folgt man den Schildern nach Reichenbach und später Richtung Gaisalpe bzw. Gaisalpsee.

GPS-Daten 47.427660, 10.324558

Beste Badezeit Juni bis August

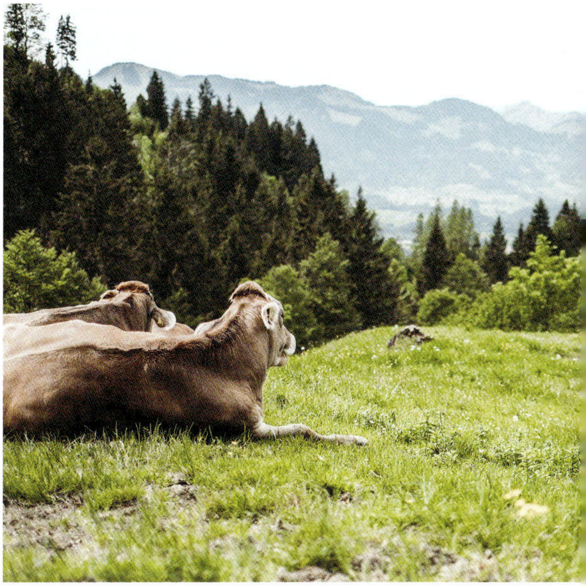

Linke Seite: Blick auf den Unteren Gaisalpsee
Rechts: Auch die Kühe scheinen den Ausblick zu genießen.
Unten links: Eine großzügige Wiese um den See herum lädt zur Rast ein.
Unten rechts: Geübte Wanderer können zum Rubihorn weiterwandern.

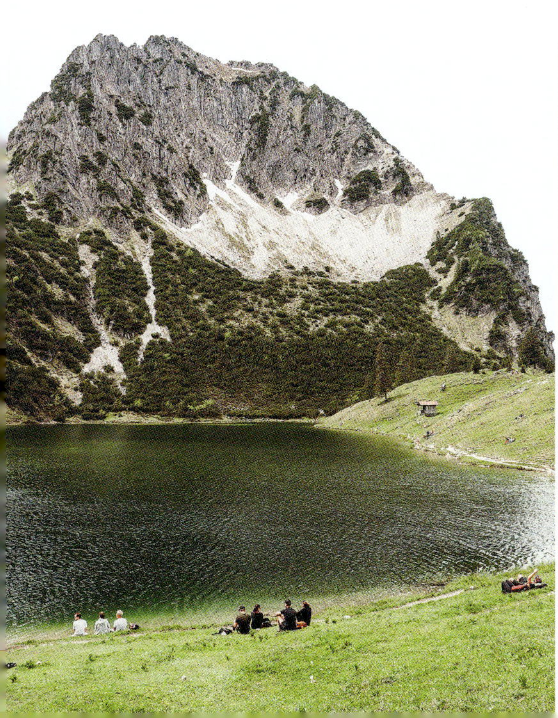

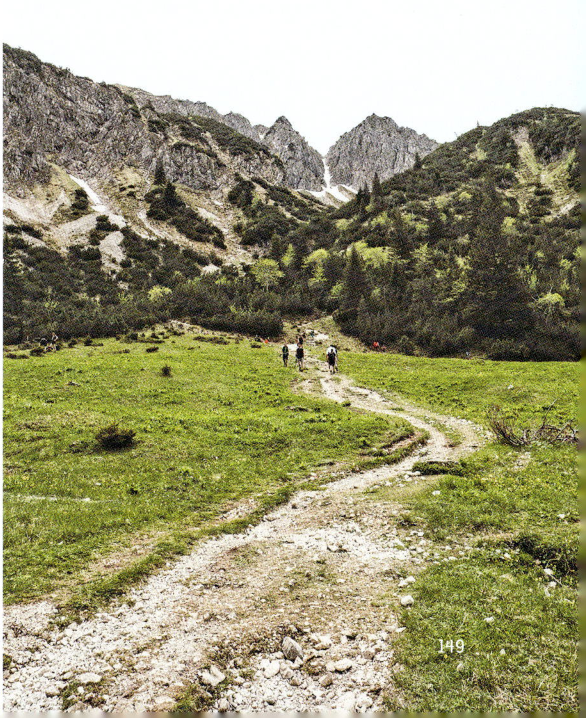

★★★ Wildnisfaktor ★★ Familienfreundlichkeit ★ Erreichbarkeit

58 Bergliebelei

GUGGERSEE, OBERSTDORF, SCHWABEN

Der kleine Guggersee entzückt mit seiner herrlichen Lage und dem tollen Blick auf Trettachspitze, Mädelegabel und Hochfrottspitze. Und dazu kommt noch: Dieser Ort ist weitaus weniger besucht, als man annehmen würde. Die zweistündige Wanderung zum Guggersee auf 1709 Metern Höhe ist perfekt für alle, die weniger frequentierte Wege bevorzugen und atemberaubende Ausblicke schätzen. Weit schwimmen kann man aufgrund der Größe zwar nicht, aber zum Verweilen am Ufer oder zum Füße abkühlen in atemberaubender Kulisse lohnt sich ein Besuch allemal. Eine Einkehrmöglichkeit gibt es hier nicht.
Die Wanderung ist im Frühling, ab spätem Mai, besonders lohnenswert, wenn die Allgäuer Wiesen, Felder und Hänge in allen Farben erblühen. Der Aufstieg über einen kleinen, verwurzelten Wanderpfad ist sehr kurzweilig und bietet fast ununterbrochen herrliche Ausblicke auf die umliegenden Gipfel.

FAZIT Nicht nur der Guggersee ist ein sehr lohnenswertes Wildbadeziel, sondern auch die Wanderung selbst ist toll.

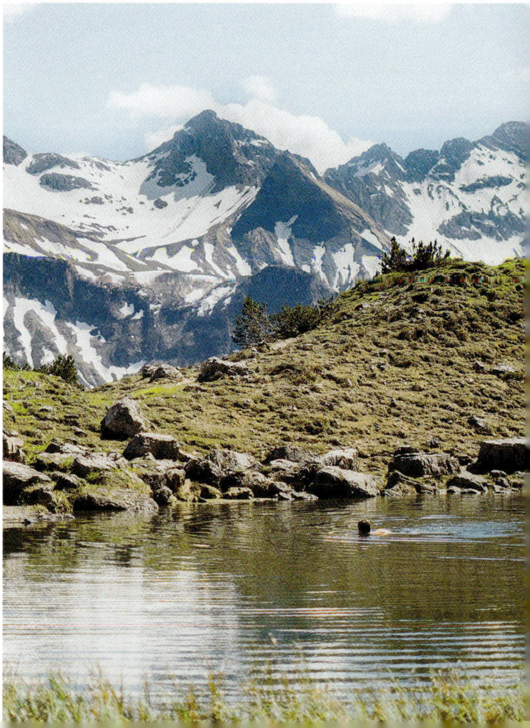

**Rechts: Am Guggersee kann man ein erfrischendes Bad mit einmaligem Ausblick genießen.
Rechte Seite: Oben: Hinter dem See ragen Trettachspitze, Mädelegabel und Hochfrottspitze hervor. Mitte: Im Frühling ist der Wanderweg von vielen Blumen gesäumt. Unten links: Ein teils schmaler Pfad führt hinauf zum See. Unten rechts: Die Wanderung ist schon im Tal imposant.**

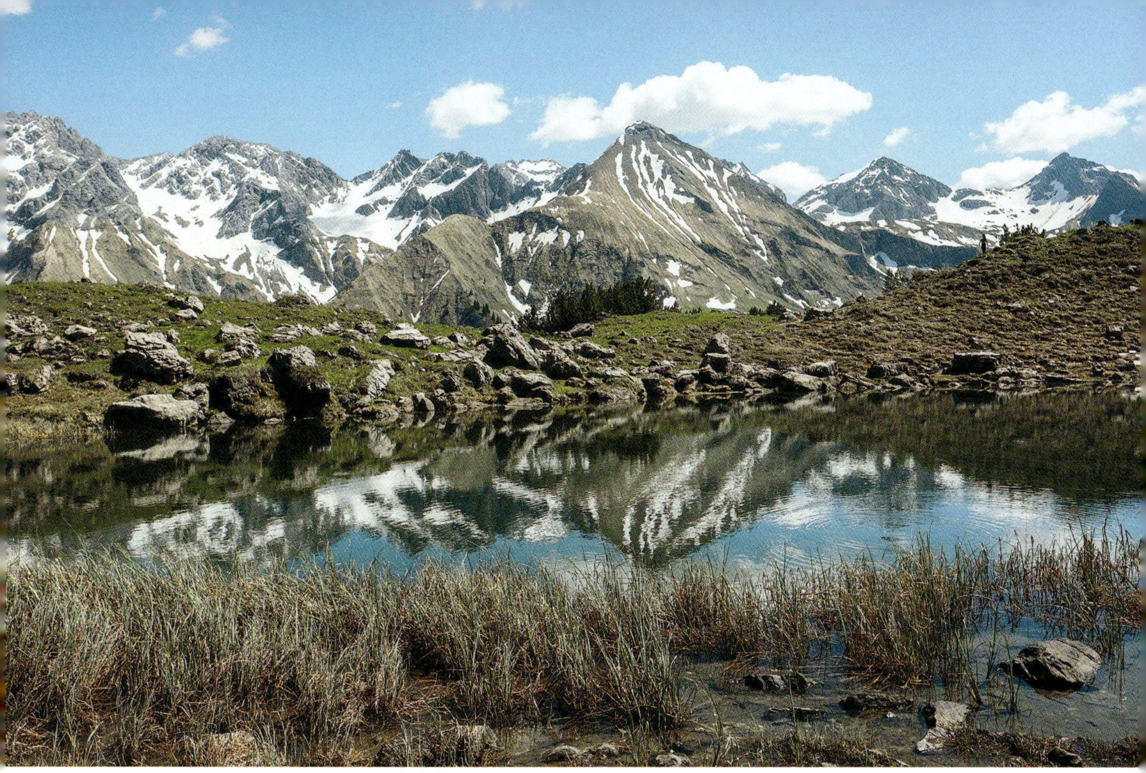

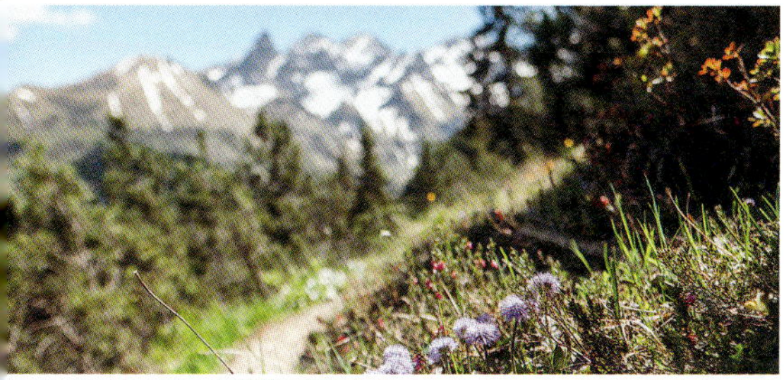

info

Anfahrtstipp Die Wanderung startet am Wanderparkplatz kurz vor Birgsau.

GPS-Daten 47.316955, 10.249330

Beste Badezeit Juni bis August

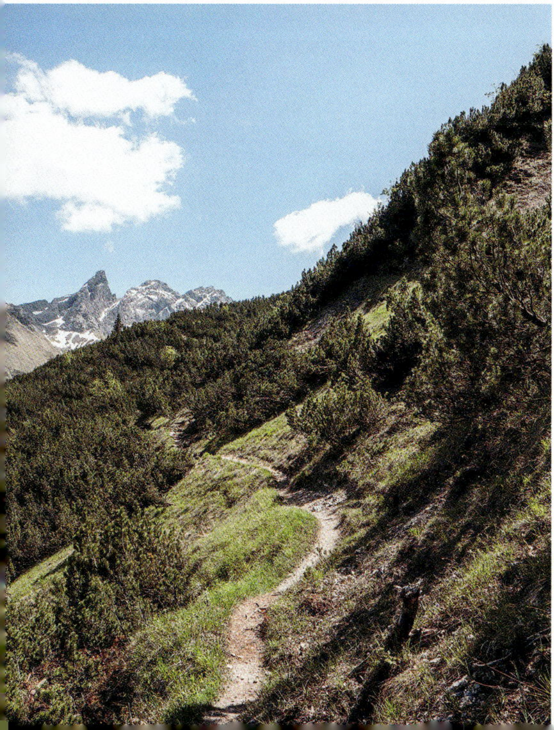

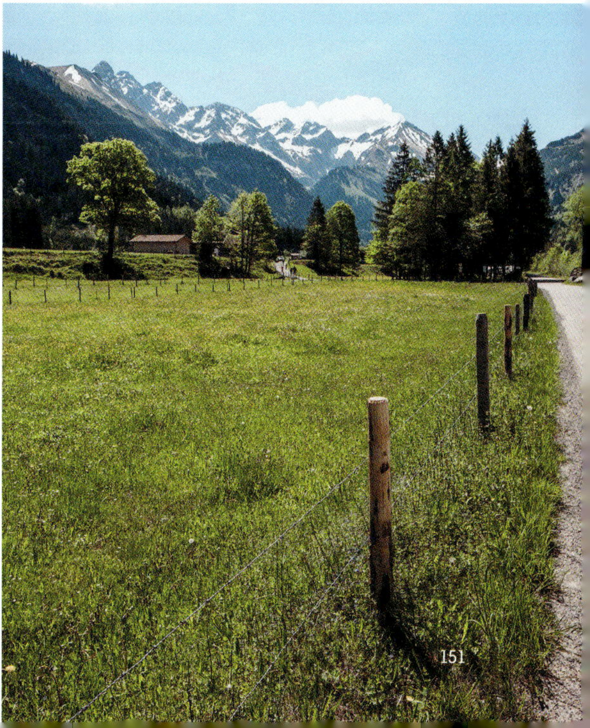

★★★ Wildnisfaktor

★★★ Familien-freundlichkeit

★★ Erreichbarkeit

59 Die beliebtesten Wasserfälle im Allgäu

BUCHENEGGER WASSERFÄLLE, OBERSTAUFEN, SCHWABEN

Die Buchenegger Wasserfälle im Allgäu mit ihren zwei beeindruckenden Gumpen ziehen jährlich Tausende Besucher in ihren Bann. Sie sind ein sehr beliebtes Ausflugsziel und aus diesem Grund an heißen Sommerwochenenden sehr gut besucht. Wer früh kommt, wird belohnt und kann noch die Ruhe und Kraft dieses Ortes erleben.

Zwischen Steibis und Buchenegg gelegen, stürzt sich die Weißach in zwei Kaskaden in die Tiefe. Der Wanderweg führt zur unteren Kaskade, wo diverse Felsen und eine kleine Kiesbank Platz zum Niederlassen bieten. Von hier aus kann man den Wasserfall bestaunen und Mutige beobachten, die in der eiskalten Gumpe ein paar Züge schwimmen. Kinder können vor der Gumpe im flachen Wasser plantschen und an manchen Stellen sogar von den kleinen Felsen ins Wasser springen. Waghalsige stürzen sich am oberen Becken der Wasserfälle bis zu 15 Meter in die Tiefe. Dies geschieht natürlich auf eigene Gefahr.

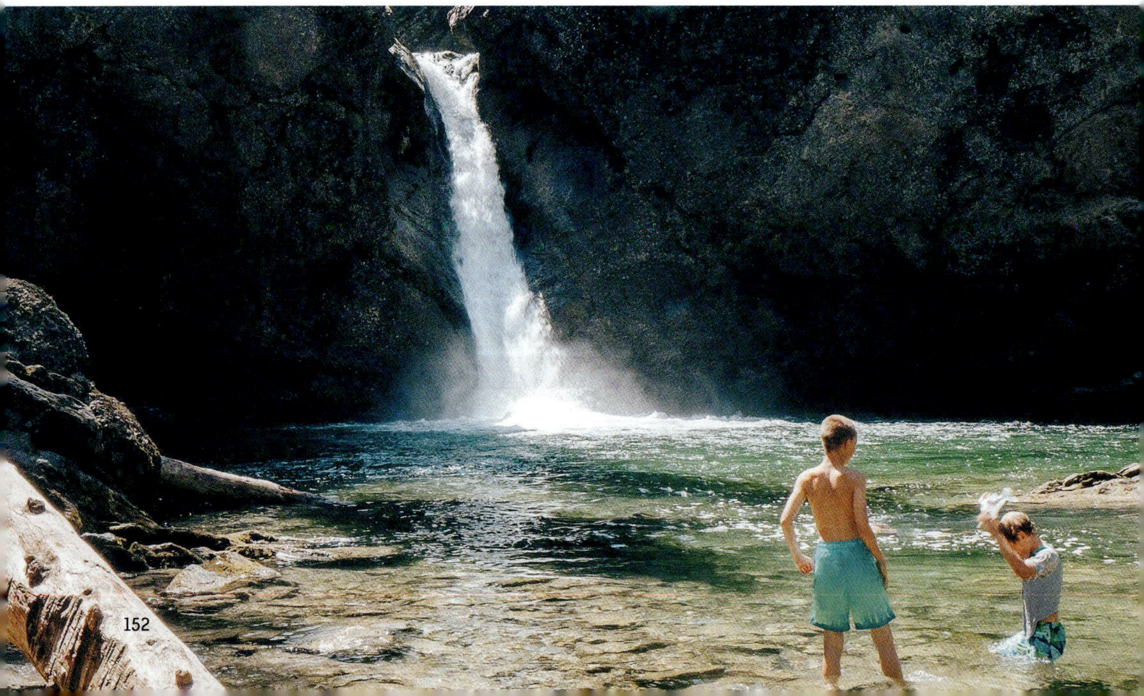

Empfehlenswert ist dies nur mit einem Canyoning-Anbieter, der die Gegend und die natürlichen Gegebenheiten vor Ort kennt und Gefahren besser einschätzen kann.

FAZIT Nicht ohne Grund sind die Wasserfälle ein Highlight des Allgäus.

Achtung Wasserfälle und Gumpen können lebensbedrohliche Unterströmungen aufweisen. Die Tiefe der Gumpen muss vor dem Baden überprüft werden. Nie bei Hochwasser baden.

info

Anfahrtstipp Die Wasserfälle sind nur zu Fuß zu erreichen. Entweder von Steibis oder von Buchenegg aus über die beschilderten Wanderwege in etwa 45 Minuten.

GPS-Daten 47.529856, 10.049899

Beste Badezeit Juni bis Juli

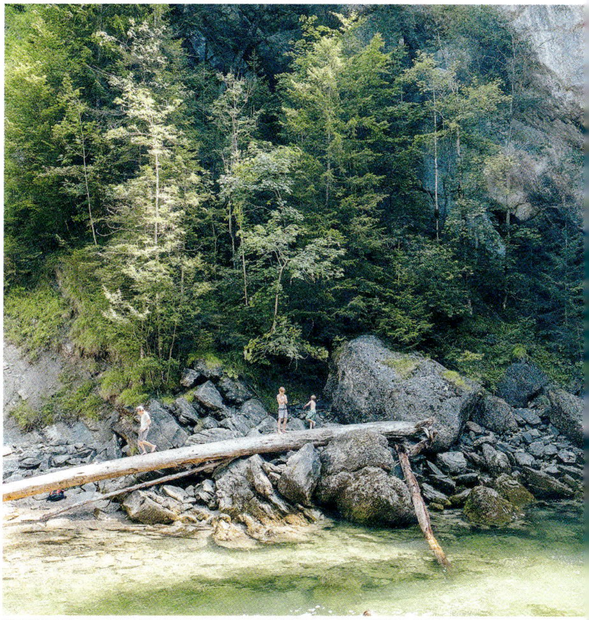

Linke Seite: Am Ufer der Weissach können Kinder auf Entdeckungstour gehen.
Rechts: In der flach abfallenden Gumpe kann man die Füße erfrischen oder ganz hineinspringen.
Unten links: Waghalsige stürzen sich an der oberen Kaskade bis zu 15 Meter in die Tiefe.
Unten rechts: Die Buchenegger Wasserfälle sind ein beliebtes Ausflugsziel für Familien.

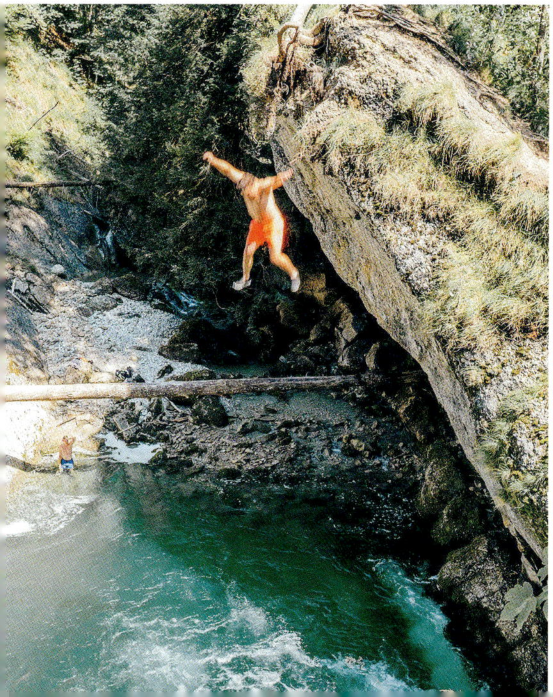

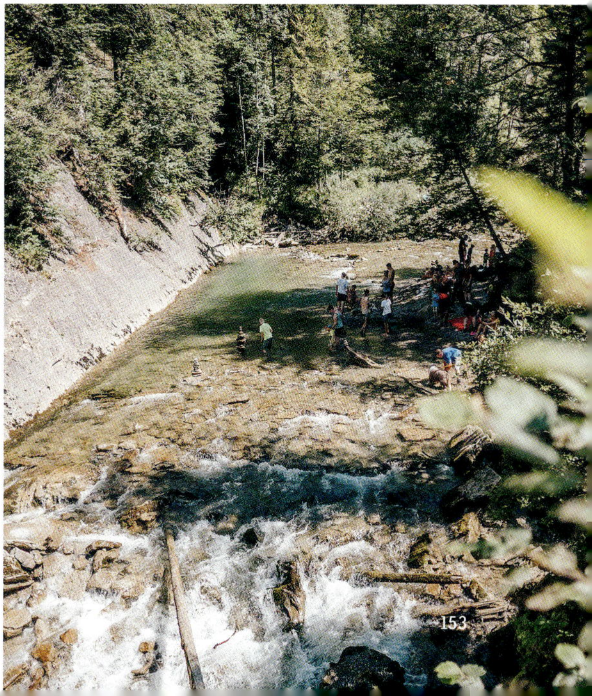

★★☆ Wildnisfaktor

★★★ Familienfreundlichkeit

★★☆ Erreichbarkeit

60 Schnelle Auszeit

LECH, AUGSBURG, SCHWABEN

Mal schnell auf Pause drücken. Das wünschen sich viele Stadtmenschen. In Augsburg kann man am Lechufer aus dem Alltag ausbrechen und sich ein paar ruhige Minuten oder im Sommer eine kurze Erfrischung gönnen. Breite Kiesbänke an diversen Stellen des Flusses bieten viel Platz zum Sonnen, Picknicken oder Grillen (nur an ausgewiesenen Zonen). Wenn der Wasserstand etwas höher ist, kann man sich auch wunderbar ein paar Meter von der sanften Strömung mitziehen lassen.
Gut geeignet ist zum Beispiel der Lechabschnitt auf Höhe des Europaweihers. Aber auch mitten in der Stadt am Stadtstrand Lechhausen kann man ganz einfach zum Fluss hinunterklettern und einen Moment durchatmen.
Wer etwas weiter raus aus der Stadt möchte, kann dem Isar-Lech-Radweg, der bis nach München führt, immer entlang des Ufers Richtung Süden folgen und sich abseits von Augsburg eine ruhigere Kiesbank suchen.

FAZIT Perfekt, um mal schnell dem Alltag in der Stadt zu entfliehen.

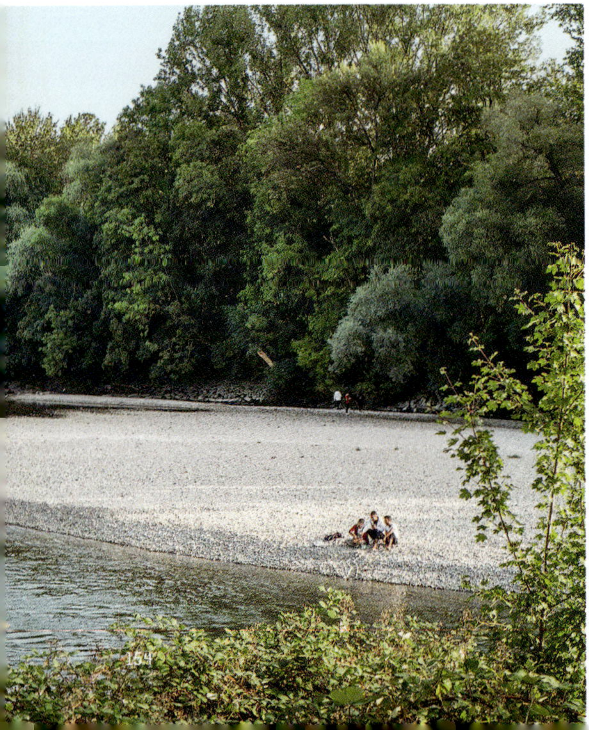

Links: Auf den breiten Kiesbänken entlang des Lechufers in Augsburg gibt es viel Platz zum Niederlassen.
Rechte Seite: Oben: Der Stadtstrand Lechhausen bietet eine schnelle Auszeit aus dem Stadtleben.
Mitte: Auch grillen kann man am Lechufer an ausgewiesenen Stellen.
Unten rechts u. links: Eine schöne Badestelle befindet sich auf Höhe des Europaweihers.

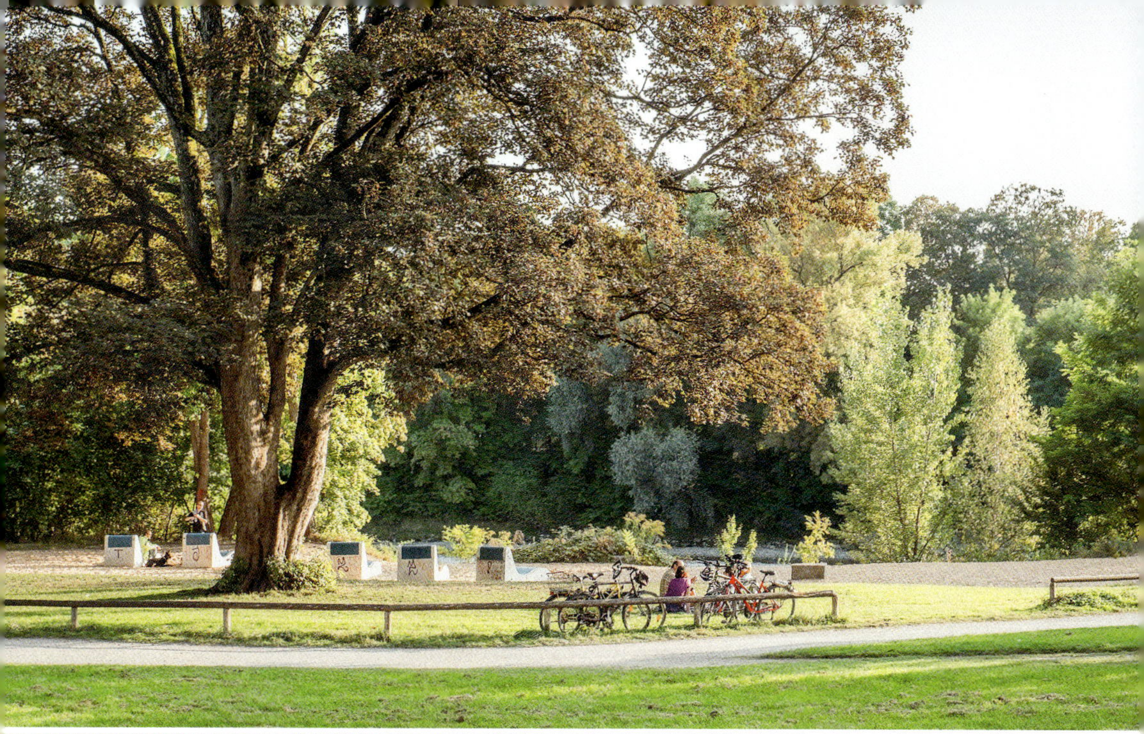

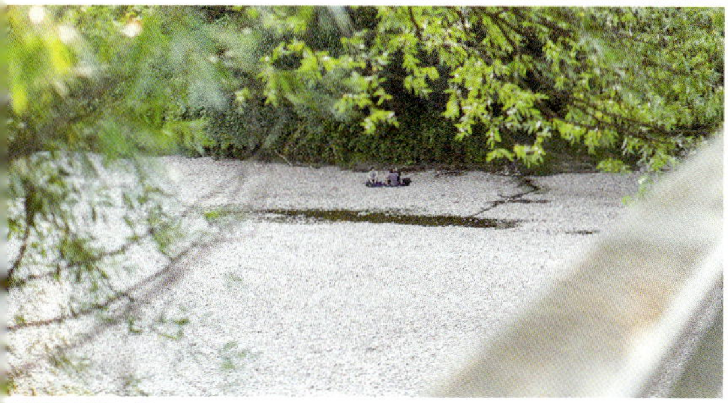

info

Anfahrtstipp Am Europaweiher gibt es den kostenfreien Parkplatz am Lech.

GPS-Daten 48.375677, 10.915009; 48.423684, 10.890662

Beste Badezeit Juni bis August

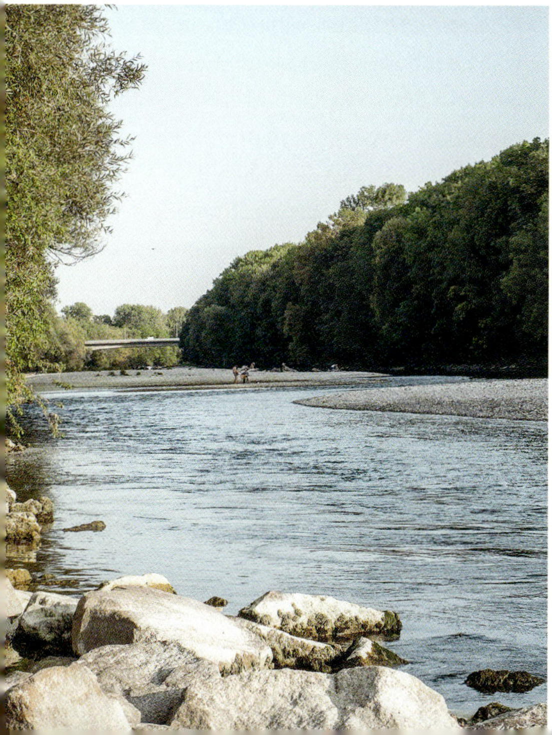

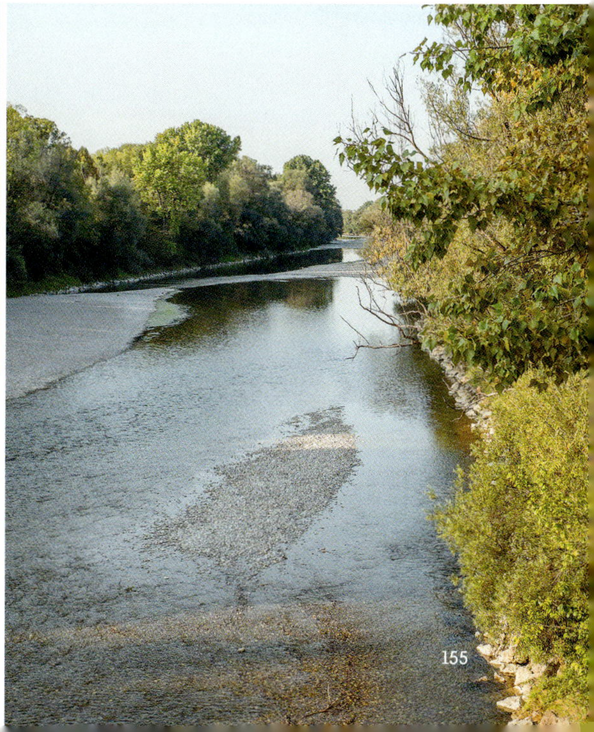

Aufgepasst beim Baden in der freien Natur!

Gute Schwimmkenntnisse

Eine Grundvoraussetzung fürs Wildbaden sind gute Schwimmkenntnisse, da es an den Orten in der Regel keine Badeaufsicht gibt, die im Ernstfall helfen kann. Vor allem in Fließgewässer sollten sich nur sehr gute Schwimmer wagen, da es schnell zu falsch eingeschätzten Strömungen oder gefährlichen Unterströmungen kommen kann. Die eigene Sicherheit geht immer vor.

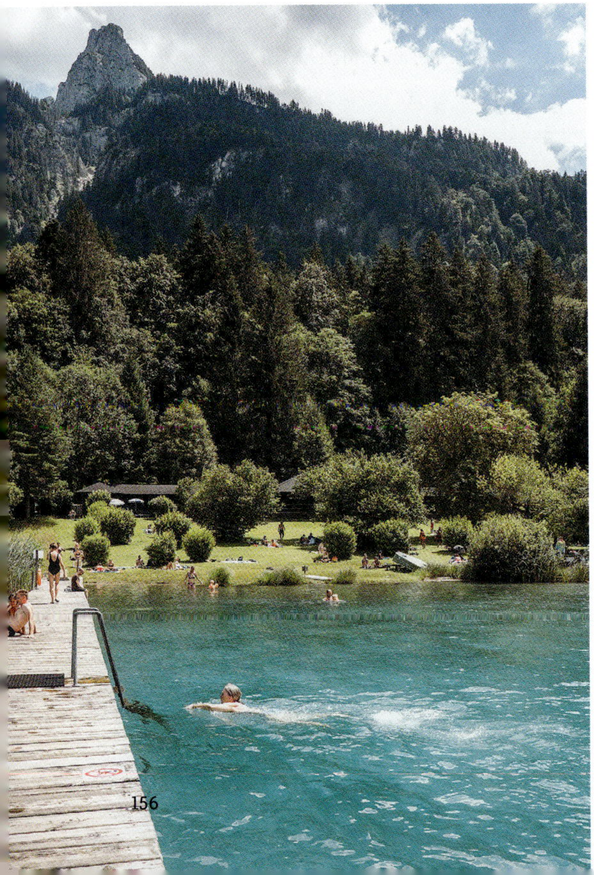

Für Verpflegung sei gesorgt

Die wenigsten Wildbadeplätze haben einen Kiosk oder ein Restaurant in der Nähe. Deswegen sollte man immer ausreichend Wasser und Verpflegung mitbringen.

So badet man in fremden Gewässern

Man sollte niemals erhitzt und ohne sich vorher an Armen und Beinen abzukühlen ins Wasser springen. Auch sollte man zunächst die Wassertiefe prüfen, bevor man einen Sprung ins kühle Nass wagt.
Besondere Vorsicht ist bei Gumpen und Wasserfällen geboten, die eine gefährliche Unterströmung aufweisen können. In Gumpen von Flüssen und Bächen sollte man nur steigen, wenn der Boden sichtbar ist und man leicht mit den Füßen den Boden berühren kann. Um die wahre Wassertiefe zu prüfen, kann man als Hilfsmittel einen Stock benutzen.
In Fließgewässern werden Strömungen oft unterschätzt. Bevor man in einem Fluss badet,

Links: Der Alpsee (S. 134) leuchtet an sonnigen Tagen in einem beeindruckenden Türkis. Rechte Seite: Ein goldener Sonnenuntergang am Südufer des Walchensees (S. 106)

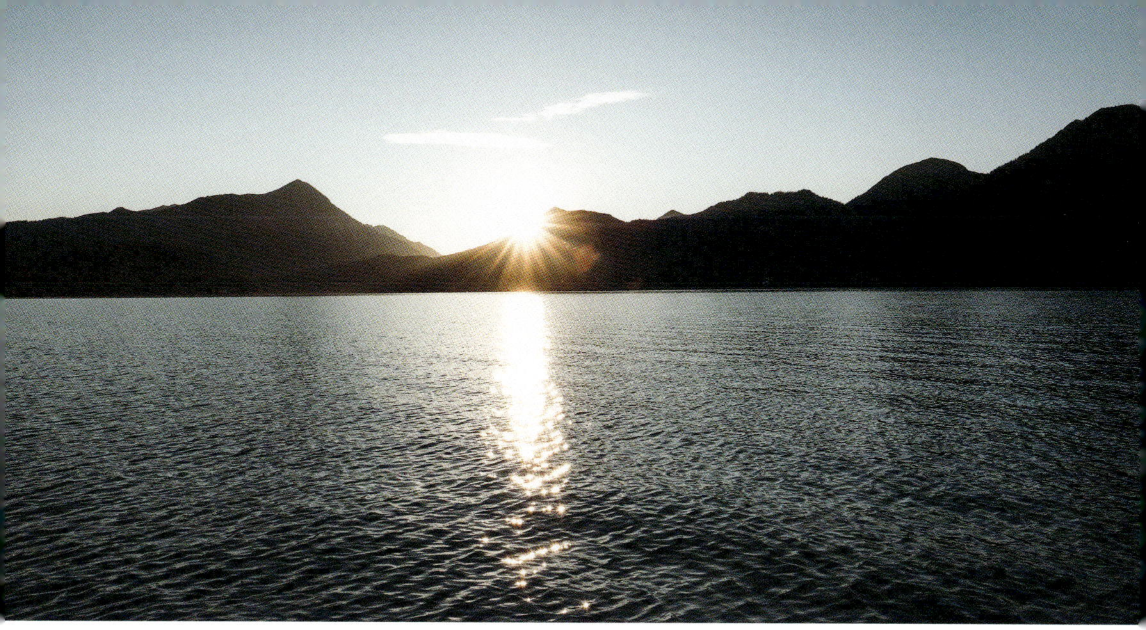

sollten der Wasserstand und die Strömung überprüft werden. Zudem sollten sich nur sehr gute Schwimmer ins Wasser trauen und Kinder stets beaufsichtigt werden. Das Baden in der Nähe von Wehren und Schleusen ist verboten und lebensbedrohlich.

Im Einklang mit der Natur

Wildbadern liegt der Erhalt der Natur am Herzen. Die besuchten Orte sollten aus diesem Grund so unberührt verlassen werden, wie sie vorgefunden wurden. Dies beinhaltet beispielsweise, keine Äste abzubrechen und seinen Müll wieder mitzunehmen, aber auch, den Lebensraum der heimischen Tiere nicht zu stören, etwa durch laute Musik oder freilaufende Hunde.

Badeverbot in Lebensräumen von Tieren

Jedes Gewässer dient als Lebensraum für diverse Pflanzen-, Tier- und Vogelarten. In Bayern ist es verboten, in Uferabschnitten mit Schilf- und Röhrichtbeständen sowie in Fischschonbezirken zu baden. Meist wird auf diese Zonen in Form von Hinweisschildern vor Ort hingewiesen.

Besondere Regelungen in Naturschutzgebieten

Viele der in diesem Buch erwähnten Badestellen sind Naturschutzgebiete. In Naturschutzgebieten sind »alle Handlungen verboten, die zu einer Zerstörung, Beschädigung oder Veränderung des Naturschutzgebiets« (Art. 7 Abs. 2 BayNatSchG) führen. Dies beinhaltet auch das Grillen, Feuermachen, Zelten und Baden außerhalb der gekennzeichneten Stellen. Grundsätzlich sollten an den Badestellen Warn- und Verbotsschilder beachtet und Betretungsverbote respektiert werden.

Achtung beim Klippenspringen

Abenteuerlustige suchen oft den Kick beim Springen von Klippen oder in Wasserfälle. Dies kann schnell lebensbedrohlich werden. Solche Sprünge unternimmt man lieber mit einem Canyoning-Anbieter der entsprechenden Region, der die Gegend kennt und mögliche Gefahren zu erkennen vermag.

REGISTER

IMPRESSUM

Verantwortlich: Dr. Johannes Abdullahi
Redaktion: Christian Schneider
Korrektorat: Gesa Wendhack
Layout und Satz: Eva-Maria Klaffenböck
Repro: LUDWIG:media
Umschlaggestaltung: Alexander Knoll
Herstellung: Stephanie Schlemmer
Printed in Slovenia by Florjancic

★★★★★

Sind Sie mit diesem Titel zufrieden? Dann würden wir uns über Ihre Weiterempfehlung freuen. Erzählen Sie es im Freundeskreis, berichten Sie Ihrem Buchhändler, oder bewerten Sie beim Onlinekauf. Und wenn Sie Kritik, Korrekturen, Aktualisierungen haben, freuen wir uns über Ihre Nachricht an Bruckmann Verlag, Postfach 40 02 09, D-80702 München oder per E-Mail an lektorat@verlagshaus.de.

Unser komplettes Programm finden Sie unter

www.bruckmann.de

Alle Angaben dieses Werks wurden vom Autor sorgfältig recherchiert und auf den neuesten Stand gebracht sowie vom Verlag geprüft. Für die Richtigkeit der Angaben kann jedoch keine Haftung übernommen werden, weshalb die Nutzung auf eigene Gefahr erfolgt. Insbesondere bei GPS-Daten können Abweichungen nicht ausgeschlossen werden. Sollte dieses Werk Links auf Webseiten Dritter enthalten, so machen wir uns die Inhalte nicht zu eigen und übernehmen für die Inhalte keine Haftung.

Empfehlung der Redaktion
Sie sind auf der Suche nach weiterführender Literatur? Dann empfehlen wir Ihnen den Titel **»Radtouren am Wasser München & Umgebung« von Bernhard Irlinger**. Oder Sie werfen einen Blick in die Zeitschrift »Bergsteiger«. Hier werden Sie bestimmt fündig.

In diesem Buch wird aus Gründen der besseren Lesbarkeit das generische Maskulinum verwendet. Weibliche und anderweitige Geschlechteridentitäten sind dabei ausdrücklich mitgemeint, soweit es für die Aussage erforderlich ist.

Einige der Wildbadeorte sind nur durch Wanderungen oder Fahrradtouren erreichbar. Die genauen Beschreibungen und GPX-Daten zum Download gibt es unter: **gps.bruckmann.de**

Bildnachweise: Alle Bilder im Innenteil stammen von Maria Eckl, mit Ausnahme von: S. 29: Katharina Werni und Romeo Felsenreich; S. 67: Shutterstock/Christian Mueller

Umschlagvorderseite: Am Eibsee (Kapitel 46)
Umschlagrückseite: Der Ostertaltobel (Kapitel 52)

Noch Fragen?
Stellen Sie mir diese gerne per E-Mail. Fehlen Ihnen bestimmte Informationen zu einem Ort aus dem Buch? Oder hat sich seit Druck des Buches etwas verändert an einem der Seen, Flüsse und Wasserfälle, das Sie mir mitteilen möchten?
Schreiben Sie mir: hi@ready-steady-travel.com

Die Deutsche Nationalbibliothek verzeichnet diese Publikation in der Deutschen Nationalbibliografie; detaillierte bibliografische Daten sind im Internet über http://dnb.d-nb.de abrufbar.

ISBN 978-3-7343-1825-2